U0528864

中国特色社会主义文化研究丛书

总主编 颜晓峰

脱贫攻坚精神

颜晓峰 张媛媛 著

图书在版编目（CIP）数据

脱贫攻坚精神 / 颜晓峰, 张媛媛著. -- 重庆：重庆出版社, 2022.6
ISBN 978-7-229-17013-4

Ⅰ.①脱… Ⅱ.①颜… ②张… Ⅲ.①扶贫—研究—中国 Ⅳ.①F126

中国版本图书馆CIP数据核字(2022)第132259号

脱贫攻坚精神
TUOPIN GONGJIAN JINGSHEN

颜晓峰　张媛媛　著
出　　品：华章同人
出版监制：徐宪江　秦　琥
责任编辑：秦　琥
特约编辑：马巧玲
责任印制：杨　宁
营销编辑：史青苗

重庆出版集团
重庆出版社　出版
（重庆市南岸区南滨路162号1幢）
北京毅峰迅捷印刷有限公司　印刷
重庆出版集团图书发行有限公司　发行
邮购电话：010-85869375
全国新华书店经销

开本：787mm×1092mm　1/16　印张：17　字数：230千
2022年6月第1版　2023年12月第2次印刷
定价：58.00元

如有印装质量问题，请致电023—61520678

版权所有，侵权必究

总序

社会主义现代化的文化之维

颜晓峰

党的十九大开启了全面建设社会主义现代化国家新征程，这是新中国成立后党带领人民不懈奋斗、建设现代化国家历史进程的一次伟大飞跃。现代化是全方位、多领域、各层次的变革和跃升，文化是社会结构的有机组成部分，全面现代化是包括文化在内的各个领域的现代化。现代化不仅是技术方式和生产方式的自然演进过程，也需要思想引领、精神激励、文化支持。文化是一个国家、一个民族的灵魂，也是国家现代化进程中的灵魂，全面建设社会主义现代化国家必须要有文化作为基础和保证。坚持和发展中国特色社会主义文化，强化社会主义现代化的文化之维，是建成富强民主文明和谐美丽的社会主义现代化强国的内在要求。

文化是全面建设社会主义现代化国家的重要领域

文化是经济、政治、社会等的反映，同时又是社会上层建筑的重要构成部分。随着社会形态的演变，文化在社会发展进步中的作用明显增强，国家文化软实力的分量越来越重。随着我们党对社会主义建设规律的认识加深，党的文化自觉达到新的高度，文化建设规模扩张、力度加大。

从"四个现代化"到全面现代化。新中国成立后，我们党开始了建设社会主义现代化国家的努力探索。党在社会主义建设总路线中就提出了促进农业和交通运输业的现代化，建立巩固的现代化国防。1954年召开的一届全国人大一次会议，明确提出建设现代化的工业、农业、交通运输业和国防目标。1964年召开的三届全国人大一次会议，进一步提出在不太长的历史时期内，把我国建设成为一个具有现代农业、现代工业、现代国防和现代科学技术的社会主义强国。改革开放后，邓小平在80年代伊始开宗明义："我们从八十年代的第一年开始，就必须一天也不耽误，专心致志地、聚精会神地搞四个现代化建设。"[1]改革开放以来党的历次全国代表大会，都强调社会主义现代化建设，一以贯之地推进建设社会主义现代化国家新的长征。党的十八届三中全会明确提出推进国家治理体系和治理能力现代化，社会主义现代化增加了治理之维。党的十九大明确提出建设现代化经济体系，加快教育现代化，人与自然和谐共生的现代化，全面推进国防和军队现代化，等等。可以看出，党对社会主义现代化领域的认识，是一个不断拓展和深化的过程。

从"五位一体"总体布局看文化建设。"五位一体"构成了建设中国特色社会主义的主要领域，统筹推进"五位一体"总体布局构成了全面发展、相互支撑的系统格局。从提出建设社会主义精神文明，到提出建设中国特色社会主义文化，再到提出建设社会主义文化强国；从提出坚持社会主义核心价值体系、培育社会主义核心价值观，到提出增强国家文化软实力、增强文化自信等，都反映了在改革开放、社会主义现代化的进程中，文化是与其他领域同等重要的领域，文化建设始终是不可或缺的内容。文化兴国运兴，文化强民族强。没有文化的血脉贯通，没有精神的力量支撑，就不能称其为中国特色社会主义。全面建设社会主义现代化国家，必然要求将文化建设的现代化纳入其中，使文化成为现代

---

[1]《邓小平文选》(第二卷)，人民出版社1994年版，第241页。

化的精神基因。

从"三个自信"到"四个自信"。党的十八大强调坚持和发展中国特色社会主义道路、理论体系、制度,增强道路自信、理论自信、制度自信。党的十八大以来,习近平总书记进一步提出增强文化自信,指出"文化自信是一个国家、一个民族发展中更基本、更深沉、更持久的力量"[1]。这就从"三个自信"拓展为"四个自信",提升了文化在中国特色社会主义"四个自信"中的独特地位。道路自信是以道路中蕴含的文化自信为基础的,理论自信是以对科学理论真理力量的文化信念为底蕴的,制度自信是以对建立制度的文化理念的自信为前提的。所以,文化自信是更基础、更广泛、更深厚的自信。与"四个自信"相适应,中国特色社会主义的基本内涵和基本结构,从道路、理论、制度"三位一体"拓展为道路、理论、制度、文化"四位一体"。没有高度的文化自信,没有文化的繁荣兴盛,就没有中华民族伟大复兴。

全面建设社会主义现代化国家包括文化现代化。文化建设是全面建设社会主义现代化国家的题中应有之义,习近平总书记在十九大报告中,将国家文化软实力明显增强作为基本实现社会主义现代化的重要目标,将物质文明、政治文明、精神文明、社会文明、生态文明全面提升作为全面建成社会主义现代化国家的基本目标。这就表明了全面建设社会主义现代化国家与文化建设密不可分,没有文化建设的现代化,就不是全面的现代化。文化现代化是一个历史范畴,是指在人类社会现代化的进程中,文化这种社会形式,也经历了一个自我更新、自我完善,适应现代化、跟随现代化、引领现代化,从而实现文化现代化的过程。文化现代化还是一个政治范畴,不同的社会形态有不同性质的现代化,不同的社会制度有不同内涵的文化现代化。现代化不是资本主义的专利,按照马克思、恩格斯的思想,社会主义现代化是人类社会现代化的高

---

[1] 习近平:《决胜全面建成小康社会 夺取新时代中国特色社会主义伟大胜利——在中国共产党第十九次全国代表大会上的报告》,人民出版社2017年版,第23页。

级阶段和高级形态。社会主义现代化包括各个领域的现代化,是社会主义国家的奋斗目标,是中国共产党的不懈追求。可以说,建设社会主义先进文化,坚持倡导社会主义核心价值观,加快构建中国特色哲学社会科学体系,繁荣发展社会主义文艺,推动中华优秀传统文化创造性转化、创新性发展,建设具有强大凝聚力和引领力的社会主义意识形态等,都是社会主义文化现代化的标识,是社会主义现代化文化的内涵。

文化是全面建设社会主义现代化国家的精神支撑

现代化不仅是技术方式、生产方式和生活方式变迁的过程,而且是思维方式、行为方式、交往方式转变的过程。从近代以来的现代化进程看,一个国家实现现代化,不仅需要经济总量、军事力量等硬实力的提高,而且需要价值观念、思想文化等软实力的提高。文化是社会形态的鲜明特征和显著标识,是全面建设社会主义现代化国家的精神之维和思想之魂。

文化高扬社会主义现代化的思想旗帜。九十多年来中国共产党团结带领人民进行伟大社会革命的历史,同时也是建设与党的性质和宗旨相一致,与中国发展进步潮流相一致的先进文化的历史。新民主主义革命时期,党和人民创造了新民主主义文化,这就是无产阶级领导的人民大众的反帝反封建的文化,是民族的科学的大众的文化,是中华民族的新文化,由此成为新民主主义革命的思想旗帜。新民主主义文化犹如大海中的灯塔,对于动员广大人民群众投身于党领导的革命和斗争事业,起到了强大的引领和激励作用。社会主义革命和建设时期,党和人民创立了社会主义文化,这就是以马克思列宁主义、毛泽东思想为指导,以共产主义理想和社会主义信念为灵魂,以社会主义道德为准则,以培养社会主义新人为己任的新文化。社会主义文化对于增强社会主义的凝聚力和向心力,塑造人民新的素质,推动社会主义事业发展,发挥了重大作用。新民主主义文化和社会主义文化,是中华民族实现从"东亚病夫"到站起来的伟大飞跃的思想旗帜。改革开放新时期,党和人民创立了中国特色社会主义文化,它是中国特色社会主义取得巨大成就、中华民族实现从站起来到富起来伟大飞跃的思想旗帜。进入中国特色社会主义新时代,在全面建设社会主义现代化国家的新征程中,在中华民族迎来从富起来到强起来的伟大飞跃中,中国特色社会主义文化同样是实现社会主义现代化的思想旗帜。

文化增强社会主义现代化的精神动力。全面建设社会主义现代化国家,是一场新的伟大社会革命。要将这场伟大社会革命进行到底,必须要有文化的支持。邓小平在党的十一届三中全会上指出,"实现四个现代化是一场深刻的伟大的革命"[1],同时要求全党团结一致,同心同德,解放思想,开动脑筋,善于学习,善于重新学习。这就表明,新时期党和国家的中心工作是社会主义现代化,但如果思想不解放,思想僵化,一切从本本出发,社会主义现代化就不可能实现。可以说,真理标准问题大讨论和思想解放运动,是新时期建设社会主义现代化的思想发动和精神呼唤。党的十一届三中全会召开40年后,我国社会主义现代化站在新的历史起点上,开启全面建设社会主义现代化国家新征程,必须进行具有许多新的历史特点的伟大斗争。有效应对重大挑战,抵御重大风险,克服重大阻力,解决重大矛盾,包括坚决战胜一切在政治、经济、文化、社会等领域出现的困难与挑战,同时要求以伟大精神赢得伟大斗争。习近平主席在十三届全国人大一次会议上强调的伟大民族精神,实质上就是开启全面建设社会主义现代化国家新征程的精神动力。伟大民族精神是中华民族五千多年文明历史的强大精神动力,也是全面建成社会主义现代化强国的强大精神动力。

文化确立社会主义现代化的价值标准。坚持社会主义核心价值体

---

[1]《邓小平文选》(第二卷),人民出版社1994年版,第152页。

系，是新时代坚持和发展中国特色社会主义基本方略的重要内容。我国的现代化被称为社会主义现代化，一个根本特征，就是坚持社会主义核心价值体系，由此构成我国现代化的价值准则。坚持社会主义核心价值体系，包括坚持马克思主义，牢固树立共产主义远大理想和中国特色社会主义共同理想，培育和践行社会主义核心价值观，不断增强意识形态领域主导权和话语权，更好构筑中国精神、中国价值、中国力量，等等。社会主义核心价值体系，规定了社会主义现代化的基本性质，决定了中国特色社会主义现代化道路的前进方向，指明了全面建设社会主义现代化国家的价值导向。核心价值观是决定文化性质和方向的最深层次要素。习近平总书记在党的十九大报告中指出："社会主义核心价值观是当代中国精神的集中体现，凝结着全体人民共同的价值追求。"[1]可以说，社会主义核心价值观就是社会主义现代化的价值追求。社会主义核心价值观从价值观念转变为价值实践，就是社会主义现代化的建成。

文化厚植社会主义现代化的智力基础。文化建设包括发展文化事业和文化产业，建设教育强国，建设学习型社会，提高国民素质等。社会主义现代化是以全民族的精神文明大大提高、全社会的文化素养大大增强为条件的。经济落后建不成现代化，文化落后同样建不成现代化。在综合国力竞争中，科技竞争的基础是人才竞争，人才竞争的基础是教育竞争。没有教育的现代化，就没有国家的现代化。党的十九大提出加快教育现代化，表明了全面现代化，教育要先行，是为全面建设社会主义现代化国家提供人才队伍和智力资源，建好基础工程。新时代文化建设，既要加强思想道德建设，繁荣发展社会主义文艺，满足人民日益增长的美好精神生活需要，也要优先发展教育事业，发展素质教育，推进教育公平，办好继续教育。

---

[1] 习近平：《决胜全面建成小康社会 夺取新时代中国特色社会主义伟大胜利——在中国共产党第十九次全国代表大会上的报告》，人民出版社2017年版，第42页。

中国特色社会主义文化是文化建设现代化的根本标识

改革开放40年来，中国特色社会主义的基本内涵不断丰富拓展，从道路、理论、制度到文化。中国特色社会主义文化，是在建设中国特色社会主义的实践过程中形成的根本文化成就。全面建设社会主义现代化国家，与之相适应、符合其需要的文化，就是中国特色社会主义文化；我们所说的文化现代化或现代化文化，就是中国特色社会主义文化。

中国特色社会主义文化是社会主义现代化的显著特征。中国特色社会主义文化积淀着中华民族最深层的精神追求，源自于中华民族五千多年文明历史所孕育的中华优秀传统文化，熔铸于党领导人民在革命、建设、改革中创造的革命文化和社会主义先进文化，代表着中华民族独特的精神标识。社会主义现代化与资本主义现代化相比，有着共同的内涵标准和文明形式，也有着独特的本质、特色和优势。中国特色社会主义文化，有着明显的民族特色，是中华民族五千多年文明历史的结晶，也是中国社会主义现代化的精神底蕴。中国特色社会主义文化，有着明显的政治属性，是中国特色社会主义道路、制度的思想形式，社会主义意识形态表明社会主义现代化文化的本质特征。中国特色社会主义文化，有着明显的现代属性，顺应历史潮流，走在时代前列，反映人民心声，吸收人类文化优秀成果，代表着先进文化的前进方向。在经济全球化时代，各个国家和民族可以生产和使用同样同质的科技产品，但不能接受同一种文化或信奉同一种宗教，文化有其独特内涵和价值。

中国特色社会主义文化是文化建设现代化的本质内容。从历史脉络看，中国特色社会主义文化融历史文化、当代文化、未来文化于一体，源远流长、根深叶茂，有着强大的生命力。从指导思想看，中国特色社会主义文化以马克思主义为指导，马克思主义是中国特色社会主义文化的灵魂,马克思主义中国化的成果,集中体现了中国特色社会主义文化的时代精神,注入了时代内涵。从发展维度看,中国特色社会主义文化面向现代化,面向世界,面向未来,这一文化内在地与现代化相契合,不仅不排斥而且是向往新世界新社会的;这一文化自觉地与世界相连接,不仅不封闭而且是开放包容的;这一文化前瞻地与未来相一致,不仅不停滞而且是构想创造美好愿景的。从基本属性看,中国特色社会主义文化是民族的科学的大众的文化,民族的文化保持了现代化的文化之根,科学的文化保证了现代化的文化之魂,大众的文化彰显了现代化的文化之本。从动力机制看,中国特色社会主义文化坚持创造性转化、创新性发展,这一转化和发展,既包括中华优秀传统文化在新时代的创造性转化、创新性发展,也包括革命文化、社会主义先进文化的创造性转化、创新性发展,从不停滞在同一个发展阶段和发展水平,与实践同行,与时代同步,与现代化同进。

中华优秀传统文化提供社会主义现代化的中国智慧。中华优秀传统文化是中国特色社会主义文化的牢固根基和有机构成,以其深厚的思想底蕴和长久的历史积淀,滋养着中国特色社会主义文化。中华优秀传统文化在走向社会主义现代化的今天,仍然是宝贵的思想富矿和有益的精神源泉。

革命文化赋予社会主义现代化的红色基因。中国共产党在带领人民进行新民主主义革命的艰辛实践中,形成了包含"革命理想高于天"的革命理想主义、"砍头不要紧,只要主义真"的革命英雄主义、"万水千山只等闲"的革命乐观主义、官兵一致的革命民主主义,"加强纪律性,革命无不胜"的纪律观念,热爱人民、依靠人民的群众路线等内容的革命文化。革命文化上承中华优秀传统文化,基于中国无产阶级和人民大众的革命性,下启社会主义先进文化,是中国特色社会主义文化形成发展的重要环节,是中国特色社会主义文化的重要组成部分。进入社会主义时期、中国特色社会主义新时期、中国特色社会主义新时代,党仍然在进行新的伟大社会革命，仍然需要保持和弘扬革命精神，仍然需要革命文化的营养。革命文化所蕴含的红色基因，并不仅仅是传统的，也是现代的，并不仅仅是革命战争年代的精神旗帜，也是实现社会主义现代化的精神财富。

社会主义先进文化引领社会主义现代化的前进方向。社会主义先进文化，是新中国成立后，党带领人民在社会主义革命和建设、改革开放新的伟大革命、新时代伟大社会革命的长期实践中，在传承光大中华优秀传统文化、革命文化的基础上，形成的反映社会主义本质要求、满足人民日益增长的美好精神生活需要、培养全面发展的社会主义新人的新型文化。社会主义先进文化是中国特色社会主义文化的本质内容和时代标识。社会主义先进文化，作为中国特色社会主义文化的主体部分，与社会主义现代化的文化高度契合、高度统一。社会主义先进文化，表明了社会主义现代化的文化是什么样的文化。建设以社会主义先进文化为核心的中国特色社会主义文化，就是社会主义文化现代化的发展方向。

为增强中国特色社会主义文化自信，推进中国特色社会主义文化研究，服务全面建设社会主义现代化国家新征程，重庆出版集团秉承高度的政治意识和文化意识，在党的十九大之后组织编写出版了"中国特色社会主义文化研究丛书"，从不同方面对中国特色社会主义文化进行深入解读。此套丛书乃出版界该领域传播之先行，为理论界该领域研究之硕果，谨以此文为丛书总序。

目录

总序 社会主义现代化的文化之维

第一章 新时代脱贫攻坚历史任务的提出及意义
  第一节 新时代脱贫攻坚任务的提出 / 2
  第二节 新时代脱贫攻坚任务的政策部署 / 11
  第三节 完成新时代脱贫攻坚历史任务的实践意义 / 27

第二章 当代中国脱贫攻坚精神的生成逻辑
  第一节 中华优秀传统文化的滋养 / 44
  第二节 马克思主义反贫困思想 / 49
  第三节 中国共产党人百年来反贫困的伟大实践 / 64

第三章 脱贫攻坚精神的内涵实质
  第一节 上下同心、尽锐出战 / 74
  第二节 精准务实、开拓创新 / 84
  第三节 攻坚克难、不负人民 / 94

第四章　脱贫攻坚精神的时代价值

第一节　中国共产党性质宗旨的生动写照 / 104

第二节　中国精神的赓续与传承 / 111

第三节　中国力量与中国价值的充分彰显 / 116

第四节　中国共产党人精神谱系的丰富与发展 / 125

第五章　脱贫攻坚精神的践行

第一节　巩固拓展脱贫攻坚成果 / 134

第二节　实施乡村振兴战略 / 141

第三节　助力国际脱贫 / 160

第六章　凝聚脱贫攻坚精神的现实要求

第一节　将脱贫攻坚精神融入中华民族伟大复兴中国梦 / 168

第二节　凝聚脱贫攻坚精神，深化社会主义核心价值观认同 / 178

第三节　凝聚脱贫攻坚精神，汇入相对贫困治理实践 / 189

第四节　加强对脱贫攻坚精神的研究与宣传 / 200

第七章　脱贫攻坚精神的当代启思

第一节　脱贫攻坚精神与全面建设社会主义现代化国家 / 210

第二节　脱贫攻坚精神与典型模范人物 / 225

第三节　脱贫攻坚精神与精准扶贫典型 / 233

参考文献 / 249

后　记 / 253

第一章 新时代脱贫攻坚历史任务的提出及意义

人民立场是中国共产党作为马克思主义政党的根本立场，也是中国共产党执政的最大底气。中国共产党自成立之日起，就一直奋进在为中国人民谋幸福、为中华民族谋复兴的康庄大道上。贫困问题是改善人民生活质量、实现中华民族伟大复兴之路上的一块绊脚石。一代又一代的中国共产党人秉持初心使命，坚守"以人民为中心"的根本立场，坚持统筹部署，精准发力，以"不获全胜决不收兵"的气魄向中国贫困问题发起挑战。在中国共产党的领导下，在人民群众的共同努力下，取得了脱贫攻坚战的伟大胜利，创造了人类减贫史上的伟大奇迹。中国脱贫攻坚战的全面胜利，充分彰显了中国共产党的坚强领导力与社会主义制度集中力量办大事的优势，同时为世界上其他国家的减贫事业提供了借鉴，为全球贫困治理问题贡献了中国方案和中国智慧。新时代，中国共产党必将带领人民群众在实现人民美好生活向往的奋斗目标上取得更大的胜利，创造一个又一个彪炳史册的人间奇迹。

第一节　新时代脱贫攻坚任务的提出

"民亦劳止，汔可小康"，这生动地体现了古人对美好生活的向往与追求。自中国共产党成立以来，始终坚持为中国人民谋幸福，为中华民族谋复兴，向贫困问题发起"攻坚战"。从"救济式扶贫"到"大规模开发式扶贫"再到"区域瞄准至县、村扶贫"，中国共产党带领人民群众奔赴在脱贫致富的道路上，推进我国减贫事业取得了一个又一个更大成就，为全面建成小康社会、实现共同富裕的目标不懈努力。

2012年11月15日，党的十八届一中全会选举习近平同志为中央委员会总书记，自此，带领人民脱贫致富的接力棒交到了以习近平同志为核心的新一代党中央领导集体手中。在中外记者见面会上，习近平总书记明确了党中央今后的工作方向："人民对美好生活的向往，就是我们的奋斗目标……努力解决群众的生产生活困难，坚定不移走共同富裕的道路。"[1]虽言简意赅，却掷地有声，表达出新一届党中央领导集体对贫困群体的关注和实现共同富裕的决心与信心。实践是最强有力的证明，2012年12月29日，党的十八大召开后不久，习近平总书记就前往河北省阜平县考察，和当地的干部群众详细讨论了我国的扶贫开发工作。2013年4月9日，习近平总书记前往海南考察，对当地农民的生产生活作了细致调研。在这两次考察中，习近平总书记最关心的就是人民群众的生活水平，尤其是困难群众。他多次提到，"小康不小康，关键看老乡，关键在贫困的老乡能不能脱贫"，承诺"决不能落下一个贫困地区、一个贫困群众"，从此拉开了新时代脱贫攻坚的序幕。

---

[1]《十八届中央政治局常委同中外记者见面会》，人民网，2012年11月15日。

一　新时代背景下提出脱贫攻坚任务的重大内涵

新时代是党中央立足于我国所取得的一系列重大历史性成就和社会主要矛盾发生根本性转化而作出的重大方位判断。脱贫攻坚任务提出之际正好是中国特色社会主义进入新时代的开局之际，新时代成为贯穿脱贫攻坚历史任务始终的背景和底色，脱贫攻坚任务也因此具有了鲜明的时代特征。

首先，脱贫攻坚任务的提出是中国在新时代实现战略新安排的基本前提。新时代是决胜全面建成小康社会，进而全面建成社会主义现代化强国，实现"两个一百年目标"的时代。脱贫攻坚任务与新时代的战略安排相辅相成、同进同退，它的提出给实现新时代的战略安排提供了保障。到2020年，只要还有一个贫困人口未脱贫，一个贫困地区未摘帽，我们就不能说中华大地全面建成了小康社会，更不能迈开党领导人民建设社会主义现代化强国的脚步，就不能实现"两个一百年"的奋斗目标。因此，脱贫攻坚任务的提出体现了我们党对新时代战略安排中最大短板的准确认识。

其次，脱贫攻坚任务的提出是中国在新时代满足人民生活向往的具体表现。新时代是一个不断创造美好生活、逐步实现共同富裕的时代，在这一征程中，贫困群众能否顺利脱贫将影响人民对新时代美好生活的满意程度，进而会影响人民在追求共同富裕道路上积极性与创造性的发挥程度。脱贫攻坚任务的提出体现了中国共产党在新时代坚持以人民为中心的工作方向，不断强调提升包括贫困群众在内的广大人民群众的获得感和幸福感，致力于将改革发展成果惠及全体人民，坚决不让一个贫困群众掉队，朝着实现共同富裕的目标不断迈进。

再次，脱贫攻坚精神在实践中的铸就是新时代实现中国梦的重要力量。新时代是党领导人民奋力实现中华民族伟大复兴中国梦的时代。习近平总书记强调,"实现中国梦必须弘扬中国精神"[1],这是贯穿五千年中华文化并在我们党带领人民进行革命、建设和改革的进程中不断丰富发展的中国精神。脱贫攻坚任务十分艰巨,需要党和人民倾尽汗水和心血。面对困难,中国共产党毫不退缩,毅然提出并发起这场没有硝烟的战争,并作出了带领贫困人口全部脱贫的庄严承诺。伟大实践铸就伟大精神,在脱贫攻坚的千锤百炼中孕育出的脱贫攻坚精神必将融入中国精神,更加坚定全体中华儿女实现中国梦的信念,增强实现中国梦的信心,为实现中华民族伟大复兴增添新的精神动力。

最后,脱贫攻坚任务的提出是中国在新时代为世界减贫事业做出的更大贡献。新时代是中国为世界的繁荣发展贡献出更大力量的时代。习近平总书记提出:"每个国家在谋求自身发展的同时,要积极促进其他各国共同发展。世界长期发展不可能建立在一批国家越来越富裕而另一批国家却长期贫穷落后的基础之上。只有各国共同发展了,世界才能更好发展。"[2]脱贫攻坚任务的提出实际上也是在积极落实《联合国千年发展目标》(MDGs)和《联合国2030年可持续发展议程》,加快世界减贫进程。

此外,开展脱贫攻坚任务可以在减贫治理方面积累一系列科学有效的经验方法,为其他国家的贫困治理贡献中国智慧和中国方法。中国在新的历史条件下为应对世界贫困问题所采取的有力举措,充分展现了大国担当,彰显了中国力量。

二 新时代的减贫任务仍然面临严峻挑战

自新中国成立以来,中国共产党不断探索适合中国国情的减贫方略,先后采取了救济式扶贫、体制性改革扶贫、大规模开发扶贫等,每

---

[1] 中共中央文献研究室:《习近平关于全面建成小康社会论述摘编》,中央文献出版社2016年版,第103页。

[2] 中共中央文献研究室:《十八大以来重要文献选编》(上),中央文献出版社2014年版,第260页。

一种扶贫方略都可以映射出当时国家具体的贫困情况。如果将改革开放之初的1978年与新时代开局之际的2012年的贫困状况进行纵向比较，1978年的贫困人口为77039万人，贫困发生率高达97.5%；2012年我国贫困人口为9899万人，贫困发生率为10.2%。[1]数据表明，在这期间近7亿的贫困人口实现脱贫，扶贫开发工作取得了明显成效，充分体现了党中央从改革开放之初至新时代开局之际在减贫方面付出的巨大努力。

尽管如此，在新时代开局之际，我国的贫困形势仍不容乐观，减贫任务仍面临严峻挑战。

首先，我国贫困人口总体规模大且返贫风险较高。2011年，中央扶贫开发工作会议规定，农村人口每人每年纯收入在2300元以下可以纳入国家扶贫的范围，这比2009年1196元的标准提高了92%。扶贫标准的提高意味着更多的人口被纳入帮扶范围，也意味着党中央要带领近1亿人口实现脱贫，占当时世界总贫困人口的十分之一还要多。[2]此外，从贫困人口自身发展条件来看，剩下的9899万贫困人口中还有较多的是因病因残致贫，前期的扶贫工作对其产生的作用甚微，且受客观和主观因素的影响，难以激发此类贫困人口的内生动力，即使实现脱贫，一旦政府切断救助，仍有很大的返贫风险。同时，自然灾害也是影响脱贫人口返贫的重要因素。例如，2008年汶川地震后，四川的贫困发生率超过了60%；2010年的大旱导致西南五省市返贫人口超过218万。因此，在多种内因和外因的影响下，让此类贫困人口实现脱贫不返贫具有相当大的困难。

其次，我国贫困人口大多分布在集中连片特困区，人口资源环境矛盾突出，实现脱贫面临着多重挑战。2011年，《中国农村扶贫开发纲要（2011—2020年）》在我国划出14个集中连片特困地区，并作为扶贫攻

---

[1] 国家统计局住户调查办公室：《中国农村贫困监测报告2018》，中国统计出版社2018年版。
[2] 按2012年世界绝对贫困人口8.809亿人计算。数据来源：world bank（2016）。

坚主战场来重点推进。集中连片特困地区大都具有自然条件差、生态环境脆弱、经济基础落后等特点，属于"贫中之贫"，是扶贫开发工作中最难啃的"硬骨头"。据统计，2012年底的9899万贫困人口中，生活在集中连片特困地区的农村贫困人口就有5067万人，集中连片特困地区农村贫困发生率高达24.4%，比全国农村平均水平要高14.2个百分点。[1] 以乌蒙山集中连片地区为例，这是一个地处云贵高原与四川盆地结合部的深度贫困地区，集革命老区、民族地区、边远山区为一体。片区38个县（市、区）中有32个国家扶贫开发重点县，其余6个则为省重点扶贫县。除此之外，"石漠化面积占国土面积16%，25度以上坡耕地占耕地总面积比重大。干旱、洪涝、风雹、凝冻、低温冷害、滑坡、泥石流等自然灾害频发"。[2] 这类地区的扶贫开发工作面临着极大的挑战，要求党中央在着眼于人口减贫的同时还要注重生态环境的保护。

最后，我国贫困人口的分布更加凸显出局部集中、整体分散的特点，亟须出台新的扶贫方略应对问题。《中国农村扶贫开发纲要（2001—2010年）》（以下简称《纲要》）把贫困人口集中的中西部少数民族地区、革命老区、边疆地区和特困地区作为扶贫开发的主战场，确定了扶贫开发的重点县，推进连片大规模扶贫开发进程。但随着《纲要》实施进程过半，我国贫困人口的分布逐渐显现出新的特点。党中央针对这一情况适时调整扶贫开发部署，国务院扶贫办等部门于2005年出台了《关于共同做好整村推进扶贫开发构建和谐文明新村工作的意见》，决定采取整村推进瞄准贫困群体，加强对以村级为单位的扶贫工作。到新时代脱贫攻坚提出之际，随着第一个扶贫纲要奋斗目标的完成，我国贫困人口进一步减少，但在贫困人口分布上，局部集中、整体分散的特点却更加凸显。据统计，2012年底"全国贫困人口总数的14%以零星插

---

[1] 国家统计局住户调查办公室：《中国农村贫困监测报告2017》，中国统计出版社2017年版。

[2] 《国务院扶贫开发领导小组办公室 国家发展和改革委员会：乌蒙山片区区域发展与扶贫攻坚规划（2011—2020年）》，中国发展门户网，2013年9月。

花状态分布于东部地区，35%相对分散地分布在中部地区，50%主要以相对集中分布在西部地区"。[1]这一贫困人口分布特点意味着整片推进、整村推进并不能使扶贫资源与贫困人口的匹配程度达到最优效应，这就需要党中央谋划新的扶贫方略，使新时代脱贫攻坚任务的施行能够覆盖所有散落四处的贫困人口。

三 新时代社会主要矛盾的变化突出了新时代脱贫攻坚的艰巨性和紧迫性

党的十九大向全国人民昭示了一个重大判断："中国特色社会主义进入新时代，我国社会主要矛盾已经转化为人民日益增长的美好生活需要和不平衡不充分的发展之间的矛盾"。[2]这是党中央立足于改革开放以来我国不断发展的具体国情所作出的科学判断。习近平总书记指出："我国社会主要矛盾的变化是关系全局的历史性变化"。[3]这一"全局的历史性变化"将影响和辐射我国各方面、各领域的建设发展，为党中央的路线、方针、政策的制定提供新指导、新思路。脱贫攻坚任务作为我国民生领域中极为重要的一方面，必然顺应新时代社会主要矛盾的变化展开工作。"人民日益增长的美好生活需求"意味着贫困群众的需求层次不断提升，"不平衡不充分的发展"意味着必须要解决贫困地区的生产生活落后问题，这都进一步突出了完成新时代脱贫攻坚任务的艰巨性和紧迫性。

社会主要矛盾的变化对扶贫工作提出了更高要求，凸显了新时代完成脱贫攻坚任务的艰巨性。由"人民日益增长的物质文化需求"转化为

---

[1] 毕红静：《我国农村反贫困政策创新研究》，载《前沿》，2011年第19期。
[2] 习近平：《决胜全面建成小康社会 夺取新时代中国特色社会主义伟大胜利——在中国共产党第十九次全国代表大会上的报告》，人民出版社2017年版，第11页。
[3] 习近平：《决胜全面建成小康社会 夺取新时代中国特色社会主义伟大胜利——在中国共产党第十九次全国代表大会上的报告》，人民出版社2017年版，第11页。

"人民日益增长的美好生活需求",从侧面反映出我国社会生产力水平的提升。党中央带领贫困人口实现脱贫必须要顺应这一变化,从"物质文化"到"美好生活"意味着扶贫工作不仅要解决贫困人口的温饱问题,也要着眼于满足贫困人口更高层次和更多方面的需求。然而从现实情况来看,我国各贫困地区的贫困程度不同,满足贫困群众美好生活的条件也有所不同。在条件最薄弱的贫困地区存在着基础设施落后、生态环境脆弱、脱贫主体性不足等情况,呈现出地区面貌差、脱贫难度大、脱贫成本高的特点。伴随着社会主要矛盾的变化,贫困人口的需求层次提升了,但其所面对的现实环境条件仍然是一个难以攻克的难题。如何尽快满足此类地区贫困人口的美好生活需求,让他们也能顺利融入对新时代美好生活向往的浪潮,需要党中央以更大的决心、更强的力度、更有效的措施开展新时代脱贫攻坚工作,以适应贫困群众需求的提升,这也就是党中央开展新时代脱贫攻坚任务的艰巨性所在。

完成脱贫攻坚任务是化解新时代社会主要矛盾的关键抓手,凸显了完成新时代脱贫攻坚任务的紧迫性。党的十九大报告指出:"我国社会生产力水平总体上显著提高,社会生产能力在很多方面进入世界前列,更加突出的问题是发展不平衡不充分,这已经成为满足人民日益增长的美好生活需要的主要制约因素。"[1]这表明解决好发展不平衡不充分的问题是化解新时代社会主要矛盾的核心所在。从当下来看,我国发展不平衡不充分的问题还体现在很多方面,如精神文明、民主法治、生态文明等。但最主要的是城乡和区域发展的不平衡不充分问题,其中贫困人口和贫困地区则是城乡和区域发展不平衡不充分问题的集中体现。具体来看,中西部仍存在众多的贫困地区是地区发展不平衡不充分的主要原因,农村仍存在近1亿贫困人口是城乡收入产生巨大差距的主要因素。据统计,2012年底我国东中西部贫困发生率分别为3.9%、10.5%、

---

[1] 习近平:《决胜全面建成小康社会 夺取新时代中国特色社会主义伟大胜利———在中国共产党第十九次全国代表大会上的报告》,人民出版社2017年版,第11页。

17.9%，中部和西部的贫困发生率远高于东部。2012年全国城镇居民人均总收入26959元，全国农村居民人均纯收入7917元，[1]城乡居民收入差距比高达3.41∶1。只要城乡和区域发展不平衡不充分的问题没能得到解决，新时代社会主要矛盾就仍然是我们要面对的议题，国家的发展就不能进入新的历史方位。因此，贫困人口和贫困地区能否尽快脱贫摘帽关乎我们社会主要矛盾的化解，关乎到新的历史方位的推进，从这个角度来看，二者紧密的挂钩关系凸显出了新时代脱贫攻坚任务的紧迫性。新时代脱贫攻坚任务的完成意味着贫困地区和贫困人口的社会生产力水平和收入水平均有所提升，实际上就是在解决我国发展不平衡不充分问题最主要的方面，以此带动新时代社会主要矛盾的逐步化解。

四 全面建成小康社会目标的确立要求贫困人口全部脱贫

新时代催生新课题，新课题引发新部署。2012年11月8日，党的十八大在北京召开，首次确立到2020年全面建成小康社会的奋斗目标，提出了"经济持续健康发展，人民民主不断扩大，文化软实力显著增强，人民生活水平全面提高，资源节约型、环境友好型社会建设取得重大进展"[2]等新要求，勾勒出全党全国各族人民在新的历史条件下进行伟大奋斗的宏伟蓝图，向人民群众发出了向"第一个百年"进军的时代号召。

新时代脱贫攻坚任务是我国实现全面建成小康社会奋斗目标的底线任务和标志性指标。党的十六大确定全面建设小康社会，党的十八大首次提出全面建成小康社会，从"全面建设"到"全面建成"，虽一字之差，却是我国经济总量从稳步增长到逐步接近小康社会的体现。经过改革开放以来的发展建设，2010年我国国内生产总值首次超过了日本，成为世界第二大经济体，经济体量的迅猛发展为实现全面建成小康社会

---

[1] 国家统计局：《2012年我国城乡居民收入增速"跑赢"GDP》，新华网，2013年1月18日。
[2] 《中国共产党第十八次全国代表大会文件汇编》，人民出版社2012年版，第57页。

的目标打下了坚实的基础。但我们仍应看到，随着改革进入深水区，很多发展短板问题进一步凸显，制约着全面建成小康社会目标的实现。其中最大的短板即为我国的绝对贫困问题，在新时代脱贫攻坚任务提出之际还有9899万贫困人口亟待脱贫。正如习近平总书记所强调的，"全面小康，覆盖的人口要全面，是惠及全体人民的小康"[1]，"决不能落下一个贫困地区、一个贫困群众"。[2]就如木桶效应一般，木桶能装多少水取决于木桶的最短板，全面建成小康社会的目标能否如期实现，取决于我国贫困人口能否如期脱贫。

新时代脱贫攻坚任务的完成质量决定全面建成小康社会的水平。习近平总书记多次强调："努力建成人民群众满意、高质量的小康社会"，"使全面建成小康社会得到人民认可、经得起历史检验"。新时代脱贫攻坚任务作为全面建成小康社会的底线任务，其完成质量对小康社会有着根本性的影响。小康社会要想得到人民群众的满意，得到世界他国的信服，关键在于我们能否对民生领域的贫困短板问题进行扎实的补足。这要求党中央不仅不能落下一个贫困地区、一个贫困群众，还要着重对脱贫攻坚任务施行的质量进行提升，确保全面建成小康社会成色不减。

全面建成小康社会允许贫困地区脱贫后存在一定差距。党的十八大作出全面建成小康社会的战略部署，同时还强调"小康"是因地制宜的小康，实现全面建成小康社会的奋斗目标并不要求所有贫困地区成为同一发展水平的样貌，而是在坚持一定标准下允许贫困地区摘帽后的发展可以存在一定差距。我国贫困地区的贫困程度各有不同，比如贫困程度较深的民族八省地区在2012年的贫困发生率高达21.1%，比全国贫困发生率的10.2%高了10.9个百分点。在同一时间攻克不同程度的贫困问题就会产生一定的差距。在完成新时代脱贫攻坚任务的过程中只要坚持一定标准，补短板、强弱项，就符合全面建成小康社会的预期成效。

[1]《习近平谈治国理政》（第二卷），外文出版社2017年版，第79页。
[2]《习近平谈治国理政》（第二卷），外文出版社2017年版，第84页。

第二节　新时代脱贫攻坚任务的政策部署

新时代脱贫攻坚任务提出以来，以习近平同志为核心的党中央紧扣社会主要矛盾的变化，牢牢立足于中国特色社会主义进入新时代的背景，把脱贫攻坚任务作为全面建成小康社会的底线任务和标志性指标，从中国当下的贫困情况出发，作出了一系列重大政策部署。特别是习近平总书记对打赢这场攻坚战高度重视，坚持亲自研究、亲自指挥、亲自推进，在实践考察和相关会议中针对扶贫工作提出了一系列重要讲话，为完成新时代脱贫攻坚任务提供了精准方向和行动指南。

从新时代脱贫攻坚任务开展的整体历程上来看，以习近平同志为核心的党中央对完成新时代脱贫攻坚任务的政策部署具体可以划分为三个时期，一是从2012年到2014年的打响脱贫攻坚战时期，这一时期党中央初步确定"精准扶贫"的基本方略，创新六项扶贫开发工作机制；二是从2015年到2017年打赢脱贫攻坚战时期，这一时期党中央确定了"六个精准"的脱贫要求和"五个一批"的脱贫路径，全面确立起"精准脱贫、精准扶贫"的基本方略；三是从2018年到2020年决胜脱贫攻坚战时期，这一时期党中央继续完善精准扶贫、精准脱贫基本方略，并将脱贫攻坚战作为全面建成小康社会必须打赢的三大攻坚战之一进行部署。三个时期的政策部署承上启下、紧密衔接，体现了以习近平同志为核心的党中央强大的政策部署能力，为圆满完成新时代脱贫攻坚任务制定了科学的顶层设计，提供了全面的工作指导，是新时代脱贫攻坚任务顺利完成的基本保障。

一 2012—2014年，打响新时代脱贫攻坚战：确定"精准扶贫"基本方略，创新六项扶贫开发工作机制

新时代脱贫攻坚的序幕拉开后不久，以习近平总书记为核心的党中央便着手展开政策部署。其中，习近平总书记在考察十八洞村时首次提到的"精准"概念，成为新时代以精准扶贫、精准脱贫为基本方略的脱贫攻坚政策的重要前提和主要依据。

2013年11月3日，习近平总书记到湖南省湘西土家族苗族自治州花垣县十八洞村考察。十八洞村位于湖南省湘西土家族苗族自治州，村民主要靠个人种植水稻、西瓜等农作物维持生计，村里的集体经济还处于空白状态。十八洞村是我国集中连片特困区的一个典型缩影，呈现出贫困程度深、村内无产业支撑、村民文化程度低等特点。据统计，2012年十八洞村的人均收入为1417元，仅为当时全国农民人均收入的17.9%。在这样的贫困状况下，如何让十八洞村发展起来，让村民过上好日子？习近平总书记首次提出了"精准扶贫"："扶贫要实事求是，因地制宜。要精准扶贫，切忌喊口号，也不要定好高骛远的目标"[1]，这一论述牢牢抓住了打响新时代脱贫攻坚战的发力点，发出了要以"精准"为扶贫工作基本方向的信号。

紧接着在2013年12月10日中央经济工作会议上，习近平总书记把扶贫工作作为2014年经济工作的主要任务之一，并对此进行了专项部署，他提出："全面建成小康社会，要以各地发展为基础。扎扎实实打好扶贫攻坚战，让贫困地区群众生活不断好起来，贫困地区要把提高扶贫对象生活水平作为衡量政绩的主要考核指标，扶贫工作要科学规划、因地制宜、抓住重点，提高精准性、有效性、持续性。"[2]在这次会议上，习近平总书记在党中央层面强调，新时代扶贫工作要坚持"精准"，

---

[1] 王海燕：《大国脱贫之路》，人民出版社2018年版，第56页。
[2] 《中央经济工作会议在北京举行》，载《人民日报》，2013年12月14日。

并首次提出衡量政绩的考核标准也要更加精准,为全面部署新时代脱贫攻坚任务奠定了基础。

为贯彻落实习近平总书记对扶贫工作的"精准"要求和落实2013年中央经济工作会议的部署,中共中央办公厅和国务院于2014年1月25日印发了《关于创新机制扎实推进农村扶贫开发工作的意见》(以下简称《意见》),这是十八大以来以习近平同志为核心的新一届领导集体用以指导新时代脱贫攻坚任务的第一个纲领性文件。《意见》从6个方面对我国如何改革创新扶贫开发工作机制进行了部署,要求着力解决贫困地区存在的10个突出问题,加强扶贫工作中的5个领导问题。其中,6个方面的创新扶贫开发机制中的4个都把"精准"作为落脚点,主要体现在精准贫困县考核机制、精准扶贫工作机制、精准干部驻村帮扶、精准财政专项扶贫资金管理使用,其余两个方面分别在完善金融服务机制和创新社会参与机制上作了具体的政策部署,初步确定了党中央"精准扶贫"的基本方略。

第一,精准贫困县考核机制。首先,考核具有指挥棒的作用,往往上面考核什么,下面就会抓什么,以贫困地区GDP总值作为考核指标难免会出现"扶县、扶贫"两张皮的现象。为改变这一现象,《意见》决定不再把地区GDP总值作为考核指标,而是将指标更加精准到考核扶贫开发工作成效,下沉到以贫困人口生活水平的提高和贫困人口数量的减少为主要考核指标。其次,各地区还要根据党中央考核的主要指标制定出符合各地区实际情况的考核评价办法,坚持因地制宜、科学规划。

第二,精准扶贫工作机制。截至2012年底,我国贫困人口总数为9899万人。但是,这个数据是按照农民人均纯收入2300元的国家扶贫标准抽样调查而来,由于全国还没有建立统一的信息网络,尚不能对所有的扶贫对象进行精准识别。[1]因此,针对现阶段仍然面临的贫困人口

---

[1]《贫困县考核不再GDP至上 走出年年扶贫年年贫怪圈》,中国发展门户网,2014年1月26日。

底数不清、情况不明的问题,《意见》规定各贫困地区要按照国家制定的统一的扶贫对象识别办法,对每个贫困村和贫困户建档立卡,搭建出统一规范的全国扶贫信息网络系统。

第三,精准干部驻村帮扶。为了提高扶贫工作成效,《意见》提出要普遍建立驻村工作队(组)制度,并确保驻村工作队(组)进村入户进行帮扶。这一举措不但聚焦党员干部进驻贫困村、贫困户,也成为培养锻炼党员干部特别是增长青年干部工作经验的重要渠道,极大地增强了我们党组织的后备力量。

第四,精准财政专项扶贫资金管理使用。首先在扶贫资金的使用上,保证财政专项扶贫资金的投入持续增加,并确保扶贫资金精准到村、到户、到贫困对象手中。把扶贫和涉农资金整合起来用于深度贫困地区。其次在扶贫资金分配上,探索竞争性的资金分配方法,摒弃以往直接给钱的做法,实行将扶贫资金分配与各地区的扶贫考核、资金使用绩效评价结果相挂钩的奖励性机制。最后在扶贫资金监管上,实行省市政府监管、县级政府落实项目的办法,充分发挥各级人大常委会和审计、监察等部门对扶贫资金使用的监督,并逐步加强社会力量监督,明确规定对于截留挪用扶贫资金的行为将严惩不贷。

第五,完善金融服务机制。政府专项扶贫资金投入并不能完全支撑起贫困地区的经济社会发展,这就需要充分发挥商业金融的支持作用。如何让贫困地区、贫困人口顺利得到低息贷款,《意见》对贫困地区的金融服务机制做出了改革。首先,加大对贫困地区和贫困人口的商业性贷款的支持,继续扩大扶贫资金中用以贴息的资金比例,引导各类银行对贫困地区进行金融服务。其次,推广小额信用贷款,扩展小额贷款适用对象,使农村青年和妇女等都能顺利申请到小额贷款。最后,推动金融机构不断下沉到贫困乡镇和社区,改善贫困地区的金融环境,扩大农业保险覆盖面。

第六,创新社会参与机制。《意见》提出要"建立和完善广泛动员社会各方面力量参与扶贫开发制度"。[1]以东西部扶贫协作和定点扶贫为引领,支持军队参与扶贫开发工作,引导各类企业、社会组织和个人参与到扶贫开发中来,对市场企业参与扶贫要落实捐赠税前扣除。同时要建立扶贫信息交流平台,增进各方工作交流协调。

国务院扶贫开发领导小组每五年进行一次表彰,鼓舞激发社会各界力量参与扶贫开发工作。自《意见》发布以来,国务院扶贫办等部门为使各地区更准确地贯彻落实《意见》中的"关于建立精准扶贫工作机制"的相关要求,分别接续印发了《扶贫开发建档立卡工作方案》(2014年4月2日)、《建立精准扶贫工作机制实施方案》(2014年5月26日)、《扶贫开发建档立卡指标体系》(2014年6月12日),三个文件对各地区开展贫困县、贫困村以及贫困户建档立卡的工作方法、工作步骤、时间安排、工作要求均作了详细的指导部署,并从建档立卡与信息化建设、建立干部驻村帮扶工作制度、培育扶贫开发品牌项目、提高扶贫工作的精准性和有效性、提高社会力量参与扶贫的精准性和有效性,以及建立精准扶贫考核机制等六个方面部署了建立精准扶贫工作机制的重要工作,进一步将精准识别、精准帮扶、精准管理和精准考核落到实处。

除此之外,《意见》中其他方面的创新机制也得到进一步的详细部署。例如国务院扶贫办等部门通过印发《创新扶贫开发社会参与机制实施方案》(2014年5月12日)、国务院办公厅印发《关于进一步动员社会各方面力量参与扶贫开发的意见》(2014年12月4日)以及国务院印发《关于促进慈善事业健康发展的指导意见》(2014年12月18日),对更加精细地贯彻落实"创新社会参与机制"进行了全方位指导。

总的来说,这一时期从习近平总书记提出"精准"的论述到中共中央办公厅、国务院办公厅正式发布《关于创新机制扎实推进农村扶贫开发工作的意见》,"精准扶贫"的基本方略已初步在党中央对新时代脱贫

---

[1] 中共中央办公厅、国务院办公厅:《关于创新机制扎实推进农村扶贫开发工作的意见》,人民出版社2014年版,第6页。

攻坚的政策部署中形成。党中央通过对六项扶贫开发机制的改革与创新，将在新时代脱贫攻坚的任务开展中发挥出巨大作用，使贫困人口底数不清、情况不明的问题得到有效解决。这一年共有12.8万个贫困村和8962万贫困人口被识别出来，全国统一的扶贫开发信息系统首次建立起来，对贫困村、贫困人口实现了精准动态管理，使新时代脱贫攻坚任务的进行取得了初步成效。据统计，截至2014年底，我国贫困发生率已由2012年底的10.2%下降到7.2%，贫困人口数量由9899万人减少到7017万人。

二 2015—2017年，打赢新时代脱贫攻坚战：确定"六个精准"脱贫要求和"五个一批"脱贫路径，全面确立精准扶贫、精准脱贫的基本方略

实践是检验真理的唯一标准，"精准扶贫"基本方略提出以来，各部门加大贯彻落实党中央的各种政策部署，最终在2013年至2014年两年的时间内使2882万贫困人口摆脱了绝对贫困，每年减贫人数高达1000万人以上，以"精准扶贫"为基本方略下的减贫成效显著。但值得注意的是，2015年距离我们全面建成小康社会仅有五年的时间，这意味着党中央要在五年的时间里带领剩下的7017万贫困人口摆脱绝对贫困，且扶贫工作越往后推进，贫困地区及贫困人口所呈现出的贫困程度深、扶贫成本高、脱贫难度大的特征就越发明显。在这一情况下，要想如期完成新时代脱贫攻坚任务，党中央必须在现有的基础上不断继续谋划创新，加强扶贫政策部署。习近平总书记在2015年开年时就强调："现在，距实现全面建成小康社会的第一个百年奋斗目标只有五六年了，但困难地区、困难群众还为数不少，必须时不我待地抓好扶贫开发工作，决不能让困难地区和困难群众掉队。党和国家要把抓好扶贫开发工作作为重大任务，贫困地区各级领导干部更要心无旁骛、聚精会神抓好

这项工作，团结带领广大群众通过顽强奋斗早日改变面貌。"[1]

2015年6月18日，习近平总书记在贵州召开的部分省区市党委主要负责同志座谈会上强调："扶贫开发贵在精准，重在精准，成败之举在于精准。各地都要在扶持对象精准、项目安排精准、资金使用精准、措施到户精准、因村派人（第一书记）精准、脱贫成效精准上想办法、出实招、见真效。"[2]这一论述系统阐述了党中央开展的精准扶贫到底"精准"在哪些方面，这在此后被概括为"六个精准"的脱贫要求。2015年10月16日，习近平总书记在减贫与发展高层论坛上发表主旨讲话，他再次强调中国的精准扶贫坚持"六个精准"的脱贫要求，并首次提出了"五个一批"的脱贫路径，即通过扶持生产和就业发展一批，通过易地搬迁安置一批，通过生态保护脱贫一批，通过教育扶贫脱贫一批，通过低保政策兜底一批。自此，习近平总书记创新性提出的"六个精准"脱贫要求和"五个一批"的脱贫路径使"精准扶贫"基本方略更加丰富完善，为党中央加快作出这一时期的脱贫政策部署打通了思路。

2015年10月26日，党的十八届五中全会首次将"扶贫攻坚"表述为"脱贫攻坚"，并确定了全面建成小康社会必须实现我国现行标准下农村贫困人口全部脱贫、贫困县全部摘帽、解决区域性整体贫困的目标要求。从"扶"到"脱"虽仅一字之差，但这意味着党中央对消除绝对贫困抱有更加坚定的决心与强烈的使命。在2015年11月27日召开的中央扶贫开发会议上，习近平总书记强调："脱贫攻坚已经到了啃硬骨头、攻坚拔寨的冲刺阶段，必须以更大的决心、更明确的思路、更精准的举措、超常规的力度，众志成城实现脱贫攻坚目标，决不能落下一个贫困地区、一个贫困群众。"[3]在这次会议上中西部22个省区市党政主要负责同志向中央签署脱贫攻坚责任书，这一"军令状"的签署凸显出我们

---

[1] 中共中央文献研究室：《习近平关于全面从严治党论述摘编》，中央文献出版社2016年版，第164页。
[2] 王海燕：《大国脱贫之路》，人民出版社2018年版，第57页。
[3] 《习近平谈治国理政》（第二卷），外文出版社2017年版，第84页。

党以更坚定的决心迎战脱贫攻坚，并把责任真正落实到各地区的"一把手"身上。同时，习近平总书记在这次会议上继续对打赢脱贫攻坚战作出了重要指示，对"扶持谁""谁来扶""怎么扶""如何退"等重要问题作出了回答。具体而言，在"扶持谁"的问题上，要在做细贫困人口建档立卡工作的同时，按贫困人口的具体情况实施扶贫措施；在"谁来扶"的问题上，要把责任落实到人，形成省市县乡村五级书记抓落实的扶贫开发工作机制，强调县委书记和县长是第一责任人；在"怎么扶"的问题上，按照各贫困地区和贫困人口的具体情况，实施"五个一批"脱贫路径，鼓励各地区探索多渠道、多元化的脱贫路径；在"如何退"的问题上，要设定时间表、留出缓冲期，实行严格评估和逐户销号。习近平总书记对开展脱贫攻坚的一系列重大指示为接下来相关部门出台正式的部署文件提供了重要依据与思路指导。

为了贯彻落实"六个精准"的脱贫要求和"五个一批"的脱贫路径以及党的十八届五中全会和习近平总书记在全国扶贫开发工作会议上的讲话等重要精神，2015年11月29日，在中央扶贫开发工作会议召开两日后，中共中央、国务院发布了《关于打赢脱贫攻坚战的决定》（以下简称《决定》），明确提出要把精准扶贫、精准脱贫作为基本方略，这也是精准扶贫、精准脱贫基本方略首次出现在中央文件中。《决定》共分为八大部分，分别涉及精准扶贫、基础设施、政策支持、社会动员、研究宣传以及政治保障等各方面，充分吸纳了习近平总书记在全国扶贫开发工作会议上的讲话精神，并细化为33条具体措施，对接下来打赢脱贫攻坚战的各方面工作进行了全方位部署，成为指导这一时期脱贫攻坚的纲要性文件。

第一，实施精准扶贫、精准脱贫方略。首先，《决定》提出继续健全精准扶贫工作机制，按照"六个精准"的脱贫要求分类施策，各地区通过发展特色产业、实施易地搬迁、结合生态保护、加强教育和实行社会保障兜底使5000万左右有劳动能力的贫困人口实现脱贫，对没有劳动能力的贫困人口以社会保障实现兜底脱贫；其次，《决定》还提出了引导劳务输出脱贫、开展医疗保险和医疗救助脱贫、探索资产收益脱贫这三大脱贫路径，对贫困人口的就业、医疗以及如何获得村集体股权收益进行了明确的政策指导；最后，《决定》提出建立涵盖农村"三留守"人员（即留守儿童、留守妇女、留守老人）以及残疾人的信息管理系统，从儿童福利院建设、贫困残疾人康复工程等各方面加强对农村这类特殊群体的帮扶保障，确保脱贫攻坚在精准扶贫、精准脱贫的基本方略下不落下任何一个贫困群众。

第二，加强贫困地区基础设施建设。《决定》对贫困地区的交通、水利、电力、互联网、农村危房改造和人居环境整治均作出了政策安排。并提出对革命老区、民族地区、边疆地区以及连片特困地区这些深度贫困地区实施更具针对性的脱贫政策，例如，针对革命老区实施振兴发展规划，针对少数民族特困地区和群体实施综合扶贫工程，针对边疆地区推进兴边富民行动，针对连片特困地区实施区域发展与脱贫攻坚规划，用特殊政策进行扶持。

第三，强化脱贫政策保障。在政策保障方面，《决定》主要是对加大贫困地区的人、财、物支持进行了安排部署。首先，发挥科技、人才的支撑作用。推行科技特派员制度，实施"三区"人才支持计划和科技人员专项计划，并对此类人员实施职称、待遇倾斜政策。以科技成果在贫困地区转化为产业化应用为支点，促进提升贫困地区发展的内生动力。加强对贫困地区农民的职业培训，培育贫困村扶贫致富带头人，以引领带动每一个贫困户增收脱贫。其次，加大财政扶贫投入与金融扶贫力度。中央财政继续加大对贫困地区的投入力度，同时中央各部门、全国各省市都要把财政投入、项目建设向脱贫攻坚领域倾斜。国家建立扶贫资金违规使用责任追究制度，贫困地区建立扶贫公告公示制度，确保资金使用在阳光下运行。在金融扶贫方面，完善贫困地区的金融组织体系，通过政府贴息等方式使金融机构的资金更多、更便捷地进入贫困地区的建设和贫困人口的使用。发挥好保险在贫困地区的保障作用，政策性保险和创新性、商业性保险相结合，提升贫困地区保险密度和深度。最后，完善扶贫开发用地政策。各地区要在考虑扶贫开发工作和易地搬迁工作的前提下调整土地利用规划。扩展城乡建设用地增减挂钩政策，新增建设用地计划、增减挂钩结余指标调剂计划、工矿废弃地复垦利用计划向贫困地区倾斜。[1]

第四，广泛动员全社会力量。继续健全东西部扶贫协作机制、定点扶贫机制以及社会力量参与机制。启动实施"携手奔小康"行动、推进"百县万村"活动并开展以民营企业为主体的"万企帮万村"精准扶贫行动等。

第五，营造良好脱贫氛围。《决定》对如何创新中国特色扶贫开发理论、加强贫困地区乡风文明建设、做好脱贫攻坚宣传工作以及加强国际减贫领域交流合作等各方面进行了部署，为打赢脱贫攻坚凝聚精神力量。

第六，加强党对脱贫攻坚的领导。其中主要包括强化脱贫攻坚领导责任制，发挥基层党组织战斗堡垒作用，严格扶贫考核督查问责，加强扶贫开发队伍建设，推进扶贫开发法治建设。

"中共中央办公厅、国务院办公厅就落实《中共中央、国务院关于打赢脱贫攻坚战的决定》制定10个配套文件，32个牵头部门和77个参与部门共出台118个政策文件或实施方案"，[2]使《决定》中的政策部署更加稳定落地实践。例如，2016年2月16日印发了《省级党委和政府扶贫开发工作成效考核办法》，自此中西部22个省区市党政领导的扶贫开发工作成效有了具体的考核办法；2016年4月28日印发了《关于建立贫困退出机制的意见》，对贫困县、贫困村、贫困人口的退出标准和程序以及工作要求作出了具体的政策安排；2016年10月17日印发了《脱贫

---

[1] 黄承伟：《中国共产党怎样解决贫困问题》，江西人民出版社2020年版，第125页。
[2] 《国务院扶贫办主任刘永富：脱贫攻坚要一锤子一锤子敲到位》，央视网，2017年3月5日。

攻坚责任制实施办法》，以中央统筹、省负总责、市县抓落实的工作机制构建新时代脱贫攻坚的责任体系，加强东西部扶贫协作和对口支援、党政军机关和企事业单位定点扶贫的政治责任担当，充分发挥各民主党派的监督作用，增强民营企业、社会组织以及个人参与脱贫攻坚的社会责任意识。

2016年12月2日，为了使"十三五"时期脱贫攻坚任务部署更加精细，国务院再次依据《中国农村扶贫开发纲要（2011—2020年）》、《决定》和"十三五规划纲要"印发了《"十三五"脱贫攻坚规划》，这一规划主要阐明"'十三五'时期国家脱贫攻坚总体思路、基本目标、主要任务和重大举措，为指导各地脱贫攻坚工作提供了行动指南，是各有关方面制定相关扶贫专项规划的重要依据"[1]，提出了打赢脱贫攻坚战的时间表和路线图。各省市纷纷结合中央的"十三五"规划，编制出适用于本地区的"十三五"脱贫攻坚规划，"1+N"的精准脱贫系列文件逐渐形成。

至此，在一系列中央文件以及各地针对本地区实际情况制定"1+N"系列文件的政策部署下，精准扶贫、精准脱贫的基本方略已全面形成，在这一基本方略下，新时代脱贫攻坚任务中"扶持谁""谁来扶""怎么扶""如何退"的解决方案的问题正在不断丰富完善并持续有效推进。"六个精准"的脱贫要求和"五个一批"的脱贫路径，加之不断完善的脱贫攻坚责任体系、政策体系、投入体系、动员体系、监督体系以及考核体系，使新时代脱贫攻坚任务的落地实践更加精准，伴随着我国的减贫任务超额完成，我们用实践证明了以习近平同志为核心的党中央所开创的精准扶贫、精准脱贫基本方略的科学性与极大适用性。据统计，自2015年习近平总书记提出"六个精准"脱贫要求和"五个一批"脱贫路径以来，我国三年来减贫人数分别为1442万人、1240万人和1289万人，在脱贫攻坚难度增加的情况下，我国每年减贫人数仍高达1000万人以上。截止到2017年底，我国贫困发生率已下降到3.1%，共有125个贫

---

[1]《"十三五"脱贫攻坚规划》，人民出版社2016年版，第2页。

困县在2017年申请摘帽，这标志着区域性整体贫困的解决迈出了重大步伐，脱贫攻坚战取得了决定性进展，为接下来在三年时间中决胜脱贫攻坚打下了坚实的基础。

三 2018—2020年，决胜脱贫攻坚战：把脱贫攻坚战作为全面建成小康社会必须打好的三大攻坚战之一进行部署

2017年10月18日党的十九大正式在北京召开，确立我国未来五年的工作坐标。习近平总书记在十九大报告中明确提出决胜全面建成小康社会，必须打赢脱贫攻坚战，使全面建成小康社会得到人民认可、经得起历史检验。这表明党中央正式将脱贫攻坚战作为决胜全面建成小康社会必须打好的三大战役之一，以极高的战略地位对其展开政策部署。自此，脱贫攻坚也随着决胜全面建成小康社会进入了决胜期。

脱贫攻坚进入决胜期，面临的形势也越发严峻，尤其是我国的深度贫困地区的情况依然不容乐观。深度贫困地区的特征可以概括为"两高、一低、一差、三重"："两高"即贫困人口数量占比高、贫困发生率高，"一低"即人均可支配收入低，"一差"即基础设施和住房差，"三重"即低保五保贫困人口脱贫任务重、因病致贫返贫人口脱贫任务重、贫困老人脱贫任务重。[1]据统计，截至2017年底，我国连片特困地区的贫困人口为1540万人，占全国贫困人口的81%左右。深度贫困地区成为接下来硬仗中的硬仗，这就要求党中央必须以更加强有力的政策部署攻克这一难题。

为了落实党的十九大对打赢脱贫攻坚战的整体部署，回应各地区在实践《决定》过程中存在的问题，针对深度贫困地区的情况精准发力，2018年6月15日，中共中央、国务院出台了《关于打赢脱贫攻坚战三年行动的指导意见》(以下简称《指导意见》)，这是党中央指导未来三年

---

[1] 习近平：《在深度贫困地区脱贫攻坚座谈会上的讲话》，人民出版社2017年版，第6—7页。

决胜脱贫攻坚的纲领性文件。《指导意见》对打赢脱贫攻坚战三年行动总体要求、集中力量支持深度贫困地区脱贫攻坚、强化到村到户到人精准帮扶举措、补齐贫困地区基础设施短板、加强精准脱贫攻坚行动支撑保障、动员全社会力量参与脱贫攻坚、夯实精准扶贫精准脱贫基础性工作，以及加强和改善党对脱贫攻坚工作的领导这八大方面进行了具体部署。八大方面的部署从整体上看是对《决定》的进一步调整和完善，以更加适应决胜脱贫攻坚时期的减贫形势。其中，调整和完善的部分主要体现在三个方面。首先是从全面攻坚到更加注重深度贫困地区集中攻坚。《指导意见》把深度贫困地区作为专门一个章节进行政策部署，要求着力改善深度贫困地区发展条件、着力解决深度贫困地区群众特殊困难、着力加大深度贫困地区政策倾斜力度，以三个"着力"凸显出深度贫困地区脱贫攻坚的艰巨性，和党中央接下来决胜脱贫攻坚的主要着力点。其次是从追求减贫进度到强调提高脱贫质量。《指导意见》强调要把提高脱贫质量放在首位，要求各地区党政领导在落实政策部署时必须注重对贫困人口的长效帮扶，树立好正确的政绩观，坚持"不搞层层加码，不赶时间进度、搞冲刺，不搞拖延耽误"的"三不"要求。最后是从强调开发式扶贫向注重开发式扶贫与保障式扶贫相统筹。《指导意见》强调要注重造血与输血相协同，并提出了八项保障性举措为完全丧失或部分丧失劳动能力的贫困人口提供兜底保障。在《指导意见》的政策部署下，决胜脱贫攻坚取得了巨大成效。截至2019年底，我国贫困人口还剩551万人，贫困发生率已降低到0.6%。

2020年1月2日，中共中央、国务院发布《关于抓好"三农"领域重点工作确保如期实现全面小康的意见》，特别强调实现全面建成小康社会的奋斗目标，必须攻克脱贫攻坚的最后堡垒，该文件从全面完成脱贫任务、巩固脱贫成果防止返贫、做好考核验收和宣传工作、保持脱贫攻坚政策总体稳定以及研究接续推进减贫工作等5个方面对坚决打赢脱贫攻坚战作出了重要部署。但就在党中央即将带领广大人民将绝对贫困画上句号的时候,2020年初,一场突如其来的新冠肺炎疫情从武汉蔓延至全国。此次疫情传播力强、覆盖面广、防控难度大,全国各地区的生产生活均受到了很大的影响,特别是正在奋战脱贫的贫困地区,劳务输出、扶贫产品生产、扶贫产品销售等脱贫项目均不同程度地受到了影响。此时全国仍有52个贫困县未摘帽、2707个贫困村未出列,虽然总量上已大为减少,但剩下的这些地方都是最难啃的"硬骨头",这无疑给党中央在决胜脱贫攻坚的征程中增加了一项挑战力极强的"加试题"。距离如期实现脱贫攻坚的目标仅剩不到300天,在面临着疫情防控与决胜脱贫攻坚双重挑战的形势下,党中央于2020年3月6日毅然召开了决战决胜脱贫攻坚座谈会,中西部22个省区市的责任人全部参加了会议,这也是党的十八大以来在脱贫攻坚方面召开的规模最大的一次会议。习近平总书记在座谈会上强调:"从实践看,疫情或灾害对减贫进程会产生影响。我们必须采取有效措施,将疫情的影响降到最低。现在,脱贫攻坚政策保障、资金支持和工作力量是充足的,各级干部也积累了丰富经验,只要大家绷紧弦、加把劲,坚定不移把党中央决策部署落实好,完全有条件有能力如期完成脱贫攻坚目标任务。"[1]因此,习近平总书记强调要落实好《关于抓好"三农"领域重点工作确保如期实现全面小康的意见》的同时,还针对新冠肺炎疫情的形势作出了六个方面高质量完成脱贫攻坚任务的政策部署。第一,攻坚克难完成任务。继续实施好、落实好党中央下发的脱贫攻坚方案,国务院扶贫开发领导小组和各省市要切实做好监督和落实工作,确保剩余建档立卡的贫困人口如期脱贫。第二,努力克服疫情影响。落实分区分级精准防控政策,优先支持贫困人口务工就业,解决好扶贫农畜牧产品的滞销问题,加快扶贫产业恢复生产和扶贫项目复工开工,做好受到疫情影响的贫困人口的兜底保障。第三,多措并举巩固脱贫成果。加大就业扶贫和产业扶贫力度,继续发挥好扶贫小额信贷的作用,加大对960多万易地搬迁的贫困人口的

---

[1] 习近平:《在决战决胜脱贫攻坚座谈会上的讲话》,人民出版社2020年版,第8—9页。

后续扶持力度，确保他们具备脱贫致富奔小康的能力。第四，保持脱贫攻坚政策稳定。对所有的贫困县、贫困村和贫困人口要坚持扶上马送一程，落实好摘帽不摘责任、不摘政策、不摘帮扶和不摘监管的要求。第五，严格考核开展普查。严把退出关，杜绝数字脱贫、虚假脱贫，脱贫攻坚成效考核和脱贫攻坚普查都将在本年开展。第六，接续推进全民脱贫与乡村振兴有效衔接。要将当前的减贫战略和工作体系纳入乡村振兴战略，各地要积极实践，为中央研究部署提供经验。

决战决胜脱贫攻坚座谈会召开后，各地区广大领导干部对标党中央的决策部署，多措并举巩固好脱贫攻坚成果、稳定脱贫攻坚政策，积极落实疫情防控和脱贫攻坚两手抓的工作要求，使脱贫攻坚稳中有进，持续向胜利靠近。2020年11月23日，贵州省最后9个贫困县均实现脱贫摘帽，这9个贫困县的脱贫摘帽标志着贵州省实现整体脱贫，更标志着我国832个贫困县整体实现了脱贫摘帽，贫困人口全部实现脱贫，新时代脱贫攻坚任务如期圆满完成。

脱贫摘帽不是终点，党中央对脱贫攻坚的政策部署仍在继续。在832个贫困县全部摘帽、贫困人口全部脱贫的情况下，党中央接着将着力点放在了脱贫攻坚"如何稳"的问题上，作出了重要部署。其中在2020年12月召开的中央农村工作会议上，习近平总书记强调："党中央决定，脱贫攻坚目标任务完成后，对摆脱贫困的县，从脱贫之日起设立5年过渡期。过渡期内要保持主要帮扶政策总体稳定。对现有帮扶政策逐项分类优化调整，合理把握调整节奏、力度、时限，逐步实现由集中资源支持脱贫攻坚向全面推进乡村振兴平稳过渡。"[1]5年过渡期的设置为巩固脱贫成果和稳定脱贫攻坚政策预留出充足的缓冲期，是党中央对脱贫攻坚"如何稳"的问题作出的重大部署，为脱贫攻坚与乡村振兴的紧密衔接打下坚实的基础。

---

[1] 汪晓东、宋静思、崔璨:《历史性的跨越　新奋斗的起点——习近平总书记关于打赢脱贫攻坚战重要论述综述》，载《人民日报》，2021年2月24日。

总的来看，新时代脱贫攻坚任务打响以来，习近平总书记亲自挂帅，在50多次的扶贫调研工作中攒经验、找方向、谋思路。在7次中央扶贫工作座谈会与广大脱贫干部总结进度、交流经验、部署工作。在十八届五中全会、历年中央经济工作会议、党的十九大报告、中央农村工作会议等各大会议上将脱贫攻坚作为重大议题摆在突出位置。根据习近平总书记的部署和各大会议精神，中央层面相继出台了《关于创新机制扎实推进农村扶贫开发工作的意见》《关于打赢脱贫攻坚战的决定》《关于打赢脱贫攻坚战三年行动的指导意见》等重大纲要性文件，对脱贫攻坚展开具体部署，提供政策指导。在一系列的举措下，精准扶贫、精准脱贫的基本方略跃然而生，"扶持谁""谁来扶""怎么扶""如何退""如何稳"这五大问题的解决方案不断得到丰富完善，新时代脱贫攻坚从打响到打赢再到决胜不断取得阶段性变化。事实雄辩地表明，正是我们坚决把党中央的脱贫政策部署抓实抓细抓落地，困扰中国几千年的绝对贫困问题才得以历史性地解决，中国脱贫攻坚战最终得以取得全面的胜利。

第三节　完成新时代脱贫攻坚历史任务的实践意义

2021年2月25日，在这一天召开的全国脱贫攻坚表彰大会上，一个声音从会堂响彻到全国人民的耳边，习近平总书记庄严宣告："我国脱贫攻坚战取得了全面胜利！"[1]八年前，中国共产党带领人民向绝对贫困正式宣战，到2020年现有的9899万贫困人口全部脱贫、贫困县全部摘帽、区域性整体贫困得到解决，中国共产党实现了曾经作出的庄严承诺。八年来，以习近平同志为核心的党中央始终坚持为中国人民谋幸福、为中华民族谋复兴，始终坚持以人民为中心的工作方向，把新时代脱贫攻坚任务纳入"五位一体"总体布局和"四个全面"战略布局，把终将实现共同富裕的理想信念贯穿到整个脱贫攻坚战中，在"扶持谁""谁来扶""怎么扶""如何退""如何稳"等关键问题上作了系统回答与通篇谋划。事实是最强有力的证明，新时代脱贫攻坚任务的圆满完成意味着中国共产党兑现了带领贫困群众摆脱绝对贫困的庄严承诺，意味着中国实现了全面建成小康社会的奋斗目标。同时，我们也在向人民汇报、向世界宣告，精准扶贫、精准脱贫是适合新时代中国国情的科学方略，中国共产党开辟的中国特色扶贫开发道路是可行的。

八年弹指一挥间，多少心酸换笑颜。习近平总书记在庆祝中国共产党成立100周年大会上的讲话中提到："经过全党全国各族人民持续奋斗，我们实现了第一个百年奋斗目标，在中华大地上全面建成了小康社会，历史性地解决了绝对贫困问题，正在意气风发向着全面建成社会主义现代化强国的第二个百年奋斗目标迈进。"[2]我们取得如此卓绝的成

---

[1]　习近平：《在全国脱贫攻坚总结表彰大会上的讲话》，新华网，2021年2月25日
[2]　习近平：《在庆祝中国共产党成立100周年大会上的讲话》，人民出版社2021年版，第2页。

绩，归根到底在于坚持中国共产党的领导。在党的领导下，我们攻克了一个又一个脱贫攻坚道路上的"加试题"，四川雅安7.0级地震（2013）、云南昭通6.5级地震（2014）、四川九寨沟7.0级地震（2017）、新冠肺炎疫情（2019）等重大灾难的突发并不能阻拦党领导人民完成新时代脱贫攻坚任务的进程。我们坚信只有跨过绝对贫困这道门槛，人民才能有更广阔的舞台为实现共同富裕蓄力奋斗。基础不牢，地动山摇。新时代脱贫攻坚任务的圆满完成在各个领域为我们今后的发展打下了扎实的基础，有着十分重要的实践意义。

一 为实施乡村振兴战略打下坚实基础

务农重本，国之大纲。2021年2月25日，国家乡村振兴局正式在北京挂牌。这标志着国务院扶贫开发领导小组办公室完成了其历史使命，向国家乡村振兴局递交出发展的接力棒。这充分彰显了党中央由点到面、通篇谋划、一气呵成，以脱贫攻坚任务的圆满完成为基础，继续书写中国美丽乡村新图景的魄力和决心。在十九大报告中，乡村振兴战略首次进入人们的视野，这是以习近平同志为核心的党中央针对我国的农业、农村、农民（即"三农"）问题而作出的重大战略安排。其目标任务是："到2020年，乡村振兴取得重要进展，制度框架和政策体系基本形成；到2035年，乡村振兴取得决定性进展，农业农村现代化基本实现；到2050年，乡村全面振兴，农业强、农村美、农民富全面实现。"[1]可以看出，乡村振兴战略的2020年目标与新时代脱贫攻坚任务的完成节点相契合，新时代脱贫攻坚任务的圆满完成则是乡村振兴战略实现2020年目标的重要保证，为实现乡村振兴战略的2035年目标，即农业农村基本实现现代化打下了坚实基础。

习近平总书记强调："开展东西部协作和定点帮扶，是党中央着眼

---

[1] 韩俊主编：《实施乡村振兴战略五十题》，人民出版社2018年版，第31页。

推动区域协调发展、促进共同富裕作出的重大决策。要适应形势任务变化，聚焦巩固拓展脱贫攻坚成果、全面推进乡村振兴，深化东西部协作和定点帮扶工作。"[1]从脱贫攻坚的成果看，扶贫产业可以转化为支撑乡村振兴可持续发展的产业项目，以扶贫产业为基础助力乡村"一村一品""一县一业"进一步形成；有劳动能力的脱贫人口融入劳动力大军，壮大新农人和新型农业经营主体等人才队伍；脱贫攻坚中运用的东西部扶贫协作和对口支援机制和中央单位定点扶贫机制可以继续沿用到乡村振兴战略中来，使脱贫攻坚中的扶贫协作逐步转化为双方各领域的交流合作。例如，新时代脱贫攻坚任务完成以来，浙江省与四川省坚持脱贫不脱关系，开始逐渐从扶贫协作转向经济交流合作，两省在2021年召开新一轮东西部扶贫协作工作会议，继续部署两省未来各领域合作的工作方法。

习近平总书记强调："全面实施乡村振兴战略，深度、广度和难度都不亚于脱贫攻坚。"伟大精神引领伟大事业，乡村振兴的艰巨性决定了以脱贫攻坚精神引领乡村振兴的必要性。在新时代脱贫攻坚的历程中，党中央带领全国人民还探索出了很多创新的攻贫办法。我们必须在党的领导下再次集结精锐力量到乡村振兴的战场上，以精准务实的科学精神，创新相对贫困治理的体制机制，将脱贫攻坚办法与成果进行沿用与转化，在乡村振兴战略中继续挥发出强大作用，为接下来乡村振兴战略的施行打下坚实基础，在乡村振兴的新征程中再创辉煌。

二 为巩固党的执政基础和保持国家长治久安增添了重要保障

新时代脱贫攻坚任务的完成巩固了我们党的执政基础，并为保持国

---

[1]《习近平对深化东西部协作和定点帮扶工作作出重要指示强调》，载《人民日报》，2021年4月19日。

家长治久安增添了重要保障。在新时代脱贫攻坚任务进行不到一半时，党中央在《"十三五"脱贫攻坚规划》中强调了完成这场攻坚战的重要意义："打赢脱贫攻坚战……事关党的执政基础和国家长治久安。"[1]这进一步提高和丰富了完成新时代脱贫攻坚任务的重大意义，同时鼓足了我们打赢这场攻坚战的强大动力。

（一）新时代脱贫攻坚任务的完成巩固了党的执政基础

习近平总书记指出："中国共产党在中国执政就是要为民造福，而只有做到为民造福，我们党的执政基础才能坚如磐石。"[2]在8年的时间中带领贫困群众摆脱贫困是党中央作出的庄严承诺，能否履行这一承诺关系到中国共产党的群众基础牢固程度。在新时代脱贫攻坚实践中，我们党精准扶贫、精准脱贫的基本方略使每一个贫困群众真正受益，让每一个贫困群众真正感受到中国共产党全心全意为人民服务的根本宗旨，温暖了贫困群众的心，极大增强了贫困群众对中国共产党的认可与信服。广大基层干部、驻村第一书记等中国共产党人坚持深入贫困地区一线，走进贫困群众家中，与贫困群众共同谋划脱贫致富的路径，大家工作一起做、困难一起上，进一步拉近了党群关系、干群关系，巩固了中国共产党的执政基础。

（二）新时代脱贫攻坚任务的完成确保了国家长治久安

由于历史、宗教、地理位置等因素的影响，少数民族及边疆地区的贫困问题甚至和分裂的潜在势力相互交织，面临着反贫和维稳的双重挑战。在新时代脱贫攻坚任务展开之际，"全国14个集中连片特困地区，有11个位于民族地区或包含民族自治地方；全国120个自治县（旗），

---

[1]《"十三五"脱贫攻坚规划》，人民出版社2016年版，第5页。
[2] 中共中央党史和文献研究院：《十八大以来重要文献选编》（下），中央文献出版社2018年版，第32页。

有85个是国家级贫困县；中央确定的深度贫困"三区三州"都在民族地区……"[1]从现实角度看，穷则生恨，如果少数民族及边疆地区长期处于普遍贫困状态，往往会对社会治安带来严重不利影响，我国的民族大团结关系也会遭到破坏。此外，西方外来势力也看到了我国少数民族边疆地区的宗教、贫困等问题，往往借助于宗教渗透对我国少数民族边疆地区进行西化、分化，影响社会稳定。在新时代脱贫攻坚实践中，党中央在对少数民族及边疆地区进行精准施策的同时，还安排了全国18个省市、中央机关50多个部委和单位、15家国有重要骨干企业对少数民族及边疆地区进行帮扶。这些帮扶政策极大地发展和改善了少数民族及边疆地区的经济和民生，使贫困群众摆脱了绝对贫困，并有了脱贫致富奔小康的能力，真正实现了各民族像石榴籽一样紧紧抱在一起，实现了习近平总书记所强调的"全面建成小康社会，一个民族都不能少"[2]，有力地维护了我国少数民族及边疆地区的社会稳定，从而为保持国家的长治久安提供了重要保障。

三 为中国特色社会主义制度的优越性提供有力佐证

习近平总书记提到："我们在扶贫脱贫方面取得的成就和经验，为全球减贫事业贡献了中国智慧和中国方案，彰显了中国共产党领导和我国社会主义制度的政治优势，赢得了国际社会高度评价，很多国家和国际组织表示希望分享中国减贫经验。在发展中国家中，只有中国实现了快速发展和大规模减贫同步，贫困人口共享改革发展成果，这是一个了不起的人间奇迹。"[3]党的十九届四中全会系统梳理了中国特色社会

---

[1]《第一观察 | "一个少数民族也不能少"，深情中有深意》，新华社，2020年6月11日。
[2] 中共中央文献研究室：《习近平关于社会主义政治建设论述摘编》，中央文献出版社2017年版，第166页。
[3]《习近平在解决"两不愁三保障"突出问题座谈会上的讲话》，载《求是》，2019年4月16日。

主义所具备的13个方面的制度优势,这些优势广泛体现在政治、经济、文化、外交等各个领域,共同造就了中国特色社会主义制度的优越性。新时代脱贫攻坚任务的完成是在党的领导下齐心聚力、攻坚克难,调动社会各界的积极性,从而使贫困群众真正摆脱绝对贫困,这一伟大创举充分彰显了中国共产党领导的最大优势以及社会主义集中力量办大事、坚持以人民为中心的制度优势。

(一)新时代脱贫攻坚任务的完成深刻彰显了党的集中统一领导这个最大优势

习近平总书记强调:"办好中国的事情,关键在党。中国特色社会主义最本质的特征是中国共产党领导,中国特色社会主义制度的最大优势是中国共产党领导。"[1]我国取得令世界瞩目的脱贫成果,走出一条中国特色扶贫开发道路,根源于中国共产党的集中统一领导,党的集中统一领导是完成新时代脱贫攻坚任务的根本保证。新时代脱贫攻坚任务中党的集中统一领导的优势主要体现在两个方面,一是中国共产党的顶层设计能力。在党的集中统一领导下,我国的扶贫工作有了明确的治理方向和科学的政策部署。我国从"救济式扶贫"到"体制性改革扶贫"到"大规模开发式扶贫"再到新时代所施行的精准扶贫、精准脱贫基本方略,中国共产党领导人民一代接着一代干、一步接着一步走,不断适应具体国情作出科学有效的政策部署。特别是新时代脱贫攻坚任务发起以来,以习近平同志为核心的党中央把脱贫攻坚放在了治国理政的重要位置,对我国贫困的实际情况进行了准确研判,以党的集体智慧对新时代脱贫攻坚任务作出了科学的顶层设计和政策部署,先后出台《关于打赢脱贫攻坚战的决定》《关于打赢脱贫攻坚战三年行动的指导意见》等,为完成新时代脱贫攻坚任务提供了科学指导与行动指南,以新时代脱贫

---

[1] 中共中央党史和文献研究院:《十八大以来重要文献选编》(下),中央文献出版社2018年版,第355页。

攻坚任务取得的巨大成效凸显出中国共产党在顶层设计上的卓越领导能力。二是中国共产党的使命担当精神。脱贫攻坚任务再艰巨，中国共产党也要迎难而上。面对规模巨大的9899万贫困人口，中国共产党毫不畏惧地作出了到2020年带领全部贫困人口摆脱绝对贫困的庄严承诺。在新时代脱贫攻坚实践中，中国共产党以使命压实责任，22个省市面向党中央签署脱贫攻坚责任书，坚持党政一把手负主要责任，形成省市县乡村五级书记层层抓落实的机制，实行最为严格的考核监督机制，以不负人民的使命担当精神，为新时代脱贫攻坚任务的完成提供了强大的战斗执行力。

（二）新时代脱贫攻坚任务的完成深刻彰显了以人民为中心的制度优势

习近平总书记提出："以人民为中心的发展思想，不是一个抽象的、玄奥的概念，不能只停留在口头上、止步于思想环节，而要体现在经济社会发展各个环节。要坚持人民主体地位，顺应人民群众对美好生活的向往，不断实现好、维护好、发展好最广大人民根本利益，做到发展为了人民、发展依靠人民、发展成果由人民共享。"[1]1921年中国共产党正式成立之时，我们党就把为中国人民谋幸福、为中华民族谋复兴作为初心与使命，始终坚持以人民为中心的工作方向，并在新时代最终形成了以人民为中心的发展思想。脱贫致富奔小康是全体人民的心之所向，在新时代脱贫攻坚的实践中，我们党始终坚持以贫困群众为中心，在保障贫困群众的生存权的同时也注重提升他们的发展权。坚持以"两不愁、三保障"为脱贫目标，保障贫困群众不愁吃、不愁穿，同时也使贫困群众的住房、医疗、教育等更高层次的需求得到了满足。针对贫困人口不同的致贫原因，创新施行"五个一批"，使每一个贫困群众都能以

---

[1] 中共中央党史和文献研究院：《十八大以来重要文献选编》（下），中央文献出版社2018年版，第168页。

最适合自身发展的方式拔掉"穷根子"。此外，我们党还坚持扶贫同扶志、扶智相结合，注重激发贫困群众自身发展的内生动力，使贫困群众不仅"富了口袋"还"富了脑袋"，为贫困群众脱贫后与全国人民一道奔向美好生活、实现共同富裕储备了充实的奋进力量。一枝一叶总关情，中国共产党在新时代脱贫攻坚的实践中部署的一系列政策、实施的一系列举措，真正把以"人民为中心"的发展思想落到了实处。

（三）新时代脱贫攻坚任务的完成深刻彰显了社会主义集中力量办大事的制度优势

习近平总书记指出："坚持社会动员，凝聚各方力量。脱贫攻坚，各方参与是合力。"[1]我国在脱贫攻坚中施行了一系列原创性方法，建立了一系列创新性机制，形成了中国特色扶贫开发体系。东西部扶贫协作和对口支援机制、定点扶贫机制以及动员社会力量参与的方法，都极大地体现了社会主义集中力量办大事的制度优势。首先，东西部扶贫协作和对口支援机制充分契合了我国东西部地区发展不均衡，以及个别地区发展十分落后的情况，是实现先富带后富的有力举措。东部发达地区向西部贫困地区输送资金、人才、技术等帮扶资源，促进了社会资源向贫困地区的流动和再分配，各省市对少数民族边疆地区开展对口支援、高校间对口支援、临时重大灾难对口支援等结对支援方式，将各地力量聚焦到我国发展最薄弱的地方同步交叉发力，汇聚各方力量攻克新时代脱贫攻坚中最难啃的"硬骨头"。其次，以党政军机关和企事业单位牵头的定点扶贫充分发挥了各单位特有的优势攻坚战贫，中央单位开展"百县万村"帮扶活动，307家中央单位定点帮扶592个国家扶贫开发工作重点县，全军共帮扶全国4100个贫困村，各定点单位各展所长，倾心、倾情、倾力开展工作，在新时代脱贫攻坚任务中开展了许多成效显著的定点扶贫措施。最后，动员社会各界力量参与到扶贫实践中来，将

---

[1] 习近平：《在打好精准脱贫攻坚战座谈会上的讲话》，人民出版社2020年版，第8页。

民营企业、社会组织和个人召集起来,将大家的善心转化为善举。民营企业"万企帮万村"的精准扶贫行动充分带动了贫困地区的市场潜力,使产业扶贫和就业扶贫项目更加稳定落地。"脱贫攻坚协作交流平台""中国社会扶贫网"等多种参与渠道的打造为各种社会组织、个人参与脱贫行动提供了渠道。

总之,正因为我们有集中力量办大事的制度优势,东西部扶贫协作和对口支援机制、定点扶贫机制才能作为一项政治任务进行部署,使之成为各地区义不容辞的政治责任,才能动员社会各界力量,形成强大的感召力,营造人人参与的良好氛围。从上到下、从内到外,大到东部发达地区一个省的扶贫协作,小到一个学生向其他同学发出的扶贫号召,通过新时代脱贫攻坚这件"大事"汇集各个团体做的无数个"小事",充分调动各方积极性,凝聚社会各界的力量,从而形成强大的脱贫合力,彰显出社会主义集中力量办大事的制度优势。

四 为构建新发展格局提供潜力支持

习近平总书记在2020年的中央农村工作会议上强调:"构建新发展格局,把战略基点放在扩大内需上,农村有巨大空间,可以大有作为。"[1]从新时代脱贫攻坚任务的完成成果来看,在以"两不愁、三保障"为脱贫目标和以精准扶贫、精准脱贫为基本方略下,新时代脱贫攻坚任务的顺利完成不仅使9899万农村贫困人口全部脱贫,提高了他们的收入水平,而且使832个贫困县落后的经济社会面貌得到了整体改善,基础设施水平得到了显著提升。从贫困地区脱贫后的发展空间来看,这些成果都将成为我国构建新发展格局所强调的战略基点动能之一,即扩

---

[1] 《习近平在中央农村工作会议上强调 坚持把解决好"三农"问题作为全党工作重中之重 促进农业高质高效乡村宜居宜业农民富裕富足》,载《人民日报》,2020年12月30日第1版。

大内需的动能之一，将为我们正在构建的新发展格局提供潜力支持。

（一）农村贫困人口收入水平的提升为构建新发展格局提供新的动能来源

习近平总书记指出："内需是中国经济发展的基本动力，也是满足人民日益增长的美好生活需要的必然要求。"[1]构建新发展格局的核心战略即在扩大内需。新时代脱贫攻坚以"两不愁、三保障"为扶贫目标，实施"五个一批"聚焦精准脱贫，通过"发展生产一批"使电商扶贫、旅游扶贫等农村地区的产业发展充分挖掘出当地贫困人口的增收能力，农村贫困人口收入水平不断提升。收入的增长有望拉动当地的消费能力，甚至在各类扶贫产业的长效带动下，农村贫困人口的收入水平会更上一层次，高水平、多层次的消费也逐渐成为贫困人口脱贫后的消费需求。据统计，我国"贫困地区农村居民人均可支配收入，从2013年的6079元增长到2020年的12588元，年均增长11.6%，增长持续快于全国农村，增速比全国农村高2.3个百分点"。[2]新时代脱贫攻坚任务的完成有效提高了我国在绝对贫困下被抑制住的消费率，有力挖掘了脱贫人口所构成的下沉市场，为扩大内需提供了新的动能来源，从而为构建新发展格局提供潜力支持。

（二）农村贫困地区基础设施的完善为构建新发展格局奠定物质基础

习近平总书记指出："只有立足自身，把国内大循环畅通起来，才能任由国际风云变幻，始终充满朝气生存和发展下去。"[3]由此看出，构建新发展格局关键在于把国内大循环畅通起来。畅通，从物理角度来

---

[1]《习近平谈治国理政》（第三卷），外文出版社2020年版，第195页。
[2] 中华人民共和国国务院新闻办公室：《人类减贫的中国实践》，人民出版社2021年版，第15页。
[3]《改革开放简史》，人民出版社、中国社会科学出版社2021年版，第239页。

看即为流通。如今，要想发挥出线上流通和线下流通的最大效用，公路与网络缺一不可。新时代脱贫攻坚任务在农村贫困地区聚焦"四好农村路"建设，加强通信设施全覆盖，使农村贫困地区实现了线上线下双贯通。据统计，"截至2020年底，全国贫困地区新改建公路110万公里、新增铁路里程3.5万公里，贫困地区具备条件的乡镇和建制村全部通硬化路、通客车、通邮路……贫困村通光纤和4G比例均超过98%"。[1]通过加强对贫困地区的基础设施建设，贫困地区的人流、物流、信息流均得到畅通，补齐了国内大循环实现畅通的一个重要短板，为构建新发展格局奠定了必要的物质基础。

五 为全球减贫做出巨大贡献

2021年4月，国务院新闻办发布《人类减贫的中国实践》白皮书，在开篇的前言中就写道："占世界人口近五分之一的中国全面消除绝对贫困，提前10年实现《联合国2030年可持续发展议程》减贫目标，不仅是中华民族发展史上具有里程碑意义的大事件，也是人类减贫史乃至人类发展史上的大事件，为全球减贫事业发展和人类发展进步作出了重大贡献。"[2]新时代脱贫攻坚任务的圆满完成对全球减贫做出了巨大的贡献，具体体现在两个方面，一方面为其他国家减贫提供了中国范本和中国智慧，另一方面加快了全球减贫进程，促进了人类命运共同体建设。

（一）为世界各国减贫提供了中国范本和中国智慧

目前，全球仍有7亿多人面临极端贫困，亚洲、欧洲、北美洲、大洋洲、拉丁美洲、非洲都存在着面临不同程度贫困的国家。其中，非

---

[1] 中华人民共和国国务院新闻办公室：《人类减贫的中国实践》，人民出版社2021年版，第19页。

[2] 中华人民共和国国务院新闻办公室：《人类减贫的中国实践》，人民出版社2021年版，第2页。

洲贫困国家最多，贫困程度最严重。根据世界银行统计，2019年非洲占有全球贫困人口的70%。中国脱贫攻坚的全面胜利，向世界各国分享了一个人口众多的大国如何进行减贫的伟大实践，在"扶持谁""谁来扶""怎么扶""如何退""如何稳"等具体问题上都进行了详细阐明，为世界各国减贫提供了中国范本和中国智慧。

具体来看，一是坚持以人民为中心。"为人民而生，因人民而兴"是中国共产党人永恒坚守的信念与真理，中国共产党的历史就是一部为中国人民谋幸福的历史。新时代脱贫攻坚任务的发起深刻体现了中国共产党想人民之所想、急人民之所急。八年来，全国累计选派25.5万个驻村工作队、300多万名共产党员奔赴脱贫攻坚一线，其中1800余名扶贫党员牺牲在这场没有硝烟的战役里，他们中有驻村第一书记，有央企扶贫干部，有党的基层工作者，等等，他们在扶贫工作中承担的任务不同，但他们都承担着中国共产党人的角色，深刻彰显出中国共产党对"以人民为中心"工作方向的坚持。

二是把减贫摆在治国理政的突出位置。党的十八大以来，党中央为新时代脱贫攻坚工作制定了科学的顶层设计，进行了重要的战略部署，先后将其纳入"五位一体"全面布局和"四个全面"战略布局，并在十九大报告中将脱贫攻坚战作为全面建成小康社会必须打赢的三大战役之一，不断突出其战略地位。此外，党中央连续七年召开扶贫工作座谈会并出台《关于打赢脱贫攻坚战的决定》《关于打赢脱贫攻坚战三年行动的指导意见》等多个相关政策文件，对新时代脱贫攻坚进行指导，不断结合脱贫工作进度谋划新的策略。

三是用发展的办法消除贫困。习近平总书记指出，用发展为减贫奠定基础。脱贫不返贫是完成新时代脱贫攻坚任务的基本要求之一，坚持用发展的办法开展减贫工作是有效阻断返贫的重要途径。新时代脱贫攻坚任务启动以来，党中央坚持把发展的理念贯穿到扶贫工作中，通过推进生产脱贫在贫困地区发展特色产业、组织劳务输出，使贫困人口实现就地脱贫和易地脱贫。通过发展教育脱贫阻断贫困代际传递，使贫困家庭的子女也能掌握一技之长，实现稳定就业。一系列举措使得新时代脱贫攻坚实现由"输血式"向"造血式"转化，极大地增强了脱贫人口在今后的自我发展能力。

四是立足实际推进减贫进程。习近平总书记指出："谋事要实，就是要从实际出发谋划事业和工作，使点子、政策、方案符合实际情况、符合客观规律、符合科学精神，不好高骛远，不脱离实际。"[1]习近平总书记的这一治国理政思维在新时代脱贫攻坚的进程中得到了突出体现。在扶贫方略上，新时代的扶贫开发工作是"啃硬骨头"的攻坚期，农村贫困人口底数不清、致贫原因不明、扶贫资源管理粗放等问题逐步凸显出来。面对这些问题，以习近平同志为核心的党中央立足实际，作出了从"大水漫灌"式扶贫到"精准扶贫"的扶贫战略转变，真正做到了"找准症结把准脉，开对处方拔穷根"。在扶贫考核标准上，党中央立足于实际，不再着眼于将贫困地区生产总值作为考核标准，而是将贫困人口的脱贫成效作为最主要的考核标准。在扶贫目标上，习近平总书记强调："既不急躁蛮干，也不消极拖延，既不降低标准，也不吊高胃口，确保焦点不散、靶心不变。"[2]党中央始终坚持以"两不愁、三保障"为脱贫指标，实现了真扶贫、扶真贫。

五是发挥贫困群众的主体作用。坚持扶贫与扶志、扶智相结合的机制有效祛除了贫困群众"等靠要"的思想，丰富了贫困群众脱贫致富的途径，使贫困群众实现了从"要我脱贫"到"我要脱贫"和"我能脱贫"的蜕变，成为圆满完成新时代脱贫攻坚任务的重要举措机制。一方面，扶贫先扶志。党中央通过加强扶志教育、宣传优秀脱贫典型，帮助贫困群众树立正确的荣辱观，以点带面形成示范效应。各贫困地区充分利用

---

[1] 中共中央文献研究室：《习近平关于全面从严治党论述摘编》，中央文献出版社2016年版，第158页。

[2] 《习近平对脱贫攻坚工作作出重要指示强调》，载《人民日报》，2018年6月12日第001版。

网络优质资源举办各类讲座等，使贫困群众接收到新文化、新理念、新思想，激发出贫困群众自立自强的脱贫志向。另一方面，扶贫必扶智。扶智着重在于扶知识、扶技术、扶思路，其本质在于教育脱贫。习近平总书记指出："扶贫必扶智，让贫困地区的孩子们接受良好教育，是扶贫开发的重要任务，也是阻断贫困代际传递的重要途径"。[1]据此，党中央注重将扶贫资金向贫困地区教育领域倾斜，实施三区"人才"计划、"三支一扶"计划等，为贫困地区输送了紧缺人才和相关的扶贫工作者。

六是汇聚各方力量形成强大合力。"人心齐，泰山移"，自新时代脱贫攻坚任务打响以来，党中央充分发挥了中国特色社会主义制度集中力量办大事的优势，调动社会各界力量广泛参与，扶贫主体不断得到扩大，"构建政府、社会、市场协同推进，专项扶贫、行业扶贫、社会扶贫互为补充的大扶贫格局，形成跨地区、跨部门、跨单位、全社会共同参与的多元主体的社会扶贫体系"。[2]加强东西部扶贫协作和对口支援、积极开展定点扶贫、动员社会组织和公民参与脱贫攻坚等举措，都极大地促进了社会资源向贫困地区的输入，加快了这些地区脱贫攻坚的步伐。正如习近平总书记提到的："我们坚持动员全社会参与，发挥中国制度优势，构建了政府、社会、市场协同推进的大扶贫格局，形成了跨地区、跨部门、跨单位、全社会共同参与的多元主体的社会扶贫体系。"

（二）加快了全球减贫进程，促进了人类命运共同体建设

"改革开放以来，按照现行贫困标准计算，中国7.7亿农村贫困人口摆脱贫困；按照世界银行国际贫困标准，中国减贫人口占同期全球减贫

---

[1] 中共中央文献研究室：《十八大以来重要文献选编》（中），中央文献出版社2016年版，第720页。

[2] 中华人民共和国国务院新闻办公室：《人类减贫的中国实践》，人民出版社2021年版，第55页。

人口70%以上",[1]中国成为世界上最早实现联合国千年发展目标的发展中国家。与此同时,中国还积极开展南南合作,向其他国家提供经济援助。据统计,"2012年以来,共举办130余期国际减贫培训班,来自116个国家(组织)的官员参加培训。"[2]这些援助计划极大地加快了全球减贫进程。中国的发展与世界的发展相辅相成,以习近平同志为核心的党中央始终把建设没有贫困的人类命运共同体作为我国外交的价值取向。中国新时代脱贫攻坚任务的圆满完成,意味着世界贫困状况得到了重大改善,是我国推动建设没有贫困的人类命运共同体的深刻体现。早在世界银行2018年发布的《中国系统性国别诊断》报告中就提到"中国在快速经济增长和减少贫困方面取得了'史无前例的成就'"。联合国秘书长古特雷斯在中国脱贫攻坚取得胜利后祝贺道:"这一重大成就为实现2030年可持续发展议程所描绘的更加美好和繁荣的世界作出了重要贡献。"今后,中国将继续与有关国家和地区组织开展国际减贫培训,向其他贫困国家分享减贫经验,帮助其他贫困国家早日摆脱贫困,携手各国为建设没有贫困的人类命运共同体而奋斗。

其作始也简,其将毕也必巨。习近平总书记说:"脱贫攻坚是一场必须打赢打好的硬仗,是我们党向全国人民作出的庄严承诺。一诺千金。"[3]新时代脱贫攻坚任务越到最后阶段越困难,越要求全体党员干部"不松劲、加把劲、用实劲"。中国人民在中国共产党的坚强领导下,走出了世界上唯一一种脱贫道路——中国特色扶贫开发道路,不仅取得了巨大成就,还产生了影响深远的实践意义。"到2020年底,中国如期完成新时代脱贫攻坚目标任务,现行标准下9899万农村贫困人口全部脱贫,832个贫困县全部摘帽,12.8万个贫困村全部出列,区域性整

---

[1] 中华人民共和国国务院新闻办公室:《人类减贫的中国实践》,人民出版社2021年版,第59页。
[2] 中华人民共和国国务院新闻办公室:《人类减贫的中国实践》,人民出版社2021年版,第65—66页。
[3] 《习近平谈治国理政》(第三卷),外文出版社2020年版,第154页。

体贫困得到解决，完成消除绝对贫困的艰巨任务。"[1]这举世瞩目的成绩根源于中国共产党的领导，形成于新时代的背景，落实于八年来脱贫攻坚的实践，最终凝聚为"上下同心、尽锐出战、精准务实、开拓创新、攻坚克难、不负人民"的脱贫攻坚精神。"胜非其难也，持之者其难也。"脱贫攻坚精神作为新时代脱贫攻坚战的精神结晶，必将对我国脱贫成果的维系起到重要的支柱作用，持续向中国共产党和广大人民昭示着这一伟大成就的来之不易；必将融入中国共产党的精神谱系中，彰显出中国共产党人攻坚克难的伟力，激励广大人民为实现中华民族伟大复兴中国梦昂首前行。

---

[1] 中华人民共和国国务院新闻办公室：《人类减贫的中国实践》，人民出版社2021年版，第13页。

第二章　当代中国脱贫攻坚精神的生成逻辑

　　脱贫攻坚是中国共产党人带领广大人民群众攻破难关、实现脱贫的标志性工程和全面建成小康社会的底线任务。这一治理贫困的伟大实践，不仅完成了消除绝对贫困的艰巨任务，而且诠释了伟大的脱贫攻坚精神。伟大事业孕育伟大精神，伟大精神引领和塑造伟大事业。习近平总书记在全国脱贫攻坚总结表彰大会上讲话指出："脱贫攻坚伟大斗争，锻造形成了'上下同心、尽锐出战、精准务实、开拓创新、攻坚克难、不负人民'的脱贫攻坚精神。"这是中国共产党人在新时代脱贫攻坚实践中形成的鲜明精神"坐标"，为党和人民在新征程中凝心聚力、昂首奋进提供了强大精神动力。任何一种伟大精神的产生、发展与成熟，都不是偶然的，而是社会历史条件发展到一定阶段的必然结果。伟大的脱贫攻坚精神是在实现中华民族伟大复兴过程中孕育形成的精神成果，它以中华优秀传统文化为滋养，以马克思主义反贫困思想为引领，源于中国共产党领导我国革命、建设、改革的反贫困伟大实践的塑造，是中华民族精神的重要组成部分。

第一节　中华优秀传统文化的滋养

精神与实践在历史生成中相互成就。从历史角度看,伟大的脱贫攻坚精神是中华民族伟大的民族精神在脱贫攻坚战历史活动中的现实表现,是在历史性地消除贫困及与贫困作斗争的伟大历史实践中形成的文化总结。习近平总书记指出:"世世代代的中华儿女培育和发展了独具特色、博大精深的中华文化,为中华民族克服困难、生生不息提供了强大精神支撑。"[1]"中华优秀传统文化是中华民族的突出优势,是我们最深厚的文化软实力。"[2]"中华文化积淀着中华民族最深沉的精神追求,是中华民族生生不息、发展壮大的丰厚滋养。"[3]探寻脱贫攻坚精神产生和发展的历史脉络,不难发现,它深深地根植于我国优秀文化传统之中。中国古代扶贫济困优良传统是脱贫攻坚精神生成的文化土壤;中华优秀传统文化中重民本、讲仁爱、求大同等理念,形塑了中国人扶贫济困的思维方式和行为模式;古代思想家们提出的"济众助人""节用裕民"等理念主张与"赐贫穷""赈乏绝"等实践措施,在消除贫困的历史活动中不断得到继承与弘扬,成为一以贯之的优良传统,深深植入我们的文化基因中,为孕育脱贫攻坚精神提供了丰厚滋养。

中华文化历来就有扶危济困、助人为乐的优良传统。我国是一个历史悠久的国家,同时也是一个灾难频发的国家。自然灾害、战争、落后的生产方式及封建统治者横征暴敛的剥削制度,使我国古代下层人民经常处于贫困之中,劳动人民对摆脱贫困有着美好的期盼,我国古代的思

---

[1] 中共中央文献研究室:《十八大以来重要文献选编》(中),中央文献出版社2016年版,第119页。
[2]《习近平谈治国理政》(第一卷),外文出版社2014年版,第155页。
[3]《习近平谈治国理政》(第一卷),外文出版社2014年版,第155页。

想家也不断探索摆脱贫困的出路，并提出解决方案。

儒家学说是扶贫济困思想的典型代表。首先，孔子将未来理想社会描述为"大同"。可以说，"大同"思想是中国古代反贫困思想的高度概括和完整表述，它是扶贫济困思想的重要精神动力，而要实现这样的理想社会就必须消除贫困。《礼记·礼运》中说："大道之行也，天下为公。选贤与能，讲信修睦。故人不独亲其亲，不独子其子。使老有所终，壮有所用，幼有所长，鳏寡孤独废疾者皆有所养。男有分，女有归。货恶其弃于地也，不必藏于己。力恶其不出于身也，不必为己。是故谋闭而不兴，盗窃乱贼而不作。故外户而不闭。是谓大同。"[1]

其次，儒家学派认为，脱离贫穷、追求富裕是人性发展的内在要求，孔子说："富与贵，是人之所欲也，不以其道得之，不处也；贫与贱是人之所恶也，不以其道得之，不去也。"[2]孟子说："富，人之所欲也。"[3]荀子认为："凡人有所一同：饥而欲食，寒而欲暖，劳而欲息，好利而恶害，是人之所生而有也，是无待而然者也，是禹、桀之所同也。"[4]

再次，儒家学派从社会行为规范与等级制度角度提出消除贫穷的可行性举措。一方面，儒家学派把有序的社会状态（即实施"礼治"）与贫富差距联系起来，指出过大的贫富差距必将带来社会成员间的对立和冲突，从而会引起社会动乱。孔子说："不患寡而患不均，不患贫而患不安。"[5]董仲舒也强调："圣者则于众人之情见乱之所从生，故其制人道而差上下也，使富（者）足以示贵而不至于骄；贫者足以养生而不至于忧，以此为度而调均之，是以财不匮（遗）而上下相安，故易治也。"[6]另一方面，儒家学派将实施"仁政"、倡导"民为邦本"的思想与解决

---

[1] 任继愈：《中国哲学发展史（先秦）》，人民出版社1983年版，第68页。
[2] 罗安宪：《中国孔学史》，人民出版社2008年版，第95页。
[3] 任继愈：《中国哲学发展史（先秦）》，人民出版社1983年版，第158页。
[4] 萨孟武：《中国政治思想史》，东方出版社2008年版，第24页。
[5] 罗安宪：《论语》，人民出版社2017年版，第119页。
[6] 刘泽华：《中国政治思想史集（第二卷）秦至近代政治思想散论》，人民出版社2008年版。

贫困问题联系起来。在孟子看来,"尧舜之道,不以仁政,不能平治天下"。[1]在吸取经验教训的基础上,孟子指出统治者只有重民、实施仁政,才能了解民愿,从而富民,即"七十者衣帛食肉,黎民不饥不寒,然而不王者,未之有也"。因此,"民为贵,社稷次之,君为轻"[2],这其实是反贫困思想的价值内核。

其实,"仁"既是孔子哲学思想体系中的本体论核心范畴,也是中国传统伦理道德的思想精华。"仁"的本意阐释的是人与人之间的亲密关系。作为孔子思想的核心,"仁"的含义丰富,其最本质的精神为"爱人",即爱自己、爱他人、被人爱。而要做到"仁爱",非通过互助不可,这是因为人的生存与发展内置了爱与互助的道德理念。作为中国民主革命的伟大先驱,孙中山认为社会的进化是以"互助"贯穿整个理论的建构,并将互助作为人类进化的原动力,他强调:"要调和这三种人,使之平等,则人人当以服务为目的,而不以夺取为目的……所谓巧者拙之奴,就是这个道理……照这样下去,虽天生人之聪明才智有不平等,而人之服务道德心发达,必可使之成为平等了。这就是平等的精义。"他还提到:"物种以竞争为原则,人类则以互助为原则。国家社会者、互助之体也;道德仁义者、互助之用也。"他认为"社会之所以有进化,是由于社会上大多数的经济利益相调和,不是由于社会上大多数的经济利益有冲突",并主张"将来中国之实业,建设于合作的基础之上,政治与实业皆民主化,每一阶级皆依赖其他阶级,而共同生活于互信互爱的情形之下"。其理论基础就是社会是互助之体,主张人类以互助为原则,互助则社会调和,社会调和则社会有进步。

互助又是仁爱价值理念的核心指向,"乡田同井,出入相友,守望相助,疾病相扶持,则百姓亲睦"(《孟子·滕文公上》),这种维系社会成员之间关系的重要纽带,成为中华民族同胞守望相助的思想基础。

---

[1] 徐公喜:《宋明理学治社会研究》,人民出版社2019年版,第20页。
[2] 中共中央文献研究室:《陈毅诗词集(上)》,中央文献出版社2012年版,第188页。

正是在人与人关爱与互助式社会中，才能"使老有所终，壮有所用，幼有所长，矜寡孤独废疾者皆有所养"。[1]孔子大力提倡"博施于民而能济众"，并将其作为美德加以推广，正是"己欲立而立人，己欲达而达人"[2]"己所不欲，勿施于人"[3]等人与人之间的互助理念，才能实现社会和谐稳定、共同富裕的目标。社会群体之间的互助救济、齐心协力能够形成强大动力，是战胜贫困的重要保障因素，正如荀子所形容的"力不若牛，走不若马，而牛马为用，何也？曰：人能群，彼不能群也。人何以能群？曰：分。分何以能行？曰：义。故义以分则和，和则一，一则多力，多力则强，强则胜物"。[4]

最后，儒家学派在反贫困方面不但强调反物质贫困，还极其重视反精神贫困。反精神贫困强调的是人在精神上要富足、人格上要独立，永葆积极向上的热情。孔子对其弟子颜回安于贫困之乐的精神境界大为赞赏："一箪食，一瓢饮，在陋巷，人不堪其忧，回也不改其乐。"孟子强调的"穷则独善其身，达则兼济天下"，也是强调人在穷困潦倒时要坚定信仰，修养好自己的品格，在得志之时施恩于百姓，为社会和百姓做出更大的贡献。

除儒家思想外，墨子的兼爱、非攻、尚贤等理念也对扶贫济困产生了重要影响。墨子提倡社会各种人不分贵贱、等级。《尚贤下》说："为贤之道，有力者疾以助人，有财者勉以分人，有道者劝以教人，若此则饥者得食，寒者得衣，乱者得治。此安生生。"虽然这种无阶级差别的人际关系存在局限，但对身处困境生活中的普通百姓而言，这种思想无疑具有重要的帮扶作用。此外，"扶危济困"也符合老子的"天道"思想。老子曾经在《道德经》中说："天之道，损有余而不足。"

在摆脱贫困的美好愿景指引下，中国古代劳动人民也进行了一系列

---

[1] 杨雅丽：《〈礼记〉撷论》，人民出版社2014年版，第168页。
[2] 罗安宪：《论语》，人民出版社2017年版，第39页。
[3] 罗安宪：《论语》，人民出版社2017年版，第79页。
[4] 刘延福：《荀子诗学研究》，人民出版社2019年版，第19页。

反贫困的具体实践。如进行济赈:"季春之月……天子布德行惠,命有司发仓廪,赐贫穷,振乏绝,开府库,出币帛,周天下"[1],"极贫之民便赈米,次贫之民便赈钱,稍贫之民便转贷"。[2]《逸周书〈卷四〉大聚解》中提到:"市有五均,早暮如一,送行逆来,振乏救穷。"[3]赋税是一个政权维持稳定的基础,当税率合适时,税收增加,经济发展;当税率过高时,人民反抗,政权动荡。在建议"薄赋轻敛"的方面,孔子认为"苛政猛于虎",主张通过减轻赋税维持百姓基本生活,以减轻贫困程度。孟子认为,国家仓廪府库的赋税收入还要用来赈济百姓。孟子指责"凶年饥岁,君之民老弱转乎沟壑,壮者散而之四方者,几千人矣;而君之仓廪实,府库充,有司莫以告,是上慢而残下也"[4],主张国家要抚恤鳏寡孤独等"天下之穷民而无告者"[5],改变"狗彘食人食而不知检,涂有饿莩而不知发"[6]的现象。

中华文明在扶贫济困方面始终注重强化社会合力,重视个人、社会和国家三方力量的团结协作,可以说团结协作是中华民族攻坚克难的重要保障。五千年的中华文明史实际上就是一部"反贫困史",广大人民群众在反贫困过程中表现出的态度、认知,以及与情感凝结成的勤劳、智慧、勇敢、坚韧、团结、互助、爱国等优秀品质,构成了中华民族精神的重要组成部分。摆脱贫困奔小康,不仅是中华民族千年追求的梦想,更是中国人民矢志不移的奋斗理想,也是中国共产党人初心不改、前仆后继的拼搏指向。正如习近平总书记所指出的,"消除贫困,自古以来就是人类梦寐以求的理想,是各国人民追求幸福生活的基本权利","实现人民充分享有人权是人类社会的共同奋斗目标"。

---

[1] 杨雅丽:《〈礼记〉语言学与文化学阐释》,人民出版社2011年版,第179页。
[2] 陈新岗:《当代视域下的中国传统经济制度与思想研究》,人民出版社2020年版,第211页。
[3] 黄怀信、张懋镕、田旭东:《逸周书汇校集注》,上海古籍出版社2008年版,第390页。
[4] 罗安宪:《孟子选》,人民出版社2017年版,第33—34页。
[5] 罗安宪:《孟子选》,人民出版社2017年版,第26页。
[6] 罗安宪:《孟子选》,人民出版社2017年版,第5页。

第二节　马克思主义反贫困思想

一　马克思主义经典作家的反贫困思想

马克思主义反贫困思想是脱贫攻坚精神生成的理论根基。伟大思想塑造伟大精神。马克思主义经典作家以为绝大多数人谋利益为反贫困目标，提出依靠广大人民群众的团结力量，通过变革生产关系提高生产力的途径消除贫困的理想。新时代脱贫攻坚实践从这一伟大思想中汲取了依靠群众、团结奋斗的方法论智慧，获取了创新创造扶贫机制的制胜法宝。可以说，马克思主义反贫困思想不仅为中国共产党人消除贫困工作提供了系统的理论指导，而且为形成以"团结、创新、人民至上"为内涵的脱贫攻坚精神增添了理论底色，奠定了理论根基，而新时代脱贫攻坚精神，又是马克思主义反贫困理论在新时代中国特色社会主义制度中的创造性运用。

虽然马克思主义反贫困理论主要是对19世纪无产阶级产生贫困现象的反思与分析，但其中仍有丰富的思想可用来反思与解决当今中国的贫困难题。作为马克思主义理论的重要内容，马克思、恩格斯反贫困理论，理应作为解决现实社会中贫困问题的风向标与脱贫攻坚精神的鲜明底色。从理论上讲，马克思主义经典作家反贫困理论是站在前人相关理论基础之上，即对国民经济学家亚当·斯密、大卫·李嘉图等人贫困思想批判后的产物；从实践上看，马克思在担任《莱茵报》编辑期间，产生了对"物质利益"的困惑。尤其是在目睹林木盗窃法案事件和摩泽尔河沿岸地区农民生活的惨状之后，马克思产生了苦恼与疑问，对黑格尔的国家观和法哲学产生了怀疑，促使他对"物质利益"进行深入的研究。几乎同时，恩格斯在英国也开始了从唯心史观向唯物史观的转变。在思想原则和物质利益关系问题上，虽然强调思想原则而轻视物质利益，但他已看到物质利益的作用：它是支配人们的思想和行动的中心。英国各个政党都有自己相应的阶级和阶层，代表不同阶级的物质利益，恩格斯认为各政党之间的斗争和冲突都是源于物质利益。可以看出，马克思主义经典作家的反贫困理论是对欧洲主要国家贫困事实反思的结果。他们不仅从制度层面关注和分析资本主义贫困问题，而且指出了无产阶级贫困的形式，剖析了反贫困的主体、目标及途径。

（一）贫困的制度根源

马克思、恩格斯提出贫困问题的根源在于资本主义私有制和雇佣劳动，即"贫穷是现代社会制度的必然结果，离开这一点，只能找到贫穷的某种表现形式的原因，但是找不到贫穷本身的原因"[1]。马克思并没有纠结于贫困原因的具体表现，而是深入资本主义制度本身进行探究。他指出："工人阶级处境悲惨的原因不应当到这些小的弊病中去寻找，而应当到资本主义制度本身中去寻找。"[2]《1844年经济学哲学手稿》中所揭示的资产阶级对无产阶级的剥削深刻地印证了这一点。在《1844年经济学哲学手稿》中，马克思把异化作为自己学说的中心概念，以研究社会历史现象，剖析资本主义经济关系。他认为，劳动本来是人的类本质。可是，资本主义社会工人的劳动是一种异化的劳动，这种劳动成为与工人相对立的力量，由此产生出资本主义社会各个方面的异化。具体说来有四个方面的规定，即劳动产品同劳动者相异化、劳动本身和劳动者相异化、人同自己的类本质相异化、人同人相异化。由于异化劳动的作用发生，工人在资本主义社会中表现为下述状态："在社会的衰落状

---

[1]《马克思恩格斯全集》（第2卷），人民出版社1957年版，第561页。
[2]《马克思恩格斯文集》（第1卷），人民出版社2009年版，第368页。

态中，工人的贫困日益加剧；在增长的状态中，贫困具有错综复杂的形式；在达到完满的状态中，贫困持续不变。"[1]也正是在资本主义制度下，异化"劳动为富人生产了奇迹般的东西，但是为工人生产了赤贫。劳动生产了宫殿，但是给工人生产了棚舍。劳动生产了美，但是使工人变成畸形"[2]。异化劳动是资本主义私有制的产物，马克思的异化劳动理论并没有揭示资本主义社会的本质，也没有揭示社会发展的客观规律，但是毕竟揭露了资本主义社会的种种丑恶现象，批判了资本主义的不合理性，指出了资本主义的暂时性，由此也明确了资本主义制度是造成无产阶级贫困根源的事实。为此，马克思与恩格斯在1848年《共产党宣言》中提出，只有用暴力手段推翻全部现存的社会制度，才能消灭"迄今为止的人自己的生产资料对人的奴役"[3]。

在为了揭示资本主义社会的秘密，为其推翻资本主义社会提供坚实的实证科学基础的《资本论》中，马克思通过对资本的生产过程、流通过程及社会总资本的再生产与流通过程的深入研究，深刻地剖析了资本，并将资本运动规律与贫困化建立了正向关系。马克思指出："社会的财富即执行职能的资本越大，它的增长的规模和能力越大，从而无产阶级的绝对数量和他们的劳动生产力越大，产业后备军也就越大。可供支配的劳动力同资本的膨胀力一样，是由同一些原因发展起来的。因此，产业后备军的相对量和财富的力量一同增长。但是同现役劳动军相比，这种后备军越大，常备的过剩人口也就越多，他们的贫困同他们所受的劳动折磨成反比。最后，工人阶级中贫苦阶层和产业后备军越大，官方认为需要救济的贫民也就越多。这就是资本主义积累的绝对的、一般的规律。像其他一切规律一样，这个规律的实现也会由于各种各样的情况而有所变化，不过对这些情况的分析不属于这里的范围。"[4]

---

[1]《马克思恩格斯文集》（第1卷），人民出版社2009年版，第122页。
[2]《马克思恩格斯文集》（第1卷），人民出版社2009年版，第158—159页。
[3]《马克思恩格斯文集》（第9卷），人民出版社2009年版，第310页。
[4]《马克思恩格斯文集》（第5卷），人民出版社2009年版，第742页。

恩格斯在《国民经济学批判大纲》中谈到财产或资本集中的时候就已经明确了这一规律。恩格斯指出："这种财产的集中是一个规律，它与所有其他的规律一样，是私有制所固有的；中间阶级必然越来越多地消失，直到世界分裂为百万富翁和穷光蛋、大土地占有者和贫穷的短工为止。任何法律，土地占有的任何分割，资本的任何偶然的分裂，都无济于事，这个结果必定会产生，而且就会产生，除非在此之前全面变革社会关系、使对立的利益融合、使私有制归于消灭。"[1]这印证了马克思主义经典作家关于贫困化的基本观点，即"这个制度使文明社会越来越分裂，一方面是一小撮路特希尔德们和万德比尔特们，他们是全部生产资料和消费资料的所有者，另一方面是广大的雇佣工人，他们除了自己的劳动力之外一无所有"[2]。

（二）贫困的表现形式

1. 绝对贫困。马克思在深入揭示资本主义制度下工人劳动的具体境遇后指出，无产阶级的绝对贫困是指无产阶级由于被剥夺生产资料后生活状况的绝对恶化，这是无产阶级与资产阶级最显著的区别，因此，无产阶级贫困化是指无产阶级总的状况恶化。这种状况是无产阶级一无所有的悲惨境遇的充分显现。"劳动能力表现为绝对的贫穷，因为整个物质财富世界以及物质财富的一般形式即交换价值，都作为别人的商品和别人的货币与它相对立，而劳动能力本身只是工人活的机体中存在的和包含的从事劳动的可能性，但是这种可能性与实现它的一切对象条件，即同它本身的现实性完全分离了，失去了这些条件，与这些条件相独立地存在着。"[3]马克思在《1861—1863年经济学手稿》指出："被剥夺了劳动资料和生活资料的劳动能力是绝对贫困本身。"[4]劳动者由于自由

---

[1]《马克思恩格斯文集》（第1卷），人民出版社2009年版，第83—84页。
[2]《马克思恩格斯文集》（第1卷），人民出版社2009年版，第368页。
[3]《马克思恩格斯全集》（第32卷），人民出版社1998年版，第44页。
[4]《马克思恩格斯全集》（第32卷），人民出版社1998年版，第44页。

的一无所有，自然也就丧失了对生产资料的所有权，只能通过出售劳动力获得生活资料，正是这种劳动力与生产资料相分离的状况导致资本与劳动对立，这种资本主义的生产关系加剧了无产阶级的穷困，使其在社会化大生产过程中始终处于被压迫、被剥削的地位。"工人只是作为劳动能力与对象的、实际的财富相对立。"[1]总而言之，马克思所指认的工人阶级的绝对贫困，是从劳动能力与生产资料关系出发而对工人阶级贫困状态的剖析，"即使如此，绝对贫困也无法在生产关系和社会制度层面呈现无产阶级贫困的本质特征，因为在资本主义之前的社会形态中，由于存在着生产资料的私有制（如封建主私有制和奴隶主私有制），所以，都存在着劳动者（如租地农民和生产奴隶）因没有生产资料而遭受绝对贫困的情况"[2]。

2. 相对贫困。马克思也认识到了无产阶级的相对贫困，即"通过劳动本身，客观的财富世界作为与劳动相对立的异己的权力越来越扩大，并且获得越来越广泛和越来越完善的存在，因此相对来说，劳动能力贫穷的主体，同已经创造出来的价值即创造价值的现实条件相比较，形成越来越鲜明的对照。劳动本身越是客体化，作为他人的世界——作为他人的财产——而同劳动相对立的客观的价值世界就越是增大"。[3]也就是说相对贫困表现为资产阶级与无产阶级的贫富差距。在资本主义社会化大生产过程中，资本机构的改变使生产效率不断提升，单位人员使用生产资料逐渐增多，社会财富日益集聚在资产阶级手中，劳动力价值的下降导致工人阶级越发贫困，两大阶级的社会鸿沟与现实差距不断加深。"因此一方面，资本世界的权力越来越大，其存在越来越广泛和完善；而另一方面，工人则越来越失去权力，其存在越来越狭隘和畸形。"[4]因而，不管工人的报酬高低如何，工人的状况必然随着资本

---

[1] 《马克思恩格斯全集》（第32卷），人民出版社1998年版，第45页。
[2] 梁树发、丰子义：《马克思主义哲学史研究（2016）》，人民出版社2017年版，第265页。
[3] 《马克思恩格斯文集》（第8卷），人民出版社2009年版，第104页。
[4] 梁树发、丰子义：《马克思主义哲学史研究（2016）》，人民出版社2017年版，第266页。

的积累而恶化。资本主义"不再把失业或缺乏经济能力从资本中排除出去,而是将其留在里面。当一切都被包含在资本主义之中,资本主义之外就什么也没有了;失业者——或这里的穷人,贫民——可以说是被资本雇来失业的;他们通过自己的无为完成了一项经济功能(即使没人为此付给他们报酬)"[1]。

(三)反贫困的主体

马克思主义经典作家的反贫困理论萌芽于资本主义社会制度中,在无产阶级与资产阶级的斗争中发展,在无产阶级和广大人民群众的革命实践中不断完善。这就决定了消除贫困不仅需要从制度根源上变革生产关系,更要依靠无产阶级的力量,需要广大人民群众团结奋斗的合力。既然"跟资产阶级对抗的是众志成城的广大人民群众,他们战胜统治者资本家的时刻已经日益临近了。过去使工人的各个部分互相分离的那种对立的利益已经消除,所有工人的生活水平已经趋于平均化,这一切你们都应归功于机器生产;没有机器生产就不会有宪章运动,即使机器生产使你们现在的处境恶化,但也正因为如此我们的胜利才有可能"。[2]资本主义机器大工业时代造成了工人贫困呈现一种普遍化趋势,工人阶级的日常生活毫无保障。"由于社会劳动生产率的增进,花费越来越少的人力可以推动越来越多的生产资料,这个规律不是工人使用劳动资料,而是劳动资料使用工人,其表现为:劳动生产力越高,工人对他们就业手段的压力就越大,因而他们的生存条件,即为增加他人财富或为资本自行增殖而出卖自己的力气,也就越没有保障。"[3]工人为了获取生活资料而为资本生产剩余价值,然而劳动生产力的提高让越来越多的工人从物质生产中被排挤出来成为失业者,造成无产阶级的贫

---

[1] [美]弗雷德里克·詹姆逊:《重读〈资本论〉》,胡志国、陈清贵译,中国人民大学出版社2013年版,第57页。
[2] 《马克思恩格斯文集》(第1卷),人民出版社2009年版,第696—697页。
[3] 《马克思恩格斯文集》(第5卷),人民出版社2009年版,第743页。

困化。"工人生产的财富越多,他的产品的力量和数量越大,他就越贫穷。"[1]"物的世界的增值同人的世界的贬值成正比。"[2]工人生产的产品反而使自己越发贫困,这是对整个工人阶级而言的。要打破这种贫困必须发挥无产阶级人民大众作为历史创造者的作用。资产阶级与工人阶级如影随形、相伴而生。随着资本主义基本矛盾及周期性的经济危机不断发生,工人阶级的生存条件与贫困程度不断加深,在工人阶级与资产阶级的斗争中,工人阶级也在不断壮大自身、增强力量,并且工人阶级也只能依靠自身的联合去解决贫困问题,只有充分重视人民群众的创造性,才能改善压迫与奴役的贫困状况,最终摆脱贫困。因此,"资产阶级不仅锻造了置自身于死地的武器;它还产生了将要运用这种武器的人——现代的工人,即无产者"。[3]普遍化的贫困让全世界无产者联合起来去毁灭资产阶级的国家机器。而且,作为最革命的阶级,工人阶级是社会化大生产的产物,"这个阶级能够在历史上第一次不是要求消灭某个特殊的阶级组织或某种特殊的阶级特权,而是要求根本消灭阶级"[4]。推翻资产阶级统治这一历史重任只能交由无产阶级承担。

(四)反贫困的根本方法:发展社会生产力

解决贫困问题要从变革社会制度出发,必须在历史唯物主义框架下从生产力与生产关系辩证运动中探寻根本方法。这是因为,在马克思主义经典作家看来,解放和发展生产力、废除生产资料私有制是解决工人即无产阶级贫困的根本方法。生产力与生产关系的辩证关系原理,在唯物史观中占有特别重要的地位,是衡量唯物史观形成的重要标志之一。马克思、恩格斯吸收了英国古典政治经济学家关于生产力的思想中的积极因素,科学地总结了资本主义生产的发展和无产阶级的实践经

---

[1] 《马克思恩格斯选集》(第1卷),人民出版社1995年版,第40页。
[2] 《马克思恩格斯文集》(第1卷),人民出版社2009年版,第156页。
[3] 《马克思恩格斯文集》(第2卷),人民出版社2009年版,第38页。
[4] 《马克思恩格斯文集》(第9卷),人民出版社2009年版,第164页。

验，制定了自己的科学生产力概念。在《德意志意识形态》中，生产力指的是在社会生产活动中人类改造自然的能力。马克思主义认为，社会生产力的发展是人类社会发展的最终决定力量。而且，生产力作为人类所独有的实践能力，是人的本质力量的表达，它通过实践活动使人的主观目的客观化，从而使人从动物中分离出来，人化自然从自在自然中分化出来，构建了属人世界。生产力作为社会发展的决定力量，其作用的发挥效果却是与具体的生产关系密切相关的，生产力决定社会关系的类型，即决定交往形式。过去时代所传下来的交往形式，是与"生产力发展的一定水平相适应的"。生产力与交往形式的关系，就是交往形式与个人活动的关系。贫困问题是资本主义生产资料私有制的生产关系造成的。这种生产关系不仅是工人贫困的根源，而且是限制资本主义社会进一步发展的原因。社会主义替代资本主义，归根结底在于资本主义社会中的各种生产关系束缚生产力的发展。要摆脱这种生产关系带来的贫困束缚，在资本主义制度框架内是不可能实现的。唯有彻底解放和发展生产力，推翻资本主义制度的经济基础，建立社会主义制度。正如恩格斯所说："生产过剩和大众的贫困，两者互为因果，这就是大工业所陷入的荒谬的矛盾，这个矛盾必然要求通过改变生产方式来使生产力摆脱桎梏。"[1]无产阶级摆脱贫困的唯一出路就是发展生产力，从而消灭私有制，从异化劳动恢复到人的自由自觉的劳动，在自由全面发展的制度条件下，摆脱贫困化所带来的困境。列宁继承了马克思、恩格斯关于发展社会生产力进行反贫困的根本路径，并将其进一步深化。列宁在深入认识俄国国情的基础上，意识到俄国的生产力发展依然薄弱，社会主义国家政权的根基还不是十分稳固，在无产阶级摆脱贫困方面，社会主义制度的优越性很难发挥良好效果。因此，列宁提出发展生产力、提高劳动生产率为国家发展提供重要动力的观点。正如马克思、恩格斯指出的，"前面我们已经看到，工人革命的第一步就是使无产阶级上升为统

---

[1]《马克思恩格斯文集》(第4卷)，人民出版社2009年版，第305—306页．

治阶级,争得民主"。[1]"无产阶级将利用自己的政治统治,一步一步地夺取资产阶级的全部资本,把一切生产工具集中在国家即组织成为统治阶级的无产阶级手里,并且尽可能快地增加生产力的总量。"[2]工人阶级的贫困与人民群众被压迫命运的改变,只有通过发展生产力的途径来解决,在社会主义社会中,只有让他们彻底摆脱贫困,才能体现社会主义制度的优越性,实现人人平等,让广大人民群众彻底认可社会主义制度。发展社会生产力从而消除贫困符合马克思主义经典作家在《共产党宣言》中提出的"无产阶级的运动是绝大多数人的,为绝大多数人谋利益的独立的运动"。[3]

二 中国共产党人关于反贫困理论的探索

中国共产党一经成立就践行着为中国人民谋幸福、为中华民族谋复兴这一初心和使命,尤其在消除贫困问题上更是不断地进行积极探索,形成了一系列反贫困理论。这些理论在中国革命、建设与改革的各个时期,对改善民生、消除贫困的实践起到了重要指导与推动作用,成为马克思主义中国化的重要组成部分。

(一)毛泽东的反贫困理论

以毛泽东同志为代表的中国共产党人,从消除贫困的社会制度根源以及如何消除贫困两个方面进行了反贫困的理论探索。首先,毛泽东认为只有通过革命的手段建立新中国,从而完成新民主主义革命与社会主义革命,推翻压在人民群众头上的三座大山,才能为消除贫困扫清制度障碍。因此,新民主主义革命是社会主义革命的必要准备,社会主义革

---

[1]《马克思恩格斯文集》(第2卷),人民出版社2009年版,第52页。
[2]《马克思恩格斯文集》(第2卷),人民出版社2009年版,第52页。
[3]《共产党宣言》,人民出版社2018年版,第39页。

命是新民主主义革命的必然趋势。无论是新民主主义革命还是社会主义革命，都是中国革命的具体方式，是消除贫困、改善民生的前提保障。毛泽东把马克思主义同当代中国实际相结合，实事求是地分析了当时中国的国情。在他看来，由于中国半殖民地半封建的社会性质，"特别是由于日本帝国主义的大举进攻，中国的广大人民，尤其是农民，日益贫困化以至大批地破产，他们过着饥寒交迫的和毫无政治权利的生活"。[1]而要改变这种贫穷落后的面貌，必须首先实现独立自主，建立一个独立、民族、自由的新民主主义国家。这是无产阶级消灭贫困的必经阶段。毛泽东在1940年的《新民主主义论》中对新民主主义革命进行了具体说明。在以毛泽东为代表的中国共产党人的领导下，1949年新民主主义国家建立，中国人民向摆脱饥寒交迫与极端贫困的生活迈出了关键一步。虽然新民主主义革命建立了无产阶级政权，但是资产阶级的经济基础仍然存在，人民贫困的社会制度根源并未清除。毛泽东指出："全国大多数农民，为了摆脱贫困，改善生活，为了抵御灾荒，只有联合起来，向社会主义大道前进，才能达到目的。"[2]因此，又在推翻三座大山的基础上，完成了社会主义革命，建立了人民民主专政的社会主义制度，这是新中国成立初期贫困治理的制度逻辑，也是消除人民贫困的最佳制度保障。

（二）邓小平的反贫困理论

改革开放初期，"面对中国农村贫困人口基数大、贫困发生率高的严峻形势，以邓小平同志为核心的第二代中央领导集体"[3]，在总结社会主义建设正反经验的基础上指出，解决中国贫困问题必须深入认识中国，人口多、底子薄、生产力较为落后的国情，这一重要实际决定了我

---

[1]《毛泽东选集》（第二卷），人民出版社1991年版，第631页。
[2]《毛泽东文集》（第六卷），人民出版社1999年版，第429页。
[3] 中华人民共和国国务院新闻办公室：《人类减贫的中国实践》，人民出版社2021年版，第5页。

国必将长期处于社会主义初级阶段。面对这一实际状况，中国在短时间内彻底消除贫困并不现实，需要有计划、有步骤、分阶段地逐步推进贫困问题的解决。因此，"三步走"发展战略、"两个大局"的战略构想及脱贫致富的现实理念等被逐渐提出。并且，邓小平还经典性地作出"贫穷不是社会主义，社会主义要消灭贫穷"的重要论断。邓小平强调："社会主义的根本任务是发展生产力，逐步摆脱贫穷，使国家富强起来，使人民生活得到改善。没有贫穷的社会主义。社会主义的特点不是穷，而是富，但这种富是人民共同富裕。"[1]在一定意义上，消除贫困，不仅要认识国情，还要始终坚持社会主义制度，不能对资本主义制度存有幻想，要始终坚持走社会主义道路。在邓小平看来，只有社会主义才能消除贫困。他指出："社会主义的本质，是解放生产力，发展生产力，消灭剥削，消除两极分化，最终达到共同富裕。"[2]社会主义的脱贫首要解决的是人们的温饱问题，这是走向全面小康与共同富裕的前提。围绕消除贫困问题，邓小平提出了解放生产力、发展生产力这一消除贫困的核心思路。在共同富裕问题上，邓小平指出要讲方法、求实效。可以使"一部分地区有条件先发展起来，一部分地区发展慢点，先发展起来的地区带动后发展的地区，最终达到共同富裕"。[3]也就是说，实现共同富裕的途径是指在秉持效率优先、兼顾公平的前提下，让先富带动后富，在今天看来，就是通过中央财政转移支付或对口帮扶来增加扶贫投入。与此同时，邓小平还强调改革在脱贫中的重要作用，指出改革是解决生产力与生产关系矛盾、解决生产力的基本方式。只有通过不断改革和完善政治、经济、文化、社会等各方面的体制机制，才能解决老百姓的温饱，逐步摆脱贫困，实现共同富裕。总之，邓小平立足实现共同富裕的高度，把消灭贫穷与社会主义道路选择及社会主义本质相联系，足

---

[1]《邓小平文选》(第三卷)，人民出版社1993年版，第264—265页。
[2]《邓小平文选》(第三卷)，人民出版社1993年版，第373页。
[3]《邓小平文选》(第三卷)，人民出版社1993年版，第374页。

见反贫困在社会主义初级阶段的重要战略意义。

(三)江泽民的反贫困理论

20世纪90年代初,以江泽民同志为核心的第三代中央领导集体在建设中国特色社会主义的过程中,深化了对共同富裕的认识,确立了开发式扶贫的理论架构,从"为何扶、扶谁、谁扶、怎么扶"等角度进一步完善了中国化马克思主义扶贫思想。

首先,在为何扶贫方面,江泽民从探究"什么是社会主义、怎样建设社会主义,建设什么样的党、怎样建设党"的角度形成了"三个代表"重要思想,并将消除贫困、改善民生与"三个代表"重要思想的现实要求统一起来,认为消除贫困是我们党全心全意为人民服务的深刻体现,只有让贫困地区的人民逐渐摆脱贫困,并使全体人民群众共享改革开放的成果,才能真正体现党的宗旨。他指出,扶贫开发是对党的执政能力的考验和检验,"我们党是以全心全意为人民服务为宗旨的,我们的政府是人民的政府,帮助贫困地区群众脱贫致富,是党和政府义不容辞的责任"。[1]即扶贫既是国家发展的战略任务,与新"三步走"发展战略相统一;也是中国共产党人心系人民利益的彰显,更是由社会主义的本质决定的重要任务。

其次,在扶谁的问题上,要把解决贫困人口的温饱问题与对贫困地区全面开发结合起来。江泽民指出:"我们党和国家开展扶贫开发,努力解决贫困人口的生产生活问题,是我国社会主义制度优越性的一个重要体现。"[2]贫困人口是我国扶贫瞄准的主要对象,我国扶贫开发的目的就是要解决贫困人口的温饱问题,在这一目标指引下,我国农村家庭联产承包经营制度的实施,决定了中国扶贫必须关注贫困村、贫困户这一具体的帮扶对象,只有把帮扶措施的设计同家庭经营的活力结合起

---

[1] 《江泽民文选》(第三卷),人民出版社2006年版,第250页。
[2] 《江泽民文选》(第三卷),人民出版社2006年版,第248页。

来，才能增强贫困户自我积累和自我发展的能力，进而脱贫致富。1996年，中共中央扶贫开发会议确定了由救济式扶贫转向开发式扶贫的基本方针，江泽民指出：开发式扶贫可以有效地"把贫困地区干部群众的自身努力同国家的扶持结合起来，开发当地资源，发展商品生产，改善生产条件，增强自我积累、自我发展的能力，这是摆脱贫困的根本出路"。[1]

再次，在谁扶的问题上，坚持政府发挥主导作用同社会力量积极参与相结合。江泽民指出："帮助贫困地区群众解决温饱问题，是党和政府的重要任务，也是全社会的共同责任。广泛动员全社会力量参与扶贫，是扶贫工作的一个重要方针。坚持这个方针，不仅可以加快脱贫进度，而且有利于发扬良好的社会风尚。"[2]"全社会扶贫，党政机关要带头。各级党政机关都要充分发挥自己的职能作用，帮助贫困地区搞好开发和建设。"[3]1994年，《国家八七扶贫攻坚计划》就提出沿海发达的省市要帮扶贫困地区的省市。1996年，《国务院扶贫开发领导小组关于组织经济较发达地区与经济欠发达地区开展扶贫协作的报告》明确了经济发达地区与经济欠发达地区之间的帮扶关系，确定了北京、天津、上海、广东、浙江等东部9个省市以及大连、青岛、深圳、宁波4个单列市帮扶西部10个省市，搭建起东西部扶贫协作的整体框架，标志着全社会参与扶贫方式的正式实施。

最后，在怎么扶的方法论层面，江泽民很强调内因的重要作用。他倡导在自强不息的理念下，坚持党的领导，走开发式扶贫道路，实施科技扶贫战略，因地制宜地将扶贫工作持续开展下去。"坚持贯彻发展是硬道理的思想，最重要的就是要不断增强贫困地区自我发展的能力。这是开发式扶贫的真谛所在。"[4]"一个贫困的地方，要改变贫穷落后面

---

[1]《江泽民文选》(第一卷)，人民出版社2006年版，第552页。
[2]《江泽民文选》(第一卷)，人民出版社2006年版，第555页。
[3]《江泽民文选》(第一卷)，人民出版社2006年版，第555页。
[4]《江泽民文选》(第三卷)，人民出版社2006年版，第252页。

貌,需要国家的扶持和社会有关方面的帮助,但最根本的还是要靠当地干部群众自身的努力,靠干部带领群众苦干实干。离开了这一条,再多的扶持也难以奏效,再优惠的政策也难以发挥作用。这是已经脱贫地方的根本经验,也是一些地方虽经长期扶持仍然山河依旧的主要教训。"[1]

(四)胡锦涛的反贫困理论

进入21世纪,以胡锦涛同志为核心的党中央,将发展问题与解决贫困问题相结合,提出"做好新阶段扶贫开发工作,必须深入贯彻科学发展观"的思路与理念。科学发展观是推进我国改革开放和社会主义现代化建设必须长期坚持的指导方针。2003年10月,党的十六届三中全会首次明确提出科学发展观。以人为本的发展理念是科学发展观的核心,2004年3月10日胡锦涛同志在中央人口资源环境工作座谈会上的讲话中作了深刻阐述。他说:"坚持以人为本,就是要以实现人的全面发展为目标,从人民群众的根本利益出发谋发展、促发展,不断满足人民群众日益增长的物质文化需要,切实保障人民群众的经济、政治和文化权益,让发展的成果惠及全体人民。"[2]在实践中落实好以人为本,不仅要关注最广大人民群众的生存和发展需要,更要关注贫困地区及其人民群众的利益需要。

正是在以人为本的科学发展观指引下,胡锦涛同志明确地提出21世纪扶贫开发的目标要求与突破任务:"到二〇二〇年,深入推进扶贫开发的总体目标是:稳定实现扶贫对象不愁吃、不愁穿,保障其义务教育、基本医疗和住房。贫困地区农民人均纯收入增长幅度高于全国平均水平,基本公共服务主要领域指标接近全国平均水平,扭转发展差距

---

[1] 中共中央文献研究室:《江泽民论有中国特色社会主义(专题摘编)》,中央文献出版社2002年版,第137页。

[2] 中共中央文献研究室:《改革开放三十年重要文献选编》(下),中央文献出版社2008年版,第1392页。

扩大趋势。具体要在以下五个方面有大的突破，一是生产条件有大改变……五是生态环境有大改观。"[1]除此之外，胡锦涛同志还对扶贫开发的途径和手段作了论述，在这其中，提出构建社会主义和谐社会、推进社会主义新农村建设的理念，对扶贫工作重点与瞄准对象作出重大调整，把中西部地区作为扶贫工作重点区域，实施西部大开发、振兴东北地区等老工业基地、支持中部地区崛起等国家区域发展战略和取消农业税等系列扶贫开发新政策、新举措，对新时期扶贫工作起到了重要推动作用。坚持扶贫开发与推进社会主义新农村建设相结合，不但为农村发展提供了制度安排，而且对于指导农村扶贫开发建设具有重要作用。可以说，科学发展观的提出为新脱贫开发提供了战略安排。发展的问题还要靠发展来解决，中国要解决贫困问题，必须牢牢抓住发展这个第一要义。只有不断缩小贫富差距与城乡差距，实施农村扶贫开发，重视和支持贫困地区、关注农村贫困群众、实现贫困人口的充分就业，建立和完善扶贫开发政策保障体系，才能"从以解决温饱为主要任务的阶段转入巩固温饱成果、加快脱贫致富、改善生态环境、提高发展能力、缩小发展差距的新阶段"。[2]

---

[1]《胡锦涛文选》(第三卷)，人民出版社2016年版，第568页。
[2] 中华人民共和国国务院新闻办公室：《人类减贫的中国实践》，人民出版社2021年版，第8页。

第三节　中国共产党人百年来反贫困的伟大实践

中国共产党人对消除贫困的探索实践，是脱贫攻坚精神生成的现实基础。伟大实践创造伟大精神，我们党自成立以来便从未停下反贫困的脚步，从新民主主义革命时期"打土豪、分田地""耕者有其田"的落地实践，到社会主义建设时期救济式扶贫的大规模开展；从改革开放时期开创的体制性改革扶贫，到党的十八大以来的精准扶贫、精准脱贫实践方略，这些探索不仅为打赢脱贫攻坚战提供了现实指引，还推动了脱贫攻坚精神的产生与形成。

一　1921—1949：解决农村土地问题，力争"耕者有其田"

中国共产党自诞生之日起，就把为中国人民谋幸福、为中华民族谋复兴作为初心和使命。在党成立之初的那个积贫积弱的年代，广大中国人民被帝国主义、封建主义、官僚资本主义压迫，再加上生产力水平低下，人民基本的生存和温饱都得不到保障，生活苦不堪言。对于广大人民群众来说，有土地就代表能够靠自身的劳动来解决自己和家人的基本温饱问题。因此，"耕者有其田"便是此时的人民群众所追求的幸福。

中国共产党在革命中坚持深入人民群众，明白了改革土地制度是解决广大人民群众贫困问题、为人民谋取幸福的基本途径。因此，1921年4月，《共产党》月刊第三期刊登了《告中国的农民》一文，该文以我国土地占有和农民劳动及生活状况为事实依据，向人们宣传了中国广大农民极度贫困的生活现状，并对造成这一现状的根本原因（即封建土地制度）进行猛烈抨击。紧接着，中国共产党就解决贫困群众的生产资料以及工人的劳动回报问题，提出了一系列主张。例如，1921年7月，中国共产党第一次全国代表大会提出"消灭资本家私有制，没收机器、土地、厂房和半成品等生产资料，归社会公有"[1]；1922年6月15日发表《中国共产党对于时局的主张》，提出"肃清军阀，没收军阀官僚的财产，将他们的田地分给贫苦农民"[2]；1922年，安源路矿工人爆发大罢工，这场由毛泽东、刘少奇、李立三等共产党人领导的工人运动还向社会公开发表了《萍乡安源路矿工人罢工宣言》，提出了包括"保障工人权利、增加工资、改善待遇、发清欠饷、废除封建把头制"等17项要求[3]，以改善工人的生活状况。

1925年，刚刚成立不久的中国共产党继续向中国的封建土地制度发起挑战，第一次比较完整地提出了反封建土地政纲，指出"中国共产党对于农民的要求，应当列成一种农民问题政纲，其最终的目标，应当没收大地主、军阀、官僚、庙宇的田地交给农民"，[4]"然而如果农民不得着他们最主要的要求——耕地农有，他们还是不能成为革命的拥护者"。[5]1927年11月，《中国共产党土地问题党纲草案》出台，这是中国共产党出台的首个有关土地问题的纲领，提出了"彻底变革中国土地制度、没收一切地主土地分给农民使用"的政策。

在抗日战争时期，中国共产党依然在极度艰难的情况下对根据地的土地问题进行改革，以求最大程度地改善抗日根据地的农民贫困情况，

---

[1] 中共中央文献研究室、中央档案馆：《建党以来重要文献选编（1921~1949）》（第一册），中央文献出版社2011年版，第1页。
[2] 中共中央文献研究室、中央档案馆：《建党以来重要文献选编（1921~1949）》（第一册），中央文献出版社2011年版，第98页。
[3] 中共中央党史研究室：《中国共产党历史》（上），人民出版社1991年版，第80页。
[4] 中共中央文献研究室、中央档案馆：《建党以来重要文献选编（1921~1949）》（第二册），中央文献出版社2011年版，第513—514页。
[5] 中共中央文献研究室、中央档案馆：《建党以来重要文献选编（1921~1949）》（第二册），中央文献出版社2011年版，第514页。

期间颁布了《中共中央关于抗日根据地土地政策的决定》(1942年),并在党管辖的抗日根据地实行"地主减租减息,农民交租交息"的土地政策。到1945年,抗日根据地的大部分地区实现了"耕三余一"[1]的反贫困目标。

解放战争时期,随着国情的变化,我国主要矛盾已经由中华民族与帝国主义间的矛盾转化为国内的阶级矛盾,中国共产党先后出台《关于土地问题的指示》(1946年)、《中国土地法大纲》(1947年),进一步攻克土地分配的问题,逐步实现"消灭地主阶级和旧式富农的封建的和半封建的剥削制度"[2]。

总的来说,在新民主主义革命时期,"打土豪、分田地",实行"耕者有其田",是中国共产党早期反贫困实践的主要做法,这一实践深入人心,赢得了广大人民群众的广泛支持和大力拥护,为我们党奠定了坚实的群众基础,也为新中国成立后中国共产党领导人民摆脱贫困创造了根本的政治条件。

二 1949—1978:救济式扶贫向贫困地区输血

新中国成立后,以毛泽东同志为领导核心的中国共产党直面国内一穷二白、百业凋敝的状况,一边采取救济式的扶贫战略,一边探索适合中国国情的脱贫实践,继续带领人民群众与贫困相抗争,开启了实现国家富强、人民富裕的全新历程。

1950年,毛泽东发表讲话,表示中央人民政府成立后,中国共产党应当把经济建设作为发展重点,调整工商业。自此,公私兼顾、劳资

---

[1] 耕种三年,积余一年的粮食。抗日战争时期,中国共产党领导下的若干边区人民政府在大生产运动中提出"耕三余一"的口号,号召农民积极生产,厉行节约,做到每家一年有4个月的余粮。
[2] 中共中央文献研究室、中央档案馆:《建党以来重要文献选编(1921~1949)》(第二十四册),中央文献出版社2011年版,第530页。

两立的原则通过当时的政策转变和产业调整被确立下来，促进了新中国成立初期国民经济的恢复与发展。其后，毛泽东又在《关于正确处理人民内部矛盾的问题》中提出："使现在还存在的农村中一小部分缺粮户不再缺粮，除了专门经营经济作物的某些农户以外，统统变为余粮户或者自给户，使农村中没有了贫农，使全体农民达到中农和中农以上的生活水平。"[1]同年，党中央在农村与城市反贫困实践中同步发力。针对广大贫困的农民群体，颁布了《中华人民共和国土地改革法》，废除地主阶级的封建剥削土地所有制，为接下来的土地改革运动提供了法律依据，把没收的大量土地分给了无地农民。对于城市贫困群体，颁布了《救济失业工人暂行办法》，对城市失业工人的救济范围、标准、方法及资金来源进行明确规定，保障了城市失业工人的基本生存需求。到1952年底，全国土地改革基本完成，人民群众基本实现"耕者有其田"。1950—1955年，在土地改革的加持下，农民的土地需求得到满足，广大农民辛勤劳作，这5年间我国农业总产值年均增长了9.8%。

大批农民获得土地后，国家统计局还在1951年和1952年开展了"查田定产"工作，按人均常年产量调查全国粮食产量，将人均产量300千克以下列为低收入户，调查结果显示此标准下低收入户共计2.8亿人，占农村人口总数的55.8%。可以看出尽管农民分得了土地，但大多数农民仍属于低收入群体，党的反贫实践仍需继续探索创新性的方式方法。

1956年1月，中共中央委员会提出《一九五六年到一九六七年全国农业发展纲要》，规定"农业生产合作社对于社内缺乏劳动力，生活无依靠的鳏寡孤独的农户和残废军人，应当在生产上和生活上给以适当的安排，做到保吃、保穿、保烧（燃料）、保教（儿童和少年）、保葬，使这些人的生养死葬都有指靠"[2]。这一规定标志着我国农村五保供养的雏

---

[1]《毛泽东文集》（第七卷），人民出版社1999年版，第222页。
[2] 中央档案馆、中共中央文献研究室:《中共中央文件选集（1949年10月—1966年5月）》（第22册），人民出版社2013年版，第109页。

形初步形成,这也是中国共产党在此后进行扶贫开发的重要举措之一。然而在1958年,人民公社的普遍建立,土地再次转化为集体所有,农民个体所有制转变为集体所有制,并在执行过程出现了"大锅饭"等平均主义现象,农民生产积极性被严重镇压,导致农村陷入普遍贫穷。针对这一情况,毛泽东在1959提出了"扶持穷社、穷队"的建议,国家开始扶持帮助农村贫困地区和贫困人口发展生产,贫困面貌在一定程度上得到改善。

"文革"期间,"四人帮"将资本主义与社会主义相混淆,对人民群众的贫苦生活视而不见,党的脱贫实践被严重破坏,甚至出现了倒退的现象。直到1978年,我国农民家庭人均纯收入仅为133.6元,按照当年贫困标准每人每年366元来衡量,1978年我国农村贫困发生率为97.5%,以乡村户籍人口作为总体推算,农村贫困人口多达7.7亿人。[1]

总体来看,救济式扶贫在社会主义制度确立不久后发挥了应有的效用,尽管在此期间遭到了"四人帮"的破坏,但相比于新中国成立之前,解决了大多数贫困人口的临界生存问题,国家贫困状况整体上有所改善,为我国此后消除绝对贫困提供了必要基础。

三 1978—2012:体制性改革扶贫焕发生机

改革开放以来,"改革"一词贯穿到我国社会发展的方方面面,扶贫领域也不例外。中国共产党领导广大人民走在改革开放的大道上,我国脱贫实践也进入体制性改革扶贫阶段。设立"专项扶贫资金"、推广"家庭联产承包责任制"、成立"国务院扶贫开发领导小组"、施行"八七计划"等各领域的改革措施纷纷出台和落实,中国共产党领导下的脱贫实践焕发出新的生机。

1978民政工作会议从农村救济中第一次划分出扶贫专项。次年,

---

[1] 国家统计局住户调查办公室:《中国农村贫困监测报告2018》,中国统计出版社2018年版。

国务院颁布《关于发展社队企业若干问题的规定(试行草案)》，要求发展社队企业。对于不再从事农业生产的大量剩余劳动力，该草案为他们提供了门路。自1980年起，中国共产党在扶贫资金制度上进行了改革，不仅设立了"支援经济不发达地区发展资金""以工代赈资金"等专项扶贫资金，还设立了"革命老区、少数民族地区和边远地区贷款"，扶贫资金方面的改革为我国贫困地区注入了物质力量，有利于协同推进贫困地区其他方面的发展与建设。

1982年，农村工作"一号文件"正式出台，明确指出包产到户、包干到户都是社会主义集体经济的生产责任制。在这一文件的指导下，家庭联产承包责任制在农村开始广泛推行，这激发了亿万农民的积极性，粮食产量不断创新高。粮食产量的提高是党领导人民进行下一步脱贫实践的大前提，这一改革可以说是把改革开放初期的"蛋糕"做大了。同年还启动了"三西"专项扶贫计划。"三西"指的是以甘肃定西为代表的中部干旱地区、河西地区和宁夏西海固地区，这些地方由于自然环境、气候条件等因素的影响，农业发展水平低下、贫困水平较高且贫困人口脱贫难度大，属于国家的深度贫困地区。党中央决定对这些贫困地区实施"三西"农业建设计划，以缩小与其他地区的发展差距，这一举措也拉开了中国共产党进行区域性扶贫开发实践的序幕。

1984年和1985年，党中央先后出台《关于1984年农村工作的通知》(以下简称《通知》)和中央"一号文件"，《通知》明确："在各级政府统一管理下，允许农民进城开店设坊，兴办服务业，提供各种劳务。"[1]这放宽了对农村劳动力的限制，使得有劳动能力的贫困群众能够得到工作，解决自身的温饱问题。据统计，1978年到1985年间，我国非农产业的农村劳动力数由3149.5万人升至7521.8万人。此外，1984年，中共中央、国务院还发布了《关于帮助贫困地区尽快改变面貌的通知》，

---

[1] 中共中央文献研究室：《十二大以来重要文献选编》(中)，人民出版社1986年版，第617页。

主要从指导思想、松绑政策、优惠税收、商品流通、智力投入、加强领导等六个方面施策发力,加快我国脱贫进程。同年,为了改善贫困地区基础设施建设和基本的公共服务,以兴建道路、农田水利设施和人畜饮水工程为主要方式的农村基础建设大力展开。在农村基础设施建设中,以工代赈计划开始广泛实施。使用以工代赈的形式参与扶贫开发,是党中央的一个创新点。在以工代赈中,有劳动能力的贫困人口脱贫凭借自己的劳动改善生活条件,在增强贫困人口脱贫内生动力的同时,还加强了贫困地区基础设施的建设,这项一举两得的扶贫措施一直沿用至今。

从1978年至1985年,党中央一系列的改革措施使农村经济体制发生深刻变革,贫困人口数量大幅度减少,农村经济得到增长,为后续的脱贫实践提供了强大动力。按当时的标准,有50%未解决温饱的农村人口在此期间解决了温饱问题。按现在的扶贫标准,有超过1亿农村人口在这期间摆脱了贫困。[1]

1986年,随着农村制度改革的增长效应逐渐趋弱,成立对口性的扶贫机构来推动大规模扶贫开发的需求应运而生。因此,当年国务院贫困地区经济开放领导小组成立(国务院扶贫开发领导小组的前身),并首次确定了贫困县划分标准和331个国家级贫困县,扶贫工作的主要矛盾逐渐从救济式援助向开发式扶贫的方向转变;1994年,《国家八七扶贫攻坚计划》以解决全国农村贫困人口的温饱问题为扶贫工作的主要矛盾,重新确定了国家贫困标准[2],并提出计划用7年时间基本解决剩余8000万农村绝对贫困人口的温饱问题;1996年,中共中央、国务院出台《关于尽快解决农村贫困人口温饱问题的决定》,强调"把解决贫困人口温饱问题作为首要任务;继续坚持开发式扶贫;把有助于直接解决群众温饱问题的种植业、养殖业和以当地农副产品为原料的加工业,

---

[1] 中共国务院扶贫办党组:《创造人类反贫困历史的中国奇迹——改革开放40年我国扶贫工作的重大成就与经验》,载《求是》,2018年第18期,第36—38页。
[2] 按照1992年的人均收入,高于700元的县退出贫困县,少于400元的县全部纳入贫困县范围,在此标准下,确定了贫困县共有592个。

作为扶贫开发的重点；认真抓好科教扶贫和计划生育工作；坚持因地制宜，分类指导；扶贫攻坚要坚持到村到户；要动员社会力量参与扶贫；要发扬自力更生、艰苦奋斗精神"。[1]同年发布了《国务院扶贫开发领导小组关于组织经济较发达地区与经济欠发达地区开展扶贫协作的报告》，标志着东西部扶贫协作整体框架开始搭建起来。在党中央和人民群众的不断努力下，至2000年底，全国贫困人口的温饱问题已基本解决，《国家八七扶贫攻坚计划》圆满落幕。

进入21世纪，中共中央、国务院颁布《中国农村扶贫开发纲要（2001—2010年）》，继续推进扶贫开发事业。这一时期，与以往的大规模扶贫开发有所不同，中国共产党在全国中西部地区确定了592个国家扶贫开发重点县的同时，也侧重于将扶贫重心下沉到村，在全国范围内确定了14.8万个贫困村，开启了整村推进的扶贫战略。党的十六大和十七大分别对我国的脱贫事业进行了部署，推动扶贫实践继续向纵深发展。例如，2002年11月召开的党的十六大强调要"提高扶贫开发水平"，"加大对革命老区、民族地区、边疆地区、贫困地区发展扶持力度"。[2]2007年10月，党的十七大报告指出，改革开放使"人民生活从温饱不足发展到总体小康，农村贫困人口从两亿五千多万减少到两千多万"，明确提出"着力提高低收入者收入，逐步提高扶贫标准和最低工资标准，建立企业职工工资正常增长机制和支付保障机制"[3]等民生建设目标任务。除此之外，一系列扶贫配套措施紧跟出台，这一时期农村最低生活保障制度在全国范围内得到全面施行，党的脱贫实践进入扶贫开发政策与最低生活保障制度衔接的阶段，国家贫困治理体系得到进一

---

[1]《中共中央 国务院关于尽快解决农村贫困人口温饱问题的决定》，中国经济网，2007年6月22日。
[2] 中共中央文献研究室：《改革开放三十年重要文献选编》（下），中央文献出版社2008年版，第1725页。
[3] 中共中央文献研究室：《十七大以来重要文献选编》（上），中央文献出版社2009年版，第30页。

步完善。除此之外，党中央在这个阶段对"三农"工作作出了有力部署，例如，从试点农村税费改革（2001年）到全国范围内取消农业税（2006年）、"三补"政策、"国家贫困地区义务教育工程（2001—2005）"、"两免一补"等相关政策对我国农村发展的施策发力，为农民的基本生活提供了民生保障。截至2010年，按照现行农村贫困标准每人每年收入2300元来衡量，我国贫困人口规模为16567万人，贫困发生率降低到17.2%。[1]

2011年《中国农村扶贫开发纲要（2011—2020年）》的颁布，意味着前一个阶段的扶贫开发任务得到解决，党领导人民从解决温饱问题进入"两不愁三保障"的新目标阶段，并首次划分出14个连片特困地区，提出"中央财政扶贫资金的新增部分主要用于集中连片特殊困难地区"[2]。通过中国共产党一系列的脱贫实践，按照每人每年2300元的扶贫标准线来衡量，截止到2012年底，我国还有9899万贫困人口。

通过对中国共产党改革开放以来脱贫实践的梳理，我们可以看出，中国共产党的脱贫实践由救济式扶贫过渡到局部试点最后到大规模开发下沉到村，可以看出，扶贫策略的转换与我国贫困人口的规模密切相关。1978年到2012年，按照现行农村贫困标准测算，我国贫困人口从77039万人减少到9899万人，减贫人数多达7亿人。脱贫实践的成果表明，中国共产党领导的脱贫实践是有效的，是适合中国国情的。从此，中国共产党领导人民走出的中国特色社会主义扶贫开发道路越走越宽，为新时代打赢脱贫攻坚战蓄势蓄力。

---

[1] 国家统计局住户调查办公室：《中国农村贫困监测报告2018》，中国统计出版社2018年版。
[2] 《胡锦涛文选》（第三卷），人民出版社2016年版，第572页。

第三章　脱贫攻坚精神的内涵实质

在中国共产党的坚强领导下，经过全国各族人民的接续奋斗，我国解决了困扰中华民族几千年的绝对贫困问题，在脱贫的进程中取得了令人瞩目的历史性成就，创造了人类减贫史上的奇迹。脱贫攻坚绝非一日之功、一人之功。在脱贫攻坚这场伟大斗争中，中国共产党充分发挥政治领导作用，积极践行了为人民服务的根本宗旨，完成了对亿万人民许下的庄严承诺。无数扶贫干部无私奉献、真抓实干，贫困地区的人民群众自立自强、自力更生，全社会各界人士群策群力、精诚团结，最终取得了脱贫攻坚的全面胜利。

人无精神则不立，国无精神则不强。2021年3月，在全国脱贫攻坚总结表彰大会上，习近平总书记深刻总结了在脱贫攻坚中形成的脱贫攻坚精神，即"上下同心、尽锐出战、精准务实、开拓创新、攻坚克难、不负人民"，指出"脱贫攻坚取得了物质上的累累硕果，也取得了精神上的累累硕果"，号召全党全国全社会大力弘扬脱贫攻坚精神，团结一心、不懈奋斗，不断夺取坚持和发展中国特色社会主义新的更大的胜利。

第一节　上下同心、尽锐出战

"上下一心、尽锐出战"就是齐心协力、英勇奋战,在党的集中统一领导下集结精锐力量奔赴脱贫攻坚战场。上下同心、尽锐出战是脱贫攻坚精神的力量源泉,是实现脱贫攻坚全面胜利的重要保证。习近平总书记指出:"上下同欲者胜。只要我们13亿多人民和衷共济,只要我们党永远同人民站在一起,大家撸起袖子加油干,我们就一定能够走好我们这一代人的长征路。"[1]党的各级领导干部与人民群众上下同心、团结奋进为脱贫攻坚取得成功积累了经验。在党中央的坚强领导下,我们发挥出社会主义集中力量办大事的强大优势,以共同意志与共同行动构建出专项扶贫、行业扶贫、社会扶贫等多方力量参与的大扶贫格局。各行各业将专业优势充分融入脱贫攻坚战场,社会组织、民营企业以及公民个人纷纷倾心、倾力、倾情贡献力量,极大增强了攻坚合力,共同汇聚出脱贫攻坚的磅礴伟力。

一　上下同心

上下同心是奋进的力量,为战胜各种困难和挑战提供了巨大勇气。上下同心的核心要义就是"团结合作",只有达到了"团结合作"的要求,我们才能实现"脱贫"的目标追求。在这里,要团结,就是要各级组织及个人无条件相互配合、反对搞窝里斗;要合作,就要在同一目标之下,通过相互配合,为共同完成一项任务而联合行动。只有上下同心团结合作,才能凝聚力量、达成共识。

---

[1]《国家主席习近平发表二〇一七年新年贺词》,载《人民日报》,2017年1月1日第1版。

改革开放以来，中国在各领域取得举世瞩目的成绩都是团结协作、合力奋斗的结果。习近平总书记也曾说过，"集中力量办大事"是我们党的制度优势，从全球疫情防控工作就可以看出，只有协作才能战胜病魔。要打赢脱贫攻坚战，不是单凭某个人或者某些人的力量就能实现的，而要依靠全体人民形成合力。只有广大党员牢固树立"一盘棋"的意识，加强内部团结协作、统筹沟通，才能形成加快建设的合力。但是，要将全体人民的力量整合起来，最为关键的就是要有一个能够代表全体人民根本利益的先进政党。中国特色社会主义最本质的特征和最显著的特点就是中国共产党的领导，中国共产党既是全面领导的党，也是长期执政的党。中国共产党从诞生之日起，就坚定地站在人民的立场上，团结和带领人民进行革命、建设和改革开放的伟大实践，通过不懈努力和接续奋斗，让中国实现了从"站起来"到"富起来"再到"强起来"的伟大飞跃。中国共产党党员来源于人民，具有天然的群众基础，因此，中国共产党能够及时了解人民群众的需要，能够将群众的力量聚合到一起，团结和带领人民取得一个又一个伟大的胜利。

（一）上下同心，坚持中国共产党的领导是方向

中国共产党是脱贫攻坚任务的制定者和规划者，是凝聚全体人民智慧和力量的领导者。党中央始终坚持对脱贫攻坚的集中统一领导，将打赢脱贫攻坚战融入"五位一体"总体布局和"四个全面"战略布局，统筹谋划、整体推进，将消除绝对贫困作为全面建成小康社会、实现第一个百年奋斗目标必须达成的战略任务。

中国共产党为消除绝对贫困提供了根本的政治保障和正确的政治方向。习近平总书记充分发挥率先垂范作用，多次深入扶贫一线开展调研，提出了一系列关于脱贫攻坚的重要论述和指示批示，作出了一系列重要的战略部署，为我国脱贫攻坚事业指明了基本方向，制定了战略规划，提供了根本遵循和科学指引，为全党全国各族人民团结一心、合力

攻坚注入了强大精神动力。脱贫攻坚任务内在地要求广大人民群众与扶贫干部始终坚持党的集中统一领导，并将其发展为第一优势，集中力量办好扶贫开发的大事。习近平总书记指出："特别是脱贫攻坚任务重的地区党委和政府要把脱贫攻坚作为'十三五'期间头等大事和第一民生工程来抓，坚持以脱贫攻坚统揽经济社会发展全局。"[1]

1. 进一步明确了"中央统筹，省（自治区、直辖市）负总责，市（地）县抓落实"的工作机制，构建起五级书记抓扶贫、全党动员促攻坚的局面。按照这一机制，"党中央、国务院主要负责统筹制定扶贫开发大政方针，出台重大政策举措，规划重大工程项目"[2]。党中央出台了《关于打赢脱贫攻坚战的决定》，并在"十三五"规划中作出了相关重大安排。

2. 推动制定了一把手责任制，中西部22个省（区、市）党政主要负责同志向中央签署了脱贫攻坚责任书、立下了"军令状"。基层党组织充分发挥战斗堡垒作用，从全国县级以上机关、国有企事业单位共选派300多万名第一书记和驻村干部，与近200万名乡镇干部和数百万村干部共同战斗在扶贫开发一线，带领群众不断脱贫致富，与贫困地区群众同心同力谋划，推进扶贫政策落地实施。与此同时，省（自治区、直辖市）党委和政府对扶贫开发工作负总责，抓好目标确定、项目下达、资金投放、组织动员、监督考核等工作。

正是坚持了党对一切工作的领导，在党中央的集中、统一指挥与调配下，全党全国各组织单位聚焦脱贫攻坚的突出问题，瞄准"六个精准"、贯彻"五个一批"，建立健全中国特色脱贫攻坚制度体系，实现了主体、核心内容、制度保障各环节、各方面的上下贯通、上下同心，凝聚了最广大人民群众的共同意志，汇聚了最广泛的扶贫攻坚力量。

---

[1] 中共中央党史和文献研究院：《十八大以来重要文献选编》（下），中央文献出版社2018年版，第46页。

[2] 中共中央党史和文献研究院：《十八大以来重要文献选编》（下），中央文献出版社2018年版，第68页。

（二）上下同心，激发群众内生动力是助力

脱贫攻坚是一场硬仗，越往后难度越大，只有激发内生动力，才能让脱贫可持续、致富有干劲。思想上的脱贫才是真正的脱贫，人民群众自力更生、艰苦奋斗的内生动力是脱贫攻坚战取得胜利的重要动力源泉。打好扶贫攻坚战的关键是实现扶贫和扶志、扶智的有效融合，习近平总书记指出，扶贫要同扶智、扶志结合起来，要尊重人民群众的主体地位和首创精神，切实转变广大贫困群众的思想观念，化被动为主动，调动广大贫困群众的积极性、主动性和创造性。

在扶贫开发的进程中，单纯依靠资金投入和物质支持并不是从根本上消除贫困的长久之计。因此，要想帮助贫困地区和贫困群众实现脱贫致富，不仅需要党中央和社会各方力量的资金扶持，更需要帮助人民群众从内心树立脱贫致富的思想观念，消除被动扶贫中滋生出的"等靠要"的想法。扶贫要扶志、扶智，实现从"要我富"到"我要富"的转变，激发贫困户的内生动力，培养贫困群众的自信心和奋斗能力，帮助他们克服依赖帮扶心理，努力做到精准扶贫、精准脱贫。

首先要通过扶志解决思想贫困。思想是行动的先导，各项脱贫政策的落地实施和后续推进都要以扶贫思想为指导。所谓"扶志"就是要从思想观念入手，努力转变贫困地区群众对脱贫攻坚的认知偏差，帮助广大贫困群众树立正确的脱贫观念，在扶贫过程中树立起脱贫致富的信心和决心，激发出摆脱贫困的斗志和勇气。如果只注重扶贫而忽视扶志，只能在短时期内暂时改变贫困群众的生活面貌，并不能从根本上消除贫困发生的根源。短期来看贫困群众实现了脱贫目标，但返贫问题依然是未来工作的一大挑战，无法真正达成最终的扶贫目的。因此，要帮助群众树立起坚定的脱贫信念，相信通过自身努力能够实现生活水平的提高。习近平总书记强调"幸福都是奋斗出来的"，没有奋斗就不会有收获，为实现脱贫目标，要杜绝"等靠要"的旧式观念，杜绝单纯依靠物质帮扶放弃自身努力，要充分发挥"撸起袖子加油干"的拼搏奋斗精神。

其次要通过扶智摆脱能力贫困。扶志为脱贫奠定了思想基础,在这一基础之上,要通过知识、技术等一系列帮扶举措促使人们进一步提升脱贫致富能力。习近平总书记指出:"扶贫必扶智,让贫困地区的孩子们接受良好教育,是扶贫开发的重要任务,也是阻断贫困代际传递的重要途径。"[1]从知识层面来讲,加强对贫困地区群众的教育力度,是提升贫困人口的基础知识和实践技能、培养运用知识经验分析和解决问题的思维方法以及作出长远规划的重要途径。从技术层面来讲,工作技能的缺失和不足是贫困发生的重要原因之一。贫困人口长期与劳动力市场脱节,无法掌握劳动技能,无法利用劳动技能改变自身生活水平。因此,加强对贫困群众的劳动技能培训,提升技术水平,有助于真正将技术转化为现实的生产力,帮助贫困人口摆脱贫困。

(三)上下同心,社会力量等各方参与是合力

贫困人口脱贫需要获得适当的帮助,况且守望相助、扶危济困是中华民族的传统美德。以帮助他人为乐、以解他人之难为荣,扶危济困思想彰显的是一种高尚的道德情操,它早已融入中华民族的血液。扶危济困思想在传统社会中的另一种表现是团结互助。人类之所以能够不断战胜自然灾害、战胜事故灾难,靠的就是这种精神。中国古代哲人很早就意识到了这一点。战国时期,孟子就指出,居住在同一地方的人们,不仅平时要相互友善,还要在困难时期相互帮助,"出入相友,守望相助,疾病相扶持"。《管子》则提出"死丧相恤,祸福相忧",认为困苦时人们在精神上的相互慰藉也非常重要。这种面对困难时团结合作的思想,体现出强烈的人类命运共同体意识。古代民间社会的邻里团结、互助和睦、助人为乐的文化,正是在这种意识的影响下逐步形成的。

新时代,"要大力弘扬中华民族扶贫济困的优良传统,凝聚全党全

---

[1] 中共中央文献研究室:《十八大以来重要文献选编》(中),中央文献出版社2016年版,第720—721页。

社会力量，形成扶贫开发工作强大合力"。脱贫攻坚是复杂的系统性工程，具有一定的艰巨性。它既是贫困地区的事，也是中华民族全体民众的事。外部帮扶是必要的，也是可行的，中华民族精神中的伟大团结精神与伟大梦想精神，客观上要求社会各方面力量的广泛参与。

近年来，"我们坚持动员全社会参与，发挥中国制度优势，构建了政府、社会、市场协同推进的大扶贫格局，形成了跨地区、跨部门、跨单位、全社会共同参与的多元主体的社会扶贫体系"。[1] 2017年12月，中共中央办公厅、国务院办公厅印发了《关于加强贫困村驻村工作队选派管理工作的指导意见》，该文件全面、系统、深入地就加强贫困村驻村工作队管理工作，从"干什么、怎么干"等方面明确重要任务、作出指导意见。驻村工作队作为帮扶组织，在脱贫攻坚中起到了重要推动作用，在凝聚支持群体及知识、技能、经验和信息等方面，激活了贫困村与贫困人口的内在发展潜力。驻村工作队的组织既体现了共同富裕的本质，谱写了先富帮后富的美好诗篇，也演绎了上下精准扶贫的生动实践与民生图景，诠释了将扶贫作为"十三五"时期的头等大事与全面建设小康社会的坚定决心。

只有动员和凝聚各方力量，引导全社会关爱贫困群众、关心减贫事业、投身脱贫行动，聚力攻坚克难，才能最终战胜贫困顽疾。中国共产党始终坚持发挥政治优势，推动形成了脱贫攻坚的共同意志、共同行动。中国特色社会主义制度具有集中力量办大事的政治优势，正是这一政治优势使我们能够广泛动员全党全国各族人民，以及社会各方面力量共同投入脱贫攻坚的战场上，正是这一政治优势形成了党政军民学劲往一处使的扶贫局面。

为实现先富帮助后富，最终实现共同富裕的远大目标，中国共产党加强中西部扶贫协作和对口支援，推动各省市县结对帮扶，促进人

---

[1] 中共中央文献研究室：《十八大以来重要文献选编》(中)，中央文献出版社2016年版，第718—719页。

才、资金、技术向贫困地区流动,实现优势互补,缩小区域差距。2015年至2020年,东部9个省份共向扶贫协作地区投入财政援助资金和社会帮扶资金1005亿多元,互派干部和技术人员13.1万人次,超过2.2万家东部企业赴扶贫协作地区累计投资1.1万亿元。积极开展定点扶贫,组织各级党政机关、人民团体、国有企事业单位和军队帮扶贫困县或贫困村。脱贫攻坚以来,共有307家中央单位定点帮扶592个国家扶贫开发工作重点县。2013年至2020年,中央单位累计投入帮扶资金和物资427.6亿元,帮助引进各类资金1066.4亿元,培训基层干部、各类技术人才368.8万人次。军队帮扶4100个贫困村,92.4万贫困群众实现脱贫。各行各业发挥专业优势,开展产业、科技、教育、文化、健康、消费扶贫。"2015年至2020年底,累计组织动员12.7万家民营企业参与'万企帮万村'精准扶贫行动,精准帮扶13.91万个村(其中贫困村7.32万个),共带动和惠及1803.85万贫困人口。"[1]

二 尽锐出战

只有上下同心,才能尽锐出战。习近平总书记曾多次提到脱贫攻坚要"尽锐出战",主要就是强调在夯实上下同心这一基础上,优中选优、强中配锐,集中力量进行战略谋划,最大限度地帮扶脱贫减贫对象。这主要针对的就是难度大、时间紧、任务重的贫困地区与人口。对于如何尽锐出战,我们党作出了一系列规划,提出了一系列措施与方案。

"进入21世纪,以胡锦涛同志为总书记的中共中央,坚持科学发展观,构建社会主义和谐社会,提出全面建成小康社会目标,推进社会主义新农村建设,制定实施一系列扶贫开发新政策新举措。对扶贫工作重点与瞄准对象作出重大调整,把中西部地区作为扶贫工作重点区域,在

---

[1] 中华人民共和国国务院新闻办公室:《人类减贫的中国实践》,人民出版社2021年版,第57页。

592个国家扶贫工作重点县的基础上,选定15万个贫困村作为扶贫对象,实施参与式'整村推进'扶贫。"[1]在这一时期,通过实施振兴东北地区等老工业基地、中部地区崛起、西部大开发战略等国家区域发展战略,促进了区域、城乡协调发展。

党的十八大以来,中国特色社会主义发展进入新时代,全面建成小康社会进入关键阶段。同时,中国的脱贫攻坚任务也到了严峻时期,在脱贫攻坚冲刺阶段,必须打破常规思路与方法,以更加坚定的信心和毅力谋篇布局。况且,从脱贫攻坚基层具体实际看,我国从中央到地方直至基层的帮扶框架虽已形成,定点扶贫、东西协作、对口支援的帮扶力量都已配置,但在一些贫困地区,帮扶力量的配置并未达到最优、最强,特别是驻村帮扶人员中,或多或少还存在能力不足、力度不够等问题,在实际帮扶工作中还存在一些误区。这就对尽锐出战提出了更高要求,更需要优中选精、强中选锐配置力量,帮扶贫中之贫、坚中之坚的地区与人民,众志成城地实现脱贫攻坚目标。

尽锐出战就是要在思想上重视、力度上加强,真抓实干。我国是世界上最大的发展中国家,近代以来半殖民地半封建社会生产力落后、社会发展停滞的状态,使得我国即使在新中国成立后到改革开放前的一段时间仍然有很多地区处在普遍贫困甚至绝对贫困的样态。由于党和国家对中国贫困问题的认识有个逐步提升的过程,所以一段时间以来我国扶贫问题所涉及的经验、方法与力量相对缺乏,长效机制尚在探索中。而"全面建成小康社会最艰巨最繁重的任务在贫困地区,特别是在深度贫困地区,无论这块硬骨头有多硬都必须啃下,无论这场攻坚战有多难打都必须打赢",因此,尽锐出战,务必要将重点放在"出"上。

---

[1] 中华人民共和国国务院新闻办公室:《人类减贫的中国实践》,人民出版社2021年4月版,第8页。

（一）出思想

帮扶扶贫开发本质上也是对扶贫对象进行思想再造的过程。如果贫困地区的人们在思想上就没有树立脱贫的理念和思想，政府、社会作为外部力量，无论怎样帮扶，都不会真正扶起来。只有补足精神之"钙"，才能引导其走上脱贫致富的道路。在一些贫困地区的具体脱贫实践中，"不愿脱贫""赖在扶贫政策上""伪造生活窘境的假象""等着政府送小康"的现象，产生了极其恶劣的社会影响。这些缺乏脱贫动力的"精神贫困""思想贫困"严重影响我国扶贫脱贫的政策效应。因此，推进脱贫攻坚，让群众从根本上树立脱贫靠奋斗的思想，要加强尽锐出战过程中对贫困群众的思想文化教育，传播与弘扬自力更生、勤劳致富的价值观，不但要帮助其在经济上脱贫，还要认真分析解决群众的"思想贫困"问题，引导其摒弃"等靠要"思想和"慵懒散"陋习。

（二）出思路

正确的扶贫思路是斩断贫困代际传递必不可少的因素。我国地大物博，很多贫困地区自然资源优势、自然条件优越，但是仍旧处于贫困窘境，这其实与扶贫思路探索有很大的关系。毋庸置疑，自然资源只有被科学有效利用起来，才可以称之为资源优势。在探索扶贫思路方面，"广东省湛江市企水镇田头村、塘头村自然条件适宜种植优质圣女果、香瓜、火龙果、花生、芝麻等农作物，并出产优质的黑山羊和海产品。但由于缺乏市场，资源优势一直未能转化为发展优势。驻村扶贫干部引入时下最新的电商销售模式打开产品市场，并将网点覆盖范围拓展到整个湛江地区扶贫村，帮助湛江的95个贫困村拓宽农产品销售市场，提升产业效益。经过一年多时间，田头村、塘头村集体经济从0.3万元升至30.26万元，贫困户年人均收入从1933元升到9736元。湛江驻村扶贫开发专营店三大电商销售平台实现直接经济效益600多万元，切实激活了农村市场，增加了农民收入，提高了整体扶贫工作水平"。[1]习近平总书记在陕西考察时强调，电商在推销农副产品方面"大有可为"，不仅可以帮助群众脱贫，而且还能助推乡村振兴。

思路决定出路，贫穷并不可怕，怕的是头脑空、精神贫瘠。只有在工作中摆脱陈旧思想、克服惯性思维、改变过时做法，打破格式化、套路化的固有思维模式，才能在前进路上化解新风险、应对新挑战。

脱贫攻坚的成功实践充分表明，上下同心，尽锐出战就是要举全国之力、集精要之师、整有效资源，发扬拼搏精神，要一鼓作气、马不停蹄地将脱贫攻坚任务向前推进。其中，上下同心是攻坚克难、摆脱贫困的关键一招，中国共产党领导下的各方参与是打赢脱贫攻坚战的根本保证。脱贫攻坚是全民战、总体战，需要全体干部职工齐心协力，团结一致，共同发力。

---

[1]《中国共产党领导脱贫攻坚的经验与启示》，当代世界出版社2020年版，第153—154页。

第二节　精准务实、开拓创新

"精准务实、开拓创新"就是从实际出发，精准施策，不断改革创新扶贫体制机制。党的十八大以来，以习近平同志为核心的党中央创新性地提出精准扶贫、精准脱贫的基本方略。围绕这一方略，我们党切实发挥求真务实的精神品格，着力在"扶持谁""谁来扶""怎么扶"等关键问题上不断作出创新部署，形成了独具中国特色的脱贫攻坚制度体系，实现了扶真贫、真扶贫，脱真贫、真脱贫的目标愿望。

一　精准务实

脱贫攻坚，精准是要义，务实是关键。精准扶贫、精准脱贫的基本方略，实现了脱贫攻坚中识别、施策和退出等核心问题的科学瞄准。一方面，丰富和拓展了反贫困理论，奠定了中国特色反贫困理论的基石。将精准要义纳入反贫困理论和实践，通过主动"精准滴灌"，有效对冲了经典扶贫理论"涓滴效应"的衰减，让经济增长能够有效惠及贫困人口，实现了亲贫式经济增长。通过精准识别下实功、精准施策出实招、精准落地见实效、精准退出严把关，将精准扶贫、精准脱贫基本方略落实到为贫困群众解决实际问题上，将全面从严治党的要求贯穿脱贫攻坚全过程和各环节，做到了真扶贫、扶真贫、真脱贫。另一方面，实现了扶贫领域有为政府与有效市场的有机结合。贫困的实质是可行能力的不足，要在市场机制下实现可持续发展，必须通过政府的"有形之手"，提高贫困地区和贫困人口在"无形之手"机制下的"造血"能力。必须紧紧围绕贫困群众的需求，构建教育、健康、产业、科技、文化、消费等多维度开发式扶贫政策组合拳,实行扶贫和扶志、扶智相结合,实现由"输血式"扶贫向"造血式"帮扶的转变,激发和提高经济薄弱地区人民群众脱贫的内生动力和市场机制下的发展能力。

习近平总书记指出,精准扶贫是打赢脱贫攻坚战的制胜法宝,开发式扶贫方针是中国特色减贫道路的鲜明特征。习近平总书记结合40多年扶贫工作实践和深邃思考,坚持实事求是的思想路线,从我国国情和贫困特点出发,创造性地提出并推动实施精准扶贫精准脱贫基本方略,对扶贫对象实行精细化管理、对扶贫资源实行精确化配置、对扶贫对象实行精准化扶持,做到扶持对象、项目安排、资金使用、措施到户、因村派人、脱贫成效"六个精准"。

"精准务实"体现了实事求是、科学施策、真抓实干的实践品格,为打赢脱贫攻坚战提供了制胜法宝。"实事求是"是马克思主义的根本观点,是认识世界和改造世界的根本要求,贯穿于中国共产党发展壮大的全过程。实践证明,"实事求是"的科学态度是我们党在革命、建设和改革时期不断取得伟大成就必不可少的价值指引,也是新时代我国打赢脱贫攻坚战必须坚持的基本原则。"精准务实"正是对"实事求是"的进一步延伸和扩展。我国人口总数大、地区宽广,贫困人口数量多、贫困地区分布广,贫困的原因和特点也各有不同,这对我国的脱贫攻坚工作带来了艰巨挑战,如何将脱贫工作聚焦于"点"、连成于"线"、形成于"面",是我国实现全面小康道路上必须解决的重大课题。因此,习近平总书记反复强调,在脱贫攻坚工作中,要始终把握好"准"和"实"这两个关键点,"只有打得准,发出的力才能到位;只有干得实,打得准才能有力有效"。[1]

求真务实是我国传统文化中包含的优秀实践品格,也是中国共产党人始终坚持的优良作风。长期以来,中国共产党人坚持弘扬求真务实精

---

[1] 中共中央文献研究室:《习近平关于社会主义经济建设论述摘编》,中央文献出版社2017年版,第234页。

神、大兴求真务实之风,将实事求是的基本原则切实应用到中国的建设与发展工作中,中国坚持精准扶贫的方略,反映了党和政府打赢脱贫攻坚战的科学态度和求实作风。习近平总书记指出:"脱贫攻坚工作要实打实干,一切工作都要落实到为贫困群众解决实际问题上,切实防止形式主义,不能搞花拳绣腿,不能搞繁文缛节,不能做表面文章。"[1]对扶贫对象实行精细化管理、对扶贫资源实行精确化配置、对扶贫对象实行精准化扶持,在扶贫工作中具体分析致贫原因,因地制宜制定扶贫开发政策,精准施策,切实贯彻真扶贫、扶真贫、真脱贫的基本要求,正是对实事求是原则的现实应用,是精准务实的精神品格的真实体现。

要实现扶贫工作的精准化、务实化,就要在贫困识别、扶贫举措和脱贫考核上下功夫。"六个精准"和"五个一批"正是精准务实的重要体现。通过"六个精准"识别贫困对象,将扶贫措施落实到户,切实保证脱贫成效的精准性;通过"五个一批"针对不同的贫困类型分类施策,找准穷根,靶向治疗。中国共产党始终坚持把"精准务实"贯穿在脱贫攻坚的全过程和全领域,确保脱贫攻坚高质量完成,确保脱贫成效经得起历史和人民的检验。

(一)精准务实,摸准贫困之根是基础

解决贫困问题首先要搞清楚贫困是如何产生的,只有找准根源才能对症下药,有效施策。近年来,随着我国扶贫攻坚力度的不断加大,扶贫的难度也愈来愈大,总书记不断强调,扶贫工作不能"手榴弹炸跳蚤",要下一番"绣花"功夫。其中,贫困识别是实施精准扶贫方略、更好完成脱贫攻坚任务的基础。党中央强调,扶贫必先识贫。为此,科学制定贫困识别标准和程序,组织基层干部进村入户,摸清贫困人口分布、致贫原因、帮扶需求等情况是实现脱贫攻坚的必要前提。建档立卡工作是精准扶贫、精准脱贫的基石,针对习近平总书记提出的"扶真

---

[1]《习近平谈治国理政》(第二卷),外文出版社2017年版,第92页。

贫、真扶贫""精准扶贫要扶到点上、根上"的要求,基层扶贫工作者坚持把建档立卡作为脱贫攻坚的基础性工程来抓,扭住贫困人口识别这一重要环节,摸清每个贫困户的致贫原因,力求全面掌握贫困村和贫困户的脱贫需求,努力做到扶贫对象的精准锁定,确保后续脱贫攻坚工程的有序有效开展。

为了在脱贫的过程中做到真扶贫、扶真贫,广大扶贫干部入村入户,秉持着精准务实的工作原则,通过入户调研、摸排走访,准确细致地了解每一个贫困户的具体情况,查找贫困背后的根源,找出脱贫面临的问题与短板,并结合当地的实际情况最终形成具有针对性的脱贫清单,做到一村一策、一家一策、一人一策,真正将求真务实精神落到了实处。对于扶贫干部来说,"精准识贫"绝对不是走过场,只有将贫困识别工作做好,才能为后续扶贫开发的有序推进奠定基础。

(二)精准务实,下好解决贫困之方是关键

贫有百种,困有千样,贫困问题的形成和发展具有多样性和复杂性,致贫原因也呈现出差异性和多元性,单一的脱贫举措在应对复杂的贫困问题时往往见效甚微。"脱贫攻坚,贵在精准,重在精准。"[1]只有坚持尊重规律、实事求是、精准施策的科学态度,因人因地施策,因贫困原因施策,因贫困类型施策,脱贫攻坚才能取得实实在在的效果。习近平总书记在湖南湘西土家族苗族自治州花垣县十八洞村作出了"精准扶贫"的重要论述,指出要实事求是、因地制宜、分类指导、精准扶贫。要把种什么、养什么、从哪里增收想明白,帮助乡亲们寻找脱贫致富的好路子,要根据群众意愿和基层实际,探索可复制、可推广的扶贫开发经验和模式。党中央强调,要根据贫困地区和贫困人口的具体情况,实施"五个一批"工程。一是发展生产脱贫一批。支持和引导贫困地区因地制宜发展特色产业,鼓励支持电商扶贫、光伏扶贫、旅游扶贫

---

[1] 习近平:《在全国脱贫攻坚总结表彰大会上的讲话》,人民出版社2021年版,第15页。

等新业态、新产业发展。二是易地搬迁脱贫一批。对生活在自然环境恶劣、生存条件极差、自然灾害频发、交通条件不便、很难实现就地脱贫的贫困地区人口，实施易地扶贫搬迁。三是生态补偿脱贫一批。践行"绿水青山就是金山银山"理念，让有劳动能力的贫困群众就地转为护林员等生态保护人员，使贫困群众积极参与生态工程建设和生态系统保护修复工作。四是发展教育脱贫一批。坚持再穷不能穷教育、再穷不能穷孩子，努力阻断贫困代际传递，持续提升贫困地区学校、学位、师资、资助等保障能力。五是社会保障兜底一批。聚焦特殊贫困群体，落实兜底保障政策。通过实施"五个一批"重点工程，打通脱贫"最后一公里"，将"大水漫灌"式扶贫转变为"精准滴灌"式扶贫，极大提高了扶贫质量。

（三）精准务实，摘掉贫困之帽是目标

精准扶贫是为了精准脱贫，强调精准脱贫，就要严格标准、有序摘帽，解决"如何退"的问题。为此，党中央建立了贫困退出机制，明确贫困县、贫困村、贫困人口退出的标准和程序。制定脱贫摘帽规划、制订年度减贫计划，确保规范合理有序退出。严格执行退出标准，严格规范工作流程，贫困人口退出实行民主评议，贫困村、贫困县退出进行审核审查，退出结果公示公告，让群众参与评价，做到程序公开、数据准确、档案完整、结果公正，全面准确摸清贫困人口脱贫实现情况。摘帽不是终点，要进一步巩固脱贫攻坚成果，实现动态监测、精准帮扶，解决"如何稳"的问题，要将巩固拓展脱贫攻坚成果放在突出位置，坚决防止发生规模性返贫。为此，党中央强调，对脱贫县要从脱贫之日起设立5年过渡期，过渡期内保持主要帮扶政策总体稳定。健全防止返贫动态监测和帮扶机制，对脱贫不稳定户、边缘易致贫户，以及因病因灾因意外事故等刚性支出较大，或收入大幅缩减导致的基本生活出现严重困难户，早发现、早干预、早帮扶。继续支持脱贫地区乡村特色产业发展壮大，持续促进脱贫人口稳定就业，做好易地搬迁后续扶持工作，多渠道促进就业，强化社会管理，促进社会融入。坚持和完善驻村第一书记和工作队、东西部协作、对口支援、社会帮扶等制度。继续加强扶志、扶智，激励和引导脱贫群众靠自己的努力过上更好的生活，同时开展巩固脱贫成果后的评估工作，压紧压实各级党委和政府责任，坚决守住不发生规模性返贫的底线。

2013年十八洞村人均纯收入1668元，仅为全国平均水平的18.8%，贫困人口占比56.8%，是典型的苗族聚居贫困村。作为"精准扶贫"重要论述的首倡之地，十八洞村在领导干部的带领下，将"精准扶贫"作为脱贫攻坚的重要抓手，开启了"精准扶贫"的探索与实践。十八洞村以精准为方，摸清贫困底子、结好帮扶对子、瞄准脱贫靶向，深挖脱贫资源，发展优势产业，扩大市场开放，实现了由"大水漫灌"到"精准滴灌"的转变。到2019年，十八洞村人均年收入达到了14668元，村集体经济收入突破了100万元，这正是脱贫攻坚中精准务实的生动实践。脱贫攻坚的成功实践表明，精准扶贫是党和国家作出的一项正确决策，是打赢脱贫攻坚战的制胜法宝。在扶贫过程中所展现出的精准务实的精神和科学方法，正是我们党践行实事求是的思想路线和求真务实的工作作风的重要体现。

二 开拓创新

脱贫攻坚不仅要秉持精准务实的科学态度，还要具有开拓创新的进取精神，在实干的基础上拓宽新思路、研究新方法、开辟新道路。"创新是一个民族进步的灵魂，是一个国家兴旺发达的不竭动力，也是中华民族最深沉的民族禀赋。"[1]开拓创新、与时俱进是中华民族的优良传统，

---

[1] 中共中央文献研究室：《习近平关于科技创新论述摘编》，中央文献出版社2016年版，第3页。

是中国共产党砥砺前行的精神动力，也是中国进步发展的精神底色。在几千年的历史文明中，智慧勇敢的中国人民进行了一系列伟大的创新实践，从而使中华文明可以源远流长、生生不息。中国传统文化中蕴含着深刻的变革创新思想，《周易》中讲到，"穷则变，变则通，通则久，是以自天佑之，吉无不利"。这是中国古代创新思想的深刻体现。从商鞅变法到科举改革，从孔孟之道到四大发明，中华文明展现出独具创造性的优良特质，推动着中国社会的不断变革与发展。中国共产党的百年历史也是一部与时俱进的创新史，是一段无数共产党人积极探索、敢为人先、锐意改革的伟大征程。在百年的开拓创新中，中国共产党以马克思主义为指导，以我国社会的具体实际为依据，开辟出了中国革命的新方向，以"农村包围城市、武装夺取政权"为世界无产阶级夺取政权提供了新的思路和模式；探索出了中国社会主义建设的新道路，确立起社会主义基本制度；进行了中国改革的伟大实践，将改革开放纳入社会主义现代化建设的重要版图。中国共产党将马克思主义的基本理论与中国实际紧密结合，推进了马克思主义的中国化进程，进一步丰富和发展了马克思主义。在这一过程中，中国共产党锻造出解放思想、开拓创新、与时俱进的优秀品格。可以说，开拓创新贯穿于中华民族的千年发展史，也贯穿于中国共产党的百年奋斗史。

我国的贫困问题由来已久，且贫困人口多，贫困地区分布广，在这一大规模的脱贫战役中，我们没有成功经验可以借鉴，只能不断摸索，不断改进，不能仅仅依靠书本上的理论，而是要靠自己探索出适合我国的特色脱贫道路。在没有先例可循的情况下，中国共产党带领广大人民群众开始了一场人类历史上规模空前、力度最大、惠及人口最多的脱贫攻坚战役，靠着"摸着石头过河"的探索精神和开拓进取的"拓荒牛"精神，不断想出新点子、开辟新路子、打开新格局。进入新时代以来，面对脱贫攻坚这一世界性难题，中国共产党始终坚持将创新作为带领广大贫困群众脱贫致富的精神密码。习近平总书记强调，我们必须把创新作为引领发展的第一动力，把创新摆在国家发展全局的核心位置，不断推进理论创新、制度创新、方法创新。开拓创新既是我国脱贫攻坚取得伟大胜利的经验总结，也是我们干好伟大事业的有力武器。

贫困地区要想走出发展困境、摆脱贫困难题，要从创新上找出路，从思想和实践方面双管齐下。在这一过程中，我国立足基本国情，深入分析贫困地区和贫困人口面临的发展问题，从顶层设计层面谋划部署，从工作开展层面狠抓落实，将理论创新与实践创新有机结合，开展产业扶贫、科技扶贫、教育扶贫、文化扶贫、健康扶贫、消费扶贫，部署实施了多项具有原创性、独特性的重大举措，将扶贫和扶志、扶智相结合，走出了一条中国特色减贫道路，取得了脱贫攻坚的伟大胜利，解决了困扰中华民族几千年的绝对贫困问题，提前10年实现了《联合国2030年可持续发展议程》减贫目标，创造了人类减贫奇迹。

（一）坚持开拓创新，就要创新扶贫开发思路

党中央对脱贫攻坚作出了重要部署，提出到2020年确保现行标准下农村贫困人口实现脱贫，消除绝对贫困。面对艰巨的脱贫攻坚任务，依靠旧式脱贫思路无法如期完成脱贫任务，常规思路也无法解决复杂的贫困问题。为如期实现脱贫目标，必须以更加紧迫的使命感和责任感推进脱贫攻坚进程，开拓思路、锐意创新，积极探索新的扶贫开发模式，完善扶贫的体制机制，推进脱贫进程。要因地制宜，分类指导，根据地区实际做到宜农则农、宜林则林、宜牧则牧，充分利用贫困地区的资源优势和地理位置优势，在优势条件的基础上开展扶贫开发工作。江西省萍乡市以产业扶贫为重要抓手，立足于当地的资源禀赋和地方特色，选取优势产业项目，重点推进"2345"产业扶贫工程。利用贫困户家庭养殖的传统大力发展家禽、家畜养殖，并利用生态资源发展种植业，打造了富有特色的生态农业工程，使贫困户能够直接参与到脱贫的实际工作中，利用养殖业直接获取收入，真正实现"富口袋"。同时以绿色能源

为发展助力,开辟了乡村光伏、电商、旅游等新兴业态扶贫模式,培育壮大了一批乡镇企业,通过产业扶贫为贫困群众提供长久稳定的增收项目,保证了脱贫的长效稳定性。

(二)坚持开拓创新,就要创新脱贫攻坚的制度体系

贫困问题的产生有着复杂的根源,首先要做的就是破除体制机制的障碍,为脱贫工作开辟道路,通过制度创新提升脱贫攻坚的实际效能。党的十八大以来,以习近平同志为核心的党中央立足我国国情,把握减贫规律,作出了一系列具有针对性的战略部署,形成了一系列精准有效的政策体系、工作体系和制度体系。习近平总书记指出,要采取超常举措,拿出过硬办法,按照精准扶贫、精准脱贫要求,用一套政策组合拳,确保在既定时间节点打赢扶贫开发攻坚战。为更好保障扶贫开发工作的顺利推进,国务院扶贫开发领导小组和有关部门围绕脱贫攻坚的责任、政策、投入、动员、监督和考核六大体系,进行了一系列的体制机制创新,从而为打赢脱贫攻坚战提供了坚实的制度保障。具体而言,通过脱贫负责人签署脱贫责任书,构建起脱贫攻坚的责任体系,向国家作出脱贫保证;中办、国办出台了12个《决定》配套文件,各部门出台173个政策文件或实施方案,各地也相继出台和完善了"1+N"的脱贫攻坚系列文件,围绕精准扶贫、精准脱贫,不断创新扶贫体制机制,构建起脱贫攻坚的政策体系;坚持以政府投入为主导,进一步加大金融投入力度,构建起脱贫攻坚的投入体系;充分发挥各方合力,通过"东西部协作""定点扶贫"动员社会力量参与贫困地区建设,构建起脱贫攻坚的动员体系;通过在脱贫的过程中将全面从严治党落实到位,保障脱贫工作的透明公开,构建起脱贫攻坚的监督体系;以严格的考核评估办法有效衡量脱贫实效,进一步巩固脱贫成果,构建起脱贫攻坚的考核体系。

新时代脱贫攻坚致力于推进理论创新、实践创新和制度创新,这是

对创新精神的进一步继承和发展，是广大干部群众在打赢脱贫攻坚战的过程中对思路和观念的深刻转变和革新。对脱贫攻坚理论和实践的重大创新，彰显了共产党人与时俱进、开拓创新的宝贵品格，在创新精神的指引下，我国的脱贫攻坚战取得了巨大成就，在中华民族几千年历史上首次整体消除了绝对贫困现象，也极大地缩小了世界贫困人口的"版图"。

第三节　攻坚克难、不负人民

"攻坚克难、不负人民"就是不畏艰险、迎难而上，始终坚守为人民谋幸福的初心。习近平总书记多次强调："脱贫攻坚战不是轻轻松松一冲锋就能打赢的。"随着脱贫攻坚实践的深入推进，"入之愈深、其进愈难"的特征愈加明显。尽管如此，我们党为人民谋幸福的初心永不褪色，面对特大地震等自然灾害的突发和决胜时刻新冠肺炎疫情的大规模爆发，仍然迎难而上，从未停下攻坚克难的脚步。正因为中国共产党人具有锲而不舍的担当与毅力，才取得了脱贫攻坚战的全面胜利。

一　攻坚克难

攻坚克难是中国共产党人优秀的意志品质，是我们取得一切伟大成就必不可少的精神力量。从浙江嘉兴的一艘小小红船，到如今拥有9000多万名党员的执政党，中国共产党的发展壮大是不断克服艰难险阻，在挫败中一次次浴火重生的伟大征途。百年以来，中国共产党在攻坚克难中奋勇前行。革命战争年代，面对国内外复杂的革命形势，中国共产党在战火中艰难成长，在敌人的包围夹击里险中求生，逐渐汇聚起革命的星星之火。在社会主义建设的艰辛探索中，面对新中国成立时的发展困境，中国共产党迎难而上，成功建立起社会主义制度并推进社会主义建设，实现了中华民族历史上的伟大飞跃。改革开放以来，为突破束缚我国经济社会发展的思想和体制机制障碍，中国共产党勇于推进伟大改革进程，积极破除束缚，实现了中华民族从"站起来"到"富起来"的伟大飞跃。进入新时代以来,我国发展面临的困难前所未有,中国共产党带领广大人民群众积极应对前进道路上的风险挑战,克服发展进步的重重阻力,致力于解决发展过程中的多重矛盾,正在中华民族伟大复兴的道路上奋勇前进。中国共产党经受的每一次考验,都为新时代我国继续攻坚克难、逆流而上奠定了坚实的精神根基。

自古以来,丰衣足食就是广大人民追求的生活目标,也是共产党人孜孜以求的奋斗目标。长期以来,我国历代领导人都高度重视解决人民群众的贫困难题,并对此作出了一系列重要论述。邓小平同志指出:"共同富裕是社会主义制度不能动摇的原则。"[1]"社会主义的特点不是穷,而是富,但这种富是人民共同富裕。"[2]以胡锦涛为总书记的党中央提出了科学发展观和建设社会主义新农村等重大战略举措,强调以人为本,始终把实现好、维护好、发展好最广大人民的根本利益作为党和国家一切工作的出发点和落脚点,尊重人民主体地位,发挥人民首创精神,保障人民各项权益,走共同富裕道路,促进人的全面发展,做到发展为了人民、发展依靠人民、发展成果由人民共享。习近平总书记在十九大报告中强调,要举全党全国之力,坚决打赢脱贫攻坚战,不断增强人民的获得感、幸福感、安全感,不断推进全体人民的共同富裕。随后,习近平总书记在十九届中央政治局常委同志见面会上指出,坚持"以人民为中心"的发展思想,将共同富裕融入全面建成小康社会,强调全面建成小康社会,一个不能少;共同富裕路上,一个不能掉队。中国共产党人的重要论述体现了中国共产党为人民服务的根本宗旨,也体现了消除贫困的坚定决心。

脱贫攻坚是历史之责,是人民之托,是我国全面建成小康社会、建

---

[1] 中共中央文献研究室:《邓小平思想年谱(一九七五——一九九七)》,中央文献出版社1998年11月版,第413页。
[2] 《邓小平文选》(第三卷),人民出版社1993年版,第265页。

设社会主义现代化强国所必须完成的历史使命。贫困治理问题由来已久,我国脱贫攻坚工作面临着多重困难压力。我国贫困人口数量较多,贫困地区较广且分散,大多面临着经济发展水平低、交通不便、基础设施落后、自然环境恶劣等现实问题。其中中西部欠发达地区特别是集中连片特困地区和"三区三州"等深度贫困地区的脱贫任务更加艰巨,"主要难在以下几种地区:一是连片的深度贫困地区,西藏和四省藏区、南疆四地州、四川凉山、云南怒江、甘肃临夏等地区,生存环境恶劣,致贫原因复杂,基础设施和公共服务缺口大,贫困发生率普遍在20%左右。二是深度贫困县,据国务院扶贫办对全国最困难的20%的贫困县所做的分析,贫困发生率平均在23%,县均贫困人口近3万人,分布在14个省区。三是贫困村,全国12.8万个建档立卡贫困村居住着60%的贫困人口,基础设施和公共服务严重滞后,村两委班子能力普遍不强,四分之三的村无合作经济组织,三分之二的村无集体经济,无人管事、无人干事、无钱办事现象突出"。[1]除了现实的物质发展条件,贫困地区群众的思想意识转变不足,脱贫的内生动力依然有待增强,这些都对我国脱贫攻坚工作提出了极大的考验。

面对艰巨的脱贫任务,习近平总书记强调:"打赢脱贫攻坚战绝非朝夕之功,不是轻轻松松冲一冲就能解决的。"[2]所谓"攻坚",攻的就是贫中之贫、困中之困,啃的就是最难啃的硬骨头。"做好扶贫开发工作,尤其要拿出踏石留印、抓铁有痕的劲头,发扬钉钉子精神,锲而不舍、驰而不息抓下去。"[3]脱贫攻坚战打响以来,在以习近平同志为核心的党中央的坚强领导下,我国向中西部欠发达地区,尤其是集中连片特困地区和"三区三州"等深度贫困地区发起了进攻。面对这场"过隘

---

[1] 习近平:《在深度贫困地区脱贫攻坚座谈会上的讲话》,人民出版社2017年版,第6页。
[2] 习近平:《在深度贫困地区脱贫攻坚座谈会上的讲话》,人民出版社2017年版,第18页。
[3] 习近平:《做焦裕禄式的县委书记》,中央文献出版社2015年版,第30页。

口""攻山头""啃骨头"的硬仗,党中央和各地区政府部署脱贫攻坚的工作方案,瞄准脱贫攻坚中的突出问题和薄弱环节,狠抓政策落实。数百万扶贫干部以久久为功的韧劲、锲而不舍的毅力,一代接着一代干、一任接着一任干,积极落实攻坚扶贫方案,瞄准脱贫攻坚中的突出问题和薄弱环节,充分体现了不畏艰难、敢于斗争、善于斗争的奋斗精神。2019年4月22日,习近平总书记在中央财经委员会第四次会议上强调,对于集中连片特困地区和深度贫困地区,要继续集中优势兵力坚决啃下硬骨头、完成硬任务。2020年3月6日,习近平总书记在决战决胜脱贫攻坚座谈会上再次强调,要继续聚焦"三区三州"等深度贫困地区,落实脱贫攻坚方案,瞄准突出问题和薄弱环节,狠抓政策落实,攻坚克难完成任务。在脱贫攻坚精神的引领下,我们敢于斗争、敢于坚持、敢于接力,彻底解决了困扰中华民族几千年的贫困难题,创造了举世瞩目的减贫奇迹。

攻坚克难体现了共产党员的责任担当。脱贫攻坚不仅需要党中央和各级政府的战略部署和统筹谋划,还需要广大党员干部形成攻坚合力。自脱贫攻坚的号角吹响以来,广大党员干部以高度的责任感和使命感投身脱贫攻坚一线,在党中央的号召下深入贫困地区,肩负起党赋予的责任与使命,履职尽责、合力攻坚,充分发挥先锋模范作用,彰显了共产党人的使命担当和奉献精神。为完成脱贫攻坚的艰巨任务,广大扶贫干部舍小家为大家,迎难而上,任劳任怨,他们积极走访贫困群众,为贫困地区的扶贫开发建言献策,不畏艰苦,义无反顾。在波澜壮阔的脱贫攻坚伟大斗争中,1800多名扶贫干部将生命定格在了脱贫攻坚征程上,同时也涌现出李保国、张桂梅、黄大发、黄文秀、黄诗燕等一大批先进人物。2021年2月25日,在全国脱贫攻坚总结表彰大会上,党中央授予毛相林等10名同志、河北省塞罕坝机械林场等10个集体"全国脱贫攻坚楷模"荣誉称号。这些个人和集体是脱贫攻坚的缩影,更是攻坚克难的奋斗精神的深层次彰显。

新时代脱贫攻坚的全面胜利，是全党全国各族人民共同努力的结果。2020年是极其不平凡的一年，面对疫情的巨大挑战，脱贫攻坚的任务更加艰巨，工作更加复杂。在党中央的坚强领导下，全国上下一手抓疫情防控，一手抓经济社会发展和脱贫攻坚，努力做好"加试题"，以更大的决心和更强的力度，凭着坚韧不拔的毅力，锲而不舍、久久为功，最终顶住新冠肺炎疫情的压力，打好了"收官战"。中国共产党和人民披荆斩棘、栉风沐雨，发扬钉钉子精神，攻克了一个又一个贫中之贫、坚中之坚，取得了脱贫攻坚的伟大成就，9899万农村贫困人口全部脱贫，832个贫困县全部摘帽，12.8万个贫困村全部出列，区域性整体贫困得到解决，完成了消除绝对贫困的艰巨任务。行百里者半九十，习近平总书记强调，越到紧要关头，越要坚定必胜的信念，越要有一鼓作气、攻城拔寨的决心。全党全国各族人民以坚韧不拔的精神，向着脱贫攻坚的目标奋勇前进，撸起袖子加油干，不断攻坚克难，终于取得了脱贫攻坚战的全面胜利，创造了减贫治理的中国样本，为全球减贫事业做出了巨大贡献，为推动构建人类命运共同体贡献了中国力量。

二 不负人民

"不负人民"的为民精神植根于中华民族文化基因和中国共产党的初心使命之中。中国传统文化强调"民为邦本，本固邦宁"，古代儒家思想中也蕴含着丰富的以民为本、安民富民乐民思想。中国共产党领导中国人民在实现从站起来、富起来到强起来的百年历程中，也充分体现了"不负人民"的为民精神。人民性是马克思主义最鲜明的品格，也是马克思主义政党区别于其他政党的根本标志。中国共产党作为无产阶级政党，以马克思主义为指导，始终坚守全心全意为人民服务的根本宗旨，致力于实现和维护人民群众的根本利益。在攻坚克难的背后，是为民精神的深刻体现。中国共产党是为人民服务的党，根基在人民，血脉在人民。中国共产党成立100年来，始终秉持人民立场，坚持人民至上，充分发挥社会主义制度的优越性，矢志不渝坚持消除贫困、改善民生、实现共同富裕。

不负人民是中国共产党反贫困的庄严承诺。中国共产党自成立之日起，就坚持把为中国人民谋幸福、为中华民族谋复兴作为自己的初心和使命。我们党的百年历史，就是一部践行党的初心使命的历史，就是一部党与人民心连心、同呼吸、共命运的历史。"江山就是人民，人民就是江山。"消除贫困、改善民生、逐步实现共同富裕，是社会主义的本质要求，也是中国共产党的重要使命。"治国之道，富民为始。"中国共产党始终坚持不负人民的为民精神，带领广大人民群众推翻了帝国主义、封建主义和官僚资本主义这"三座大山"，取得了新民主主义革命的伟大胜利，建立了人民民主专政的社会主义国家，真正实现了人民当家作主的美好愿景。新中国成立之后，面对积贫积弱的局面，为改善落后面貌，中国共产党带领人民进行了大规模的经济建设，力求改善人民的物质生活条件，为摆脱贫困、实现共同富裕不断接续奋斗。进入改革开放新时期以来，中国共产党不断强调，社会主义的本质就是解放生产力，发展生产力，消灭剥削，消除两极分化，最终达到共同富裕。邓小平指出："我们奋斗了几十年，就是为了消灭贫困"[1]，"我们要靠自己来摆脱贫困，靠自己发展起来"[2]。

（一）不负人民是新时代脱贫攻坚的价值指向

习近平总书记指出："江山就是人民、人民就是江山，打江山、守

---

[1]《邓小平文选》(第三卷)，人民出版社1993年版，第109页。
[2]《邓小平文选》(第三卷)，人民出版社1993年版，第282页。

江山,守的是人民的心。"[1]全党上下以总书记重要精神为引领,将脱贫攻坚作为重大政治责任,"把群众满意度作为衡量脱贫成效的重要尺度,集中力量解决贫困群众基本民生需求,宁可少上几个大项目,也要优先保障脱贫攻坚资金投入;宁可牺牲一些当前利益、局部利益,也要服从和服务于减贫工作大局;宁可经济增速慢一些,也要确保脱贫攻坚目标任务如期完成"。[2]十八大以来,以习近平总书记为核心的党中央对脱贫攻坚作出了一系列战略部署,提出要将脱贫攻坚作为实现第一个百年奋斗目标的重点任务,强调"决不能落下一个贫困地区、一个贫困群众"[3],紧紧围绕人民日益增长的美好生活需要,从解决人民群众最关心最直接最现实的利益问题入手,把脱贫攻坚作为全面建成小康社会的底线任务,把保障和改善民生作为实现共同富裕奋斗目标的重要途径,努力让改革发展成果更多、更公平地惠及全体人民。2012年以来,我国"新改建农村公路110万公里,新增铁路里程3.5万公里。贫困地区农网供电可靠率达到99%,大电网覆盖范围内贫困村通动力电比例达到100%,贫困村通光纤和4G比例均超过98%。790万户、2568万贫困群众的危房得到改造,累计建成集中安置区3.5万个、安置住房266万套,960多万人'挪穷窝',摆脱了闭塞和落后,搬入了新家园"。[4]这一系列成就满足了贫困地区人民群众对美好生活的向往,真正做到了扶贫为了人民、扶贫依靠人民、脱贫成效由人民检验,充分彰显了中国共产党心怀人民、不负人民的政治情怀。

---

[1] 习近平:《在庆祝中国共产党成立100周年大会上的讲话》,人民出版社2021年版,第11页。

[2] 中华人民共和国国务院新闻办公室:《人类减贫的中国实践》,人民出版社2021年版,第48页。

[3] 中共中央党史和文献研究院:《十八大以来重要文献选编》(下),中央文献出版社2018年版,第34页。

[4] 习近平:《在全国脱贫攻坚总结表彰大会上的讲话》,人民出版社2021年版,第6页。

（二）人民群众是贫困治理的基石和源泉

习近平总书记指出："检验我们一切工作的成效，最终都要看人民是否真正得到了实惠，人民生活是否真正得到了改善，人民权益是否真正得到了保障。"[1]脱贫攻坚不能仅仅依靠党中央和各级政府的决策部署，开展贫困治理最根本的一条，就是要发动群众、依靠群众，依靠广大人民群众的力量开展扶贫开发工作，推进脱贫攻坚进程。这回答了发展为了谁、依靠谁、成果由谁共享的根本问题，表明了人民群众是脱贫攻坚精神的主体和最终塑造者，指明了新时代中国特色社会主义的根本价值追求。"时代是出卷人，我们是答卷人，人民是阅卷人。"[2]我们党来自人民，根植人民，全心全意为人民服务，党的工作的评价标准就是要看群众满意不满意、拥护不拥护、赞成不赞成、高兴不高兴、答应不答应。正所谓"小康不小康，关键看老乡"，脱贫攻坚的具体成效都要由人民群众说了算，真正让脱贫成效经得起历史和人民的检验。

中国共产党始终坚持"以人民为中心"的发展思想，把实现好、维护好、发展好最广大人民根本利益作为出发点和落脚点。在党和国家事业全局谋划推动上，始终把人民群众对美好生活的向往放在第一位，坚持人民的主体地位，坚持发展为了人民、发展依靠人民、发展成果由人民共享。在脱贫攻坚的过程中，中国共产党始终践行全心全意为人民服务的性质和宗旨，将实现人民群众的美好生活作为脱贫攻坚工作的出发点和落脚点。脱贫攻坚战的全面胜利，深刻印证了"人民至上"是中国共产党执政的价值追求。

"胜非其难也，持之者其难也。"脱贫摘帽不是终点，而是新生活、

---

[1] 中共中央文献研究室：《习近平关于社会主义社会建设论述摘编》，中央文献出版社2017年版，第7页。
[2] 《习近平谈治国理政》（第三卷），外文出版社2020年版，第70页。

新奋斗的起点。习近平总书记指出:"中国人民是具有伟大创造精神的人民,是具有伟大奋斗精神的人民,是具有伟大团结精神的人民,是具有伟大梦想精神的人民。"[1]正是在这种精神的指引下,中华民族在燃烧的革命战火中浴火重生,在改革开放的征程中开拓向前,在建设社会主义现代化强国的道路上行稳致远。面对脱贫攻坚的艰巨使命,全国各族人民"上下同心、尽锐出战,精准务实、开拓创新,攻坚克难、不负人民",将脱贫作为全面建成小康社会的重点任务,以拼搏进取的昂扬斗志汇聚起脱贫攻坚的磅礴力量,创造了中国减贫的奇迹,在实现中华民族伟大复兴的道路上迈出了坚实的一步。

---

[1]《习近平谈治国理政》(第三卷),外文出版社2020年版,第140—141页。

第四章　脱贫攻坚精神的时代价值

伟大事业孕育伟大精神,伟大精神引领伟大事业。"上下同心、尽锐出战、精准务实、开拓创新、攻坚克难、不负人民"的脱贫攻坚精神,不仅内涵丰富,而且意义重大,引领我国实现了摆脱绝对贫困的历史性成就,创造了人类减贫历史上的奇迹。"脱贫攻坚精神,是中国共产党性质宗旨、中国人民意志品质、中华民族精神的生动写照,是爱国主义、集体主义、社会主义思想的集中体现,是中国精神、中国价值、中国力量的充分彰显,赓续传承了伟大民族精神和时代精神。"[1]

---

[1] 习近平:《在全国脱贫攻坚总结表彰大会上的讲话》,人民出版社2021年版,第19页。

第一节　中国共产党性质宗旨的生动写照

作为无产阶级和劳动人民的思想指引，马克思主义认为，无产阶级政党是为绝大多数人谋利益的政党。中国共产党是中国工人阶级的先锋队，同时也是中国人民和中华民族的先锋队，是中国特色社会主义事业的领导核心，始终代表中国先进生产力的发展要求，代表中国先进文化的前进方向，代表中国最广大人民的根本利益。中国共产党从诞生之日起就是中国最广大人民根本利益的忠实代表，始终坚持全心全意为人民服务的根本宗旨，并一以贯之地将其融入党的全部奋斗事业。

从创立之日起，我们党就把实现民族独立和解放、消灭阶级剥削和压迫、解放劳苦大众、实现共产主义作为自己的奋斗目标。我们党始终把全心全意为人民服务作为党的根本宗旨，把中国工人阶级的先锋队、中国人民和中华民族的先锋队凝练为党的根本性质，始终坚持以人民为中心，一切为了人民、一切依靠人民，将为中国人民谋幸福、为中华民族谋复兴作为自己的初心与使命。在深入推进脱贫攻坚事业的进程中，党中央不断强调"小康不小康，关键看老乡，关键看贫困老乡能不能脱贫"[1]，这表明中国共产党始终将人民群众的利益摆在党的事业的突出位置。

一　践行了初心使命

习近平总书记在十九大报告中指出："中国共产党人的初心和使命，

---

[1] 中共中央党史和文献研究院：《十八大以来重要文献选编》（下），中央文献出版社2018年版，第29页。

就是为中国人民谋幸福，为中华民族谋复兴。"[1]践行初心和使命是中国共产党性质宗旨的重要体现。中国共产党是坚定的马克思主义无产阶级政党，在执政过程中始终坚信共产主义远大理想，坚信中国特色社会主义共同理想，坚信中华民族复兴的中国梦，坚信社会主义核心价值观。对马克思主义的信仰，对社会主义和共产主义的信念，是共产党人的政治灵魂，也是共产党人的精神支柱。截至2018年底，作为一个有着14亿多人口大国的执政党，中国共产党党员总数突破9000万人，拥有450多万个党组织。

1921年7月的一个夜晚，中国共产党第一次全国代表大会在上海秘密召开，这一开天辟地的大事件深刻改变了近代以来中华民族发展的方向和进程，深刻改变了中国人民和中华民族的前途和命运，深刻改变了世界发展的趋势和格局。中国共产党自成立之日起，就肩负了挽救中华民族危亡、实现中华民族伟大复兴的历史使命。经过长达28年的浴血奋斗，我们党领导人民推翻了帝国主义、封建主义、官僚资本主义的反动统治，建立了中华人民共和国。新中国成立后，经历了长期的战乱动荡，国家一穷二白，积贫积弱，人民生活处于极端贫困状态，改善人民生活水平成为国家发展亟待解决的关键问题。作为世界上最大的发展中国家，我国基础差、底子薄、发展不平衡的状况长期存在，贫困规模之大、贫困分布之广、贫困程度之深世所罕见，贫困治理难度超乎想象。因此，消除贫困，战胜贫困，成为中国共产党人践行初心和使命的重要历史任务。

100年来，中国共产党始终坚持为消除贫困不懈努力，将脱贫攻坚作为神圣使命和重要职责。新中国成立前，党团结带领广大农民"打土豪、分田地"；新中国成立后，作为执政党，中国共产党通过更彻底的土地革命，建立公有制经济，改善和消除贫富差距；改革开放以后，

---

[1] 习近平：《决胜全面建成小康社会 夺取新时代中国特色社会主义伟大胜利——在中国共产党第十九次全国代表大会上的报告》，人民出版社2017年版，第1页。

1985年9月23日，在中国共产党全国代表会议上，邓小平当着全国各地的共产党员代表说，"鼓励一部分地区、一部分人先富裕起来"[1]，在"先富带动后富"思路的指引下，中国共产党采取了开发式扶贫和救济式扶贫相结合的办法，努力在发展中解决贫困问题。党的十八大以来，习近平总书记把脱贫攻坚摆到治国理政更加突出的位置。从全国各地的实地考察调研，到一次次召开重要会议，以习近平同志为核心的党中央牢记使命，从地方到中央，举全社会之力，坚决打赢脱贫攻坚战。

脱贫任务异常艰巨，坚定的政治决心是中国实现全面脱贫的重要前提，正如习近平总书记所强调的："一个民族、一个国家，必须知道自己是谁，是从哪里来的，要到哪里去，想明白了、想对了，就要坚定不移朝着目标前进。"[2]在脱贫攻坚的战场上，一个个共产党员不忘初心使命，全力以赴，发扬脱贫攻坚精神，不断增强责任感与使命感，主动担当，坚守信念，深刻彰显了中国共产党人的信仰底色。

"草原绣娘"白晶莹主动挑起科右中旗的脱贫重担，将蒙古族刺绣作为产业扶贫的重要内容，为科右中旗群众"绣"出了一条脱贫致富之路；"盛开在扶贫一线的格桑花"张小娟，毅然选择投入舟曲县的脱贫事业，将年轻的生命留在了扶贫一线；"小木耳大产业的领路人"李玉，投身科研，矢志扶贫，探索出科技扶贫的新路子。脱贫攻坚中无数个鲜活的例子，无数个感人至深的扶贫事迹，生动诠释了共产党人的责任与担当。他们发扬脱贫攻坚精神，力争做带领人民群众脱贫致富的"领头雁"，将心系在基层，将脚踏进基层，将扶贫政策落实在基层。他们心往一处想，劲往一处使，团结一心，奋发有为，开拓进取，不断为我国脱贫事业和人民美好生活添砖加瓦，在实践中积极践行了中国共产党的初心与使命。

---

[1] 《邓小平文选》（第三卷），人民出版社1993年版，第142页。
[2] 中共中央文献研究室：《十八大以来重要文献选编》（中），中央文献出版社2016年版，第6页。

二 弘扬了艰苦奋斗精神

艰苦奋斗是中国共产党的优良作风,中国共产党始终重视继承和发扬艰苦奋斗的精神。大道之行,一以贯之。中国共产党自诞生之日起,就立下为人民谋幸福、为民族谋复兴的伟大志向。中国共产党依靠艰苦奋斗发展壮大,也依靠艰苦奋斗成就伟业。在革命、建设和改革时期,艰苦奋斗使我们无数次在艰难险阻面前绝境逢生;进入新时代之后,艰苦奋斗为建设社会主义现代化强国积蓄力量。从贫弱到强大、从挫折到奋起,中国共产党人凭借百折不挠的意志、自我革命的勇气、艰苦奋斗的精神,攻克一个又一个难关,走向一个又一个胜利。

艰苦奋斗是党团结和带领人民实现国家富强、民族复兴的强大精神力量。脱贫攻坚既是人类减贫史上的伟大事业,也是中国共产党不畏艰难、砥砺奋进的生动写照。千百年来,中华民族和中国人民都同贫困作着艰苦卓绝的斗争。历经千难成伟业,人间万事出艰辛。面对脱贫攻坚的历史性任务,中国共产党始终高举艰苦奋斗的鲜明旗帜,领导人民持续不断地努力奋进,消除了一个个贫中之贫、困中之困,为奋进新时代、打赢脱贫攻坚战、创造人民美好生活提供了强大的精神动力。习近平总书记强调:"到2020年现行标准下的农村贫困人口全部脱贫,是党中央向全国人民作出的郑重承诺,必须如期实现,没有任何退路和弹性。"[1]

艰苦奋斗,是共产党人在革命斗争中体现出的不怕困难、勇于斗争、自强不息的拼搏精神。脱贫攻坚精神是具体的、鲜活的,主要体现在广大党员干部投身脱贫攻坚的坚强行动、坚毅作为中。习近平总书记强调:"脱贫攻坚任务能否高质量完成,关键在人,关键在干部队伍作风。"[2]自脱贫攻坚战打响以来,广大共产党员积极响应党中央号召,

---

[1] 习近平:《在决战决胜脱贫攻坚座谈会上的讲话》,人民出版社2020年版,第13页。
[2] 习近平:《在决战决胜脱贫攻坚座谈会上的讲话》,人民出版社2020年版,第13页。

奔赴脱贫攻坚一线，不畏基层的艰苦环境，不避脱贫的重点难点，以热血赴使命、以行动践诺言，为有牺牲多壮志，敢教日月换新天。脱贫攻坚战的胜利凝结着广大扶贫干部的接续奋斗，这种奋斗是毛相林"山凿一尺宽一尺，路修一丈长一丈"的实干，是刘虎身患重病却依然奔波于饮水安全工程一线的奉献，是赵亚夫扎根革命老区60年的坚守，是黄大发"水不过去、拿命来铺"的拼搏。扶贫干部们用艰苦奋斗展现了党员干部的亮丽底色，在扶贫中书写实干与担当。

　　幸福都是奋斗出来的。摆脱贫困不仅仅是政府的事业、社会的事业，更是贫困群众自己的事业。总书记强调："脱贫致富终究要靠贫困群众用自己的辛勤劳动来实现。"[1]身残志坚的云南省昆明市东川区乌龙镇坪子村芭蕉箐小组村民张顺东说："我们虽然残疾了，但我们精神上不残，我们还有脑还有手，去想去做。"阜平地处河北省保定市西部太行山深处，是一片拥有光荣革命历史的土地。党的十八大后不久，习近平总书记深入阜平县，进村入户看真贫，并在这里向全党全国发出了脱贫攻坚的动员令。只要有信心，黄土变成金。老区儿女牢记总书记嘱托，发扬晋察冀抗战精神和艰苦奋斗的优良作风，培育形成了以现代食用菌、高效林果、生态旅游等为主导的六大扶贫产业体系。实践充分证明，人民是真正的英雄，激励人民群众自力更生、艰苦奋斗的内生动力，最终将汇聚成脱贫的磅礴力量，助力人民群众创造自己的美好生活。

　　社会主义是干出来的、拼出来的，而不是等出来的、喊出来的。正是在这种不等不靠、敢闯敢干的精神的引领下，广大党员干部和群众通过自力更生、艰苦奋斗不断创造着美好生活。脱贫攻坚这场没有硝烟的战争之所以能够取得如此令人瞩目的成就，靠的正是全国上下艰苦奋斗、百折不挠的坚定意志和积极作为、真抓实干的工作作风。"艰难困苦，玉汝于成。"在党的领导下，全国各族人民众志成城，凝聚起脱贫

---

[1] 中共中央党史和文献研究院：《十八大以来重要文献选编》（下），中央文献出版社2018年版，第50页。

攻坚的强大合力，推动群众稳定脱贫、逐步致富，正是中国人民艰苦奋斗精神的深刻体现。

三　坚守了人民立场

"治国之道，富民为始。"中国共产党身为马克思主义政党的代表者和践行者，继承并发展了马克思主义政党的特点，坚持党性和人民性的统一，坚持党的立场和态度即人民立场和态度、党的利益需要即人民的利益需要、党的奋进目标即人民的美好生活需要。中国共产党成立百年来，不管国内国际形势如何变化，以人民为中心的思想一以贯之。作为百年大党，我们党的奋斗目标就是实现好、维护好最广大人民的根本利益，这是党坚持全心全意为人民服务根本宗旨的具体体现。

大道之行，天下为公。人民至上是脱贫攻坚实践中我们党始终遵循的价值取向。习近平总书记在十九大报告中指出："中国共产党是为中国人民谋幸福的政党，也是为人类进步事业而奋斗的政党。中国共产党始终把为人类作出新的更大的贡献作为自己的使命。"[1]"新中国成立前，我们党领导广大农民'打土豪、分田地'，就是要让广大农民翻身得解放。现在，我们党领导广大农民'脱贫困、奔小康'，就是要让广大农民过上好日子。"[2]

"我们始终坚定人民立场，强调消除贫困、改善民生、实现共同富裕是社会主义的本质要求，是我们党坚持全心全意为人民服务根本宗旨的重要体现，是党和政府的重大责任。"[3]党的十八大以来,在以人民为中心的发展思想的指导下，党中央明确了到2020年，我国现行标准下农村贫困人口实现脱贫、贫困县全部摘帽、解决区域性整体贫困的目标

---

[1]　《习近平谈治国理政》(第三卷)，外文出版社2020年版，第45页。
[2]　中共中央党史和文献研究院:《十八大以来重要文献选编》(下)，中央文献出版社2018年版，第31页。
[3]　习近平:《在全国脱贫攻坚总结表彰大会上的讲话》，人民出版社2021年版，第13页。

任务，要求始终把实现好、维护好、发展好人民群众的根本利益作为脱贫攻坚的出发点和落脚点，坚持脱贫攻坚为了人民、脱贫攻坚依靠人民、脱贫攻坚成果由人民共享，把群众满意度作为检验脱贫成效的重要标尺。从"小康不小康，关键看老乡，关键在贫困的老乡能不能脱贫"到"在扶贫的路上，不能落下一个贫困家庭，丢下一个贫困群众"，从"政策好不好，要看乡亲们是哭还是笑"到"脱贫致富不仅要注意富口袋，更要注意富脑袋"，中国共产党深厚的人民情怀始终贯穿于脱贫攻坚的全过程。

脱贫攻坚精神蕴含的人民立场体现于制度安排和政策设计的各个环节，以为人民群众创造美好生活为最终目标。为增强脱贫攻坚的实效性和精准性，党中央作出重大战略部署，推进东西部扶贫协作和对口支援，实施分类施策和精准扶贫，调集全社会力量向贫困地区和贫困群众献爱心，党员干部结对帮扶贫困家庭，扶贫干部扎根一线开展工作，建档立卡准确识别贫困人口，分类施策精准帮扶贫困地区，汇聚合力开辟大扶贫格局，这都是人民立场的生动体现。党中央的一系列制度政策始终聚焦民生大事，为满足人民对美好生活的向往提供了切实的制度保证。

脱贫攻坚蕴含的人民立场还体现于共产党人的为民情怀。2012年以来，全国累计选派300多万名第一书记和驻村干部，每年保持近100万人在岗开展驻村帮扶，广大扶贫干部背起行囊，抛家舍业，和贫困群众想在一起、干在一起，全身心投入扶贫攻坚这场没有硝烟的战役中。从大兴安岭到秦巴山区，从黄土高坡到云贵高原，从武夷山区到乌蒙山区，从大别山区到吕梁山区，"哪里有贫困，哪里就是主战场"。

新时代脱贫攻坚战彰显了"江山就是人民，人民就是江山"的为民精神，是党的性质宗旨在新时代最集中、最充分、最生动的表达。脱贫攻坚精神将脱贫攻坚的历史铸就成一部为国为民的奋斗史，充分体现了中国共产党作为一个百年大党的优良精神品质，它坚守了中国共产党维护最广大人民根本利益的坚定立场，贯彻了全心全意为人民服务的根本宗旨，表明了中国共产党带领广大人民群众实现脱贫致富的坚定决心。

第二节　中国精神的赓续与传承

精神是一个民族赖以长久生存的灵魂，唯有精神上达到一定的高度，这个民族才能始终奋勇向前。民族精神是一个民族发展历程中一脉相承的精神特征或思想意识，是在民族的延续发展过程中逐渐形成、不断丰富、日趋成熟的精神体系，它总是与一个民族的历史文化血脉相连，是民族文化传统不断积淀和升华的产物。

中国精神是实现中华民族伟大复兴中国梦的思想动力。2013年3月17日，习近平在第十二届全国人民代表大会第一次会议上讲道："实现中国梦必须弘扬中国精神。这就是以爱国主义为核心的民族精神，以改革创新为核心的时代精神。这种精神是凝心聚力的兴国之魂、强国之魂。爱国主义始终是把中华民族坚强团结在一起的精神力量，改革创新始终是鞭策我们在改革开放中与时俱进的精神力量。"[1]中国的脱贫攻坚战役不仅取得了物质上的累累硕果，也诠释了伟大的脱贫攻坚精神，凝聚起砥砺前行的精神力量。脱贫攻坚精神完美诠释了新时代中国精神的新境界，在脱贫攻坚的伟大实践中，全国各族人民精诚团结，接续奋斗，矢志创新，充分展示并传承了新时代中国精神。

一　展现出忠诚奉献的爱国情怀

历史与实践表明，中国共产党是爱国主义精神最坚定的弘扬者和实践者。爱国主义精神深深植根于中华儿女心中，是中华民族的精神基

---
[1]　中共中央文献研究室：《十八大以来重要文献选编》（上），中央文献出版社2014年版，第235页。

因，激励着一代又一代中华儿女为祖国发展繁荣而不懈奋斗。爱国主义也增强了民族的凝聚力和向心力，提升了民族的精神境界，是激励中国人民齐心协力、不屈不挠、前仆后继的巨大精神力量，是中华民族自立于世界民族之林的根本精神因素，是引领中华民族实现伟大复兴的精神旗帜。全党全国各族人民聚力脱贫攻坚正是爱国主义精神的集中体现。

优秀榜样彰显爱国担当。张桂梅，40多年扎根边疆教育一线，她胸怀梦想、矢志不渝，推动创建了中国第一所公办免费女子高中，帮助1800多名女孩走出大山，走进大学，把对国家、对党、对人民的深厚感情转化为立德树人的实际行动，体现了中国知识分子强烈的爱国主义精神。黄文秀，大学毕业后主动申请到国家扶贫开发工作重点县乐业县担任百坭村第一书记，在一个暴雨之夜遭遇山洪，不幸因公牺牲，年仅30岁，用生命践行了帮助贫苦群众脱贫的理想抱负。余永流，泗渡镇观坝社区驻村工作组组长，他始终心系群众，在脱贫攻坚即将奏响凯歌之际，余永流积劳成疾，生命定格在33岁，用青春、热血、生命践行初心使命。

在全国脱贫攻坚的战场上，无数党员干部以赤心唤民心、以生命赴使命，用自己的"辛苦指数"换来百姓的"幸福指数"。交通事故、自然灾害、劳累过度、突发疾病……这恐怕是和平年代里，牺牲人数最多的一场"战役"。姜仕坤、黄诗燕、蒙汉、泽小勇、黄文秀、余永流、青方华、蓝标河、秦彦军、张小娟、吴国良、吴应谱、樊贞子……他们之中既有县委书记、县长，也有生于斯长于斯的乡镇干部、村干部，更有从四面八方赶来把他乡当故乡的第一书记、驻村工作队队员和扶贫志愿者。他们不仅是脱贫的战士，更是党和人民的英雄。

牢记脱贫使命，肩负脱贫责任，贯彻脱贫政策，落实脱贫任务，在中国共产党的坚强领导下，广大扶贫干部以脱贫为己任，无私奉献，倾情付出，把对党、对国家、对人民的忠诚热血化作了一项项扶贫开发举措，他们用生命诠释了共产党员的责任与担当，充分体现了对党忠诚、信念坚定的政治品格，践行了一心为民、奋发有为的使命担当，彰显了甘于奉献、不怕牺牲的崇高品格。他们是新时代的中国脊梁，是我国脱贫攻坚战场上的英雄楷模，他们是真正的爱国者。

二 彰显了开拓创新的时代品格

贫有百样，困有千种。我国国土辽阔，人口众多，贫困地区分布广泛，致贫原因各有不同，对我国的扶贫开发工作提出了艰巨挑战。如何克服重重困难解决我国的贫困问题，是摆在扶贫工作者面前的重要课题。面对复杂的脱贫工作，我们没有前人经验可学，唯有以开拓进取的创新精神建立起具有中国特色的扶贫开发格局。

在脱贫攻坚的实践中，我们不断推进扶贫的理论创新、制度创新和实践创新，充分体现出与时俱进的工作原则。党和国家立足我国国情，统筹大局，针对我国不同贫困地区的具体实际具体谋划，不断创新扶贫政策，做好脱贫攻坚事业的"掌舵人"；广大扶贫干部打破固有思维，摆脱传统脱贫理念的束缚，在实际工作中积极探索，勇于创新，大胆实践，做好扶贫开发的实践者；人民群众积极投身贫困地区建设开发，创新思维，敢于尝试，做好脱贫致富的踊跃参与者，开拓创新成为我国打赢脱贫攻坚战的制胜法宝。

（一）创新了扶贫开发举措

面对贫困人口多、分布不均、原因各异的复杂脱贫局面，扶贫举措不能一以概之。如何使贫困户和贫困地区一个不落地实现全面小康，成为摆在全党、全国人民面前必须解决而又不易解决的大问题。中国在扶贫攻坚工作中采取的创新举措，就是真正实现习近平总书记提出的"实事求是、因地制宜、分类指导、精准扶贫"创新扶贫战略。实施精准扶贫方略，通过精准识别找到"贫根"，对症下药，靶向治疗。

（二）创新了扶贫开发模式

我国积极探索扶贫开发的新路子，将创新应用到扶贫开发工作中，逐步形成了产业扶贫、金融扶贫、教育扶贫、社会扶贫等新模式，并在各地减贫实践中取得了良好成效。坚持充分发挥政府和社会两方面力量的作用，构建专项扶贫、行业扶贫、社会扶贫互为补充的大扶贫格局，调动各方面积极性，引领市场、社会协同发力，形成全社会广泛参与的脱贫攻坚格局。坚持依靠人民群众，充分调动贫困群众积极性、主动性、创造性，坚持扶贫和扶志、扶智相结合，正确处理外部帮扶和贫困群众自身努力的关系，培育贫困群众通过自力更生实现脱贫致富的意识，培养贫困群众发展生产和务工经商技能，组织、引导、支持贫困群众用自己的辛勤劳动实现脱贫致富、用人民群众的内生动力支撑脱贫攻坚。

（三）创新了扶贫开发理论

理论是实践的先导。我国脱贫攻坚事业的顺利推进离不开扶贫理论的有效指导。习近平总书记在全国脱贫攻坚总结表彰大会上以"七个坚持"概括了我国反贫困道路的基本思想、基本经验和基本方法。面对无前人可鉴的困难局面，以习近平总书记为核心的党中央积极探索，立足我国国情，在深入把握减贫规律的基础之上，继承和发展了马克思主义反贫困理论，总结了中国共产党的减贫经验，形成了中国特色反贫困理论，走出了一条中国特色减贫道路。这是我国脱贫攻坚事业的重要理论成果，是我国减贫理论的重要创新，为世界上其他国家摆脱贫困提供了中国智慧和中国方案。

在创新精神的推动下，近8年来，我国平均每年1000多万人脱贫，三区三州、革命老区等深度贫困地区逐步摆脱贫困，走上了致富之路。

中华民族自力更生、开拓进取的优秀精神品质在脱贫攻坚过程中得到了充分展现，党和国家带领人民积极探索，从顶层设计到政策落实，将理论创新与实践创新有机结合，提出了原创新理论，作出了原创性举措，走出了一条具有中国特色的减贫道路。开拓创新的精神在新时代中国的脱贫攻坚事业中获得了新的诠释，正是在这种创新精神的引领下，我国消除了绝对贫困，取得了脱贫攻坚的伟大胜利。

第三节　中国力量与中国价值的充分彰显

党的十八大以来，党中央团结带领全党全国各族人民，把脱贫攻坚摆在治国理政突出位置，充分发挥党的领导和我国社会主义制度的政治优势，采取了许多具有原创性、独特性的重大举措，组织实施了人类历史上规模最大、力度最强的脱贫攻坚战，取得了脱贫攻坚的全面胜利，创造了减贫治理的中国样本，向世界展示了中国力量和中国价值。

一　彰显中国力量

脱贫攻坚是"中国之治"优势的体现。消除贫困、改善民生、逐步实现共同富裕，是社会主义的本质要求和中国共产党的重要使命。古人说："凡将立国，制度不可不察也。"我国人口规模巨大，贫困人口相对较多，发展能力弱，特困问题突出，而且区域发展不均衡，易返贫。要想如期实现贫困人口全部脱贫，必须以更大决心、更精准思路、更有力措施，采取超常举措，下大力气做好脱贫攻坚工作。制度是管根本、管基础、管长远的。我国脱贫攻坚取得历史性成就，最根本的原因在于中国共产党强有力的领导和中国特色社会主义制度的巨大优势。坚持党的集中统一领导，"精准扶贫"的科学部署得以落地实践；坚持全国一盘棋，党政军民学劲往一块使、东西南北中拧成一股绳的举国攻坚壮举得以全面展开。各种制度优势的加持使脱贫攻坚精神在脱贫攻坚实践中得到锻造，更以其丰富的内涵成为彰显社会主义制度优势的精神力量。

(一)脱贫攻坚精神充分展现出党的强有力领导

思想是行动的先导,理论是实践的指南。脱贫攻坚精神体现出的强大的思想引领力正是党坚强领导力的重要体现。中国共产党领导是中国特色社会主义最本质的特征,是中国特色社会主义制度的最大优势,也是打赢脱贫攻坚战的根本政治保证。办好中国的事,关键在党。农村贫困人口全部脱贫、脱贫地区经济社会整体面貌发生历史性巨变、脱贫群众精神风貌焕然一新、党群干群关系明显改善、党在农村的执政基础更加牢固,这一切都是党的强有力领导的集中体现。中国共产党追求的价值理念、具有的领导能力、掌握的科学方法,在脱贫攻坚工作中具体表现为党总揽全局、协调各方的领导核心作用,具体落实在"中央统筹、省负总责、市县抓落实"的领导制度上。

2017年2月21日,习近平总书记在主持中共中央政治局第三十九次集体学习时,首次将脱贫攻坚的有益经验总结为:加强领导是根本、把握精准是要义、增加投入是保障、各方参与是合力、群众参与是基础。随着脱贫攻坚实践的持续推进,我们对于贫困问题的本质、减贫治理的规律的认识也不断深入。2018年2月12日,习近平总书记在四川省成都市主持召开打好精准脱贫攻坚战座谈会上,将脱贫攻坚的宝贵经验进一步总结归纳出六个方面:"坚持党的领导、强化组织保证","坚持精准方略、提高脱贫实效","坚持加大投入、强化资金支持","坚持社会动员、凝聚各方力量","坚持从严要求、促进真抓实干","坚持群众主体、激发内生动力"[1],将党的领导作为脱贫经验的重要部分。

在脱贫致富的路上,中国共产党从政治领导、思想领导、组织领导和社会领导等多方面,发挥着政策统筹、思想激励、组织谋划和社会动员的作用,从脱贫的格局出发,以坚强的领导力组织各方参与到脱贫攻坚的伟大事业中。我国的脱贫攻坚之所以取得伟大成就,是因为党积极动员社会力量广泛参与脱贫攻坚,构建起政府、社会和市场协同推进的

---

[1]《习近平谈治国理政》(第三卷),外文出版社2020年版,第151—152页。

扶贫格局，形成了脱贫攻坚的强大合力，是中国共产党制度优势的深刻体现。

历史和实践反复证明，中国共产党的坚强领导，是脱贫攻坚取得全面胜利的根本原因和核心支撑，同时，脱贫攻坚取得的伟大成就也进一步彰显了中国共产党有力领导的政治优势。目前，我国进入了巩固脱贫成果、防止返贫的重要阶段，需要进一步发挥党的坚强领导核心作用，将党的领导融入脱贫攻坚的共同意志，以党的领导激发扶贫开发的前进动力。

（二）脱贫攻坚精神体现了中国特色社会主义集中力量办大事的制度优势

集众智可谋良策，聚众力必成伟业。习近平总书记指出："我们最大的优势是我国社会主义制度能够集中力量办大事。这是我们成就事业的重要法宝。"[1]党的十八大以来，以习近平同志为核心的党中央始终坚持以人民为中心的发展理念，为脱贫事业制定出一系列政策安排和工作方案，有效地提升了扶贫开发的效能，走出了一条具有中国特色的贫困治理道路，充分体现出中国特色社会主义制度集中力量办大事的显著优势。

为打好脱贫攻坚战，中共中央创新扶贫机制，不断加强顶层设计。中共中央办公厅、国务院办公厅先后印发《关于建立贫困退出机制的意见》《脱贫攻坚督查巡查工作办法》，中共中央、国务院发布《关于打赢脱贫攻坚战的决定》，国务院办公厅印发《关于支持贫困县开展统筹整合使用财政涉农资金试点的意见》；国务院扶贫开发领导小组印发《关于建立重大涉贫事件处置反馈机制的意见》；中央组织部部署加强基层党建促脱贫，中共中央组织部国务院扶贫办印发了《关于脱贫攻坚期内保持贫困县党政正职稳定的通知》，通过强化政策引领，进一步完善了

---

[1]《习近平谈治国理政》（第二卷），外文出版社2017年版，第273页。

顶层设计，提升了脱贫攻坚过程中的统筹协调能力，为后续扶贫工作的有效开展提供了政策保障。

2020年3月，在抗击新冠肺炎疫情的关键时刻，习近平出席决战决胜脱贫攻坚座谈会并发表重要讲话，有力动员全党全国全社会力量，确保脱贫攻坚战的最后胜利。建立中央统筹、省负总责、市县乡抓落实的工作机制，强化党政一把手负总责的责任制，五级书记抓扶贫，脱贫攻坚期内保持贫困县党政正职稳定，全国累计选派300多万名县级以上机关、国有企事业单位干部参加驻村帮扶，形成"专项扶贫、行业扶贫、社会扶贫"的"三位一体"大扶贫格局。"三位一体"指的是专项扶贫、行业扶贫、社会扶贫等多方力量、多措并举有机结合、互为支撑的扶贫格局。专项扶贫，包括易地扶贫搬迁、整村推进、以工代赈、产业扶贫、就业促进、扶贫试点、革命老区建设等。行业扶贫，包括明确部门职责、发展特色产业、开展科技扶贫、完善基础设施、发展教育文化事业、改善公共卫生和人口服务管理、完善社会保障制度、重视能源和生态环境建设等。社会扶贫，包括加强定点扶贫、推进东西部扶贫协作、发挥军队和武警部门的作用、动员企业和社会各界参与扶贫等。

在脱贫攻坚的具体实践中，党中央充分发挥总揽全局、协调各方的领导作用，深入推进东西部协作扶贫，积极开展中央机关、国有企事业单位、军队和武警部队以及民主党派的定点扶贫任务，同时组织社会力量广泛参与，动员民营企业、社会组织和公民积极履行社会责任，共同攻克脱贫道路上的艰难险阻。在中国特色社会主义制度的引领下，832个国家级贫困县全部摘帽，9899万贫困人口全部脱贫。铁的事实证明了中国共产党领导和中国特色社会主义制度的政治优势。上下同欲者胜，风雨同舟者兴。贫困县全部脱贫摘帽，践行了中国共产党人的庄严承诺，彰显出"中国之治"巨大优势。

二　彰显中国价值

中国价值是当代中国思想理念和精神文化的集中体现，具有对内和对外的丰富内涵。对内，中国价值以社会主义核心价值观为主要内容，展现了社会主义先进文化的本质，是凝聚起社会合力的精神力量。对外，中国价值致力于为世界的进步与发展贡献中国智慧，展现负责任大国的使命与担当。中国价值是建设社会主义现代化强国、实现中华民族伟大复兴中国梦的价值指引，是解决全球性问题的中国选择。

（一）脱贫攻坚精神是社会主义核心价值观的深刻体现

社会主义核心价值观是中国价值在新时代的集中体现。在决胜脱贫攻坚的过程中，社会主义核心价值观凝聚起了全党全国全社会的力量，以更大的决心、更强的力量、更有力的举措不断推进扶贫开发进程。

1. 从价值目标层面体现社会主义核心价值观。实现脱贫攻坚目标，消除绝对贫困，不仅是党对人民的庄严承诺，也是全体中华儿女共同的美好愿景。脱贫攻坚的最终目标就是帮助群众摆脱贫困，实现人民的幸福和国家的富强。这一目标也是社会主义民主的集中体现，是维护最广大人民根本利益的基本要求，也是建设文明和谐社会的必然选择。脱贫攻坚的过程就是全社会自觉参与、自觉奉献、自觉践行的过程，在社会范围内形成了激昂向上的拼搏精神，体现出全社会对新时代实现富强、民主、文明、和谐的价值追求。

2. 从社会发展层面体现社会主义核心价值观。在脱贫攻坚的实践中，我们坚持扶贫与扶智相结合，不仅要从国家层面统筹谋划，更要使人民群众自觉参与，主动探索脱贫的新方法新途径。面对不同的贫困地区和贫困群体，我国的脱贫工作始终坚持一视同仁，坚持实现全面小康的路上一个都不能落下。脱贫攻坚的成效以人民群众的评价为最高考核标准，人民满意的脱贫才是真正的脱贫，任何一项政策的出台和落实都要始终将公平作为基本的检验原则。脱贫攻坚的过程就是建设自由、平等、公正、法治社会的过程，脱贫攻坚的深入推进更离不开法律制度的保障，在扶贫开发的过程中，我们始终坚持以法律监督扶贫成效，以法律保障群众利益，让法律为脱贫攻坚保驾护航。

3. 从个人践行层面体现社会主义核心价值观。脱贫攻坚不是一个人的事，也不是一个地区的事，而是全国上下共同的目标追求。习近平总书记指出："脱贫致富不仅仅是贫困地区的事，也是全社会的事。"[1]面对脱贫攻坚的艰巨任务，不仅要从国家层面进行统筹布局，更要从个人层面积极践行。人民就是脱贫攻坚的积极践行者。广大党员干部深入扶贫一线，扎根基层，面对扶贫开发的使命与职责，他们始终坚守岗位，甚至将生命永远留在了贫困地区的大地上。在党和国家的带领下，全国各族人民书写了爱国、敬业、诚信、友善的中国价值，是社会主义核心价值观的生动展现。

脱贫攻坚不断激发全社会向上向善的正能量，推动全社会在扶贫帮困中践行社会主义核心价值观，是用社会主义核心价值观凝聚人心、汇聚民力的生动实践。千千万万的扶贫善举彰显了社会大爱，让中国价值在脱贫攻坚中得以巩固深化。

(二)脱贫攻坚精神创造了中国奇迹

中国是世界上最大的发展中国家，长期饱受贫困问题的困扰。

1982年开始的"三西"地区扶贫开创了我国有组织、有计划、大规模减贫行动之先河。"剁开一粒黄土，半粒在喊渴，半粒在喊饿。"这个在历史上被左宗棠称为"苦瘠甲天下"、改革开放之初被外国专家认为"不具备人类生存基本条件"的地区，经过30多年开发式扶贫，发生了

---

[1] 中共中央文献研究室：《习近平关于社会主义经济建设论述摘编》，中央文献出版社2017年版，第230页。

翻天覆地的变化。[1]四川凉山彝族自治州是全国最大的彝族聚居区，是"三区三州"深度贫困地区之一，17个县市中有11个民族聚居县为深度贫困县。由于地貌的特殊性，凉山沟壑纵横，形成了多个大大小小的"悬崖村"，交通极为不便，脱贫攻坚任务异常艰难繁重。为改善"悬崖村"艰难的出行条件，凉山州和昭觉县共拨款100万元，将藤梯升级为钢梯，村民们走下2000多级新钢梯，迎来了崭新的生活，彻底翻越了"贫困大山"。2012年以来，产业扶贫、就业扶贫、生态扶贫、教育扶贫、健康扶贫等一系列扶贫举措，让人民的生活水平实现了质的飞跃。

时代造就英雄，伟大来自平凡。脱贫攻坚的伟大奇迹离不开书写奇迹的时代英雄。在这场脱贫攻坚战中，有很多人以忘我的工作精神和甘当人民的孺子牛的工作作风，兢兢业业、恪尽职守。他们牢记党的教育和嘱托，全心全意地帮扶困难群众，他们扎根于贫困群众之中，想群众所想，急群众所急，一心扑在脱贫攻坚的工作中，最终帮助困难群众摘掉贫困的帽子。在这场脱贫攻坚战中，无数人付出了辛勤的汗水。他们啃着难啃的硬骨头，发扬着愚公移山的拼搏精神，带领群众走上了致富的道路。

历经8年，我国打赢了人类历史上规模最大、力度最强、惠及人口最多的脱贫攻坚战。我国创造的人类减贫史上的伟大奇迹，标志着我们党在团结带领人民创造美好生活、实现共同富裕的道路上迈出了坚实的一大步，不仅为全面建成小康社会做出了重要贡献，而且为开启全面建设社会主义现代化国家新征程奠定了坚实基础。

（三）脱贫攻坚精神贡献了中国智慧

中国打赢脱贫攻坚战，为全球减贫治理提供了中国智慧和中国方案。早在20世纪50年代，毛泽东同志就指出："中国应当对于人类有较

---

[1] 习近平:《在深度贫困地区脱贫攻坚座谈会上的讲话》，人民出版社2017年版，第11页。

大的贡献。"[1]中国共产党人始终秉持这样的理念:"只要是对全人类有益的事情,中国就应该义不容辞地做,并且做好。"[2]

中国始终把自身命运与世界各国人民命运紧密相连,在致力于消除自身贫困的同时,积极参与国际减贫合作,做国际减贫事业的倡导者、推动者和贡献者,与各国携手共建没有贫困、共同发展的人类命运共同体。2012年以来,党中央下定决心不动摇,咬定青山不放松,成功走出了一条具有中国特色的脱贫攻坚道路,使数亿贫困人口摘帽,谱写了人类消除贫困的新篇章,不仅对我国具有重大意义,也为他国提供了宝贵的经验。

100年来,在中国共产党领导下,中国人民从翻身解放到解决温饱、从基本小康到全面小康,中国以自己的发展为人类反贫困做出重大贡献。改革开放以来,按照现行贫困标准计算,中国7.7亿农村贫困人口摆脱贫困;按照世界银行国际贫困标准,中国减贫人口占同期全球减贫人口70%以上。在全球贫困状况依然严峻、一些国家贫富分化加剧的背景下,中国打赢脱贫攻坚战,"在落实2030年可持续发展议程、完善全球经济治理等方面发挥更大作用"。[3]

新中国成立伊始,在百废待兴、财力紧张的情况下,我国即向有关国家提供援助,为发展中国家争取民族独立和解放、促进经济社会发展提供了支持。改革开放以来,中国与联合国发展系统和世界银行在扶贫领域开展广泛合作,同时接受部分发达国家提供的援助,实施减贫合作项目,不仅在资金投入、知识转移、技术援助等方面获得支持,而且学习借鉴国际社会先进的扶贫理念与方式方法,推动了中国减贫事业发展。中国先后与联合国开发计划署、世界银行等国际机构和组织合作,

---

[1] 《毛泽东文集》(第七卷),人民出版社1999年版,第157页。
[2] 习近平:《让多边主义的火炬照亮人类前行之路——在世界经济论坛"达沃斯议程"对话会上的特别致辞》,人民出版社2021年版,第10—11页。
[3] 习近平:《习近平在出席金砖国家领导人厦门会晤时的讲话》,人民出版社2017年版,第32—33页。

在部分贫困县实施外资扶贫项目,引进各种优惠贷款和无偿援助。国际减贫交流合作项目缓解了项目区贫困人口的贫困程度,推动了中国减贫的制度创新和管理水平提升,为项目区的可持续发展奠定了基础。

截至2020年,习近平主席在多个国际重大场合宣布中国开展国际发展合作的一系列务实举措,已按期落实或正在按进度有序推进。据世界银行研究报告,中国发起的共建"一带一路"倡议将使相关国家760万人摆脱极端贫困、3200万人摆脱中度贫困。

中国通过搭建平台、组织培训、智库交流等多种形式,开展减贫交流,分享减贫经验。在国际消除贫困日,中国与联合国驻华机构联合举办减贫与发展高层论坛活动。中国发起中国—东盟社会发展与减贫论坛、人类减贫经验国际论坛,举办中非减贫与发展会议、"摆脱贫困与政党的责任"国际理论研讨会、改革开放与中国扶贫国际论坛等一系列研讨交流活动,与东盟秘书处和东盟有关国家合作,面向基层村官(社区官员)实施"东盟+中日韩村官交流项目"。与有关国家和地区组织合作开展国际减贫培训,2012年以来,共举办130余期国际减贫培训班,来自116个国家(组织)的官员参加培训。

中国脱贫实践不仅加快了全球减贫进程,也提振了全世界消除绝对贫困、实现联合国2030年可持续发展目标的信心,是中国价值在世界范围内的生动体现。

第四节　中国共产党人精神谱系的丰富与发展

习近平总书记在党史学习教育动员大会上指出，在一百年的非凡奋斗历程中，一代又一代中国共产党人顽强拼搏、不懈奋斗，涌现了一大批视死如归的革命烈士、一大批顽强奋斗的英雄人物、一大批忘我奉献的先进模范，形成了一系列伟大精神，构筑起了中国共产党人的精神谱系，为我们立党兴党强党提供了丰厚滋养。[1]

在中国共产党一百年的非凡奋斗过程中，形成了井冈山精神、长征精神、遵义会议精神、延安精神、西柏坡精神、红岩精神、抗美援朝精神、"两弹一星"精神、特区精神、抗洪精神、抗震救灾精神、抗疫精神、脱贫攻坚精神等伟大精神。中国共产党通过铸就出一座座精神丰碑，引领伟大事业有序推进，这些精神丰碑承载主体丰富多样，共同织就百年大党的精神谱系。中国共产党人的精神谱系，集中体现了党的坚定信念、根本宗旨、思想路线，是中国共产党价值理念和政治文化中最核心要素的结晶，是马克思主义政党的本质属性在精神领域的反映，是中国共产党永葆先进性和纯洁性的精神力量。

新时代伟大奋斗精神是中国共产党精神在新时代的集中体现和最新形态。新时代我国的脱贫攻坚实践既从"精神谱系"中汲取奋进力量，又锻造形成了脱贫攻坚精神。以敢于攻坚、勇于担当的不懈奋斗精神为内涵的脱贫攻坚精神，是中国共产党在新时代脱贫攻坚实践中形成的鲜明精神"坐标"，使党的奋斗精神升华到一个新境界，不仅与其他伟大奋斗精神互融互通，而且丰富了中国共产党人的精神谱系，为新时代立

---

[1]《学党史悟思想办实事开新局　以优异成绩迎接建党一百周年》，载《人民日报》，2021年2月1日。

党、兴党、强党提供丰厚滋养，成为激励我国脱贫攻坚事业不断攻坚克难、从胜利走向胜利的强大精神动力。

一 树立起理想信念的精神丰碑

中国共产党人的精神谱系拥有连贯的思想内核。党的十八届六中全会审议通过的《关于新形势下党内政治生活的若干准则》(以下简称《准则》)第一部分的开头就提出："共产主义远大理想和中国特色社会主义共同理想，是中国共产党人的精神支柱和政治灵魂，也是保持党的团结统一的思想基础。必须高度重视思想政治建设，把坚定理想信念作为开展党内政治生活的首要任务。"[1]《准则》有12个专论，其实就是关于党内政治生活的十二个问题及解决这些问题的办法。在这12个问题中排在第一位的是"坚定理想信念"，这说明中国共产党一直把坚定理想信念置于最为重要的位置。共产党人的理想信念就是对马克思主义的信仰，对社会主义和共产主义的信念。

中国共产党在革命、建设和改革过程中努力维护和实现了党的团结统一，而保持党的团结统一的思想基础则是坚定理想信念。党在不同时期形成的伟大精神，无不蕴含着共产党人对理想信念的执着追求。在井冈山斗争时期，面对"红旗到底打得多久"的疑问，毛泽东指出，"星星之火，可以燎原"。[2] 2016年习近平总书记在谈到如何让井冈山精神放射出新的时代光芒时，强调的第一点就是"坚定执着追理想"。同样，红船精神的内涵中有"坚定理想"，长征精神的内涵中有"坚定革命的理想和信念"。在太行精神、东北抗联精神、红岩精神等革命精神中，首先感受到的就是理想信念的坚定性。一代代共产党人之所以都把共产

---

[1] 中共中央党史和文献研究院：《十八大以来重要文献选编》(下)，中央文献出版社2018年版，第420页。
[2] 《毛泽东军事文集》(第一卷)，军事科学出版社、中央文献出版社1993年版，第128页。

主义作为奋斗目标和坚定信念，是因为他们坚信马克思主义是科学的、先进的理论，坚信资本主义必然灭亡、社会主义必然胜利。有科学理论作支撑的理想信念，成为中国共产党人精神谱系的灵魂。

脱贫攻坚精神为党员干部树立起了理想信念的鲜明旗帜。8年来，在党中央的集中统一部署之下，广大扶贫干部满怀真情实意、坚持勇挑重担，深入走进基层贫困地区，日夜坚守奋战在脱贫攻坚的第一线，积极推进精准扶贫、精准脱贫。他们坚持为了群众、依靠群众，与群众想在一起、干在一起，充分调动群众的积极性、主动性和创造性，不断回应群众的期待和诉求，一步一个脚印地解决贫困地区的各种难题，赢得了广大群众的拥护、支持和信赖。脱贫攻坚精神作为一种精神信仰，承载着党员的初心和使命，反映了广大扶贫干部的优秀品格，蕴含着广大扶贫干部忠于职守的理想信念，是广大扶贫干部投入脱贫攻坚战真实面貌的生动体现。无数党员干部在脱贫攻坚这场没有硝烟的战争中以坚定的理想信念、政治定力，举信念之旗，铲贫困荆棘，破战贫困境，以自己的青春热血在脱贫攻坚的考场上书写人民满意的合格答卷。

习近平总书记在宁夏考察时指出，坚定的理想信念，永远是激励我们奋勇向前、克难制胜不竭的力量源泉。正是有了千千万万个坚守在战贫一线的党员干部，一个个贫困县才得以摘帽，一个个贫困村才得以出列，一家家贫困户才摆脱了贫困的泥淖，消除绝对贫困，全面建成小康社会，中华民族几千年来的梦想和期盼才得以照进现实。

二 凝聚起团结协作的强大伟力

团结一心、同舟共济是中华民族特有的精神品质，是几千年的历史凝结起来的精神力量，是国家发展进步的精神动力，也是中国共产党人精神谱系的突出特点。党和国家的发展历程表明，团结就是力量，一个国家、一个民族，只有拧成一股绳，劲往一处使，才能在历史的洪流中屹立不倒。正是这种团结一心的精神特质，不断指引着党和国家开创一个又一个伟大成就，带领全国各族人民奋勇向前，取得革命、建设和改革的伟大胜利。

革命战争年代，我们党紧紧依靠人民，不断取得新的伟大胜利。在土地革命时期，我们党开展"人民的游击战争"，突破敌人的重重包围，铸起坚实的铜墙铁壁；在抗日战争时期，实行"全国人民总动员的完全的民族革命战争"，以人民群众的磅礴力量瓦解了侵略者的攻击；在解放战争时期，人民群众用小车推出了淮海战役的胜利，用小船划出了渡江战役的胜利；进入社会主义建设时期，尤其是改革开放以来，在国家面临重大灾害时，我们更加充分地体现出了团结一致、众志成城的强大精神力量，铸就了抗洪精神、抗震救灾精神、抗疫精神等，汇聚起实现中华民族伟大复兴的磅礴力量。

习近平总书记在参加甘肃代表团审议时指出："脱贫攻坚越到紧要关头，越要坚定必胜的信心，越要有一鼓作气的决心，尽锐出战、迎难而上，真抓实干、精准施策，确保脱贫攻坚任务如期完成。"[1]为了打赢这场仗，以习近平同志为核心的党中央团结带领全党全国各族人民向绝对贫困发起最后的总攻，"决不让一个地区、一个民族掉队"。[2]各个地区的党政负责人签署脱贫攻坚责任书，一批批扶贫干部投身基层，彰显出了合力攻坚的情怀与担当；2020年3月，内蒙古所有贫困旗县脱贫；4月，安徽31个贫困县摘帽，5月，山西58个贫困县脱贫……这一组组数字背后闪耀的是全国各族人民团结一心的精神光芒，是这种上下同心、尽锐出战的强大合力。

如今，阜平县骆驼湾村容村貌发生了翻天覆地的变化，而变化最大的是村民们的思想。一些贫困户摒弃了之前的"等靠要"思想，实现了

---

[1] 《习近平 李克强 栗战书 汪洋 王沪宁 赵乐际 韩正 分别参加全国人大会议一些代表团审议》，载《人民日报》，2019年3月8日第1版。
[2] 中共中央党史和文献研究院：《十八大以来重要文献选编》（下），中央文献出版社2018年版，第53页。

由"要我脱贫"到"我要脱贫"的转变，全民通过劳动致富在2017年底彻底脱贫。全国多地贫困群众不仅把自己当成脱贫攻坚的受益者，更把自己当成了参与者，为了自己和家人早日脱离贫困，这些贫困群众一路挥洒汗水，形成外部多元扶贫与内部自我脱贫的互动机制。他们积极参与到脱贫攻坚工作中，真切感受脱贫工作的不易，换来的是他们更加珍惜来之不易的脱贫成果。

"上下同心，尽锐出战"，脱贫攻坚中的每一位参与者都用实际行动诠释了伟大的脱贫攻坚精神，筑起坚实的思想城堡。这种精神背后所蕴含的民族凝聚力和向心力，不仅是助力打赢脱贫攻坚战的精神法宝，更是推动实现中华民族伟大复兴的不竭动力。

三 激昂起攻坚克难的意志品质

敢于斗争、敢于胜利的拼搏精神，是我们战胜一切艰难险阻的重要法宝，也是实现中华民族伟大复兴所必须大力弘扬的精神。敢于斗争、敢于胜利，就是面对困难不退缩，越是艰险越向前。中华民族具有坚韧不拔、顽强拼搏的精神品格。在任何磨难面前，中国人民都不会畏惧退缩，而是迸发出惊人的精神力量，负重前行，攻坚克难，在磨难中成长，从磨难中奋起。

中国的历史是与贫困斗争的历史，几千年来，中国人民始终为摆脱贫困艰难求索，同贫困作着艰苦卓绝的斗争。邓小平强调："贫穷不是社会主义。我们坚持社会主义，要建设对资本主义具有优越性的社会主义，首先必须摆脱贫穷。"[1]因此，帮助人民摆脱贫困是中国共产党要完成的重大历史任务，改变贫困地区长期以来的贫困面貌，提升人民群众的生活水平，也是我国社会主义制度优越性的重要体现。党的十八大以来，以习近平同志为核心的党中央始终不断强调脱贫攻坚在治国理

---

[1]《邓小平文选》(第三卷)，人民出版社1993年版，第225页。

政中的突出地位，号召全国"尽锐出战、迎难而上，真抓实干、精准施策"，吹响打赢脱贫攻坚战的号角，并将打赢脱贫攻坚战作为我国全面建成小康社会的底线任务，组织开展了声势浩大的脱贫攻坚人民战争，不断攻克了一个个难啃的"硬骨头"。在党的领导下，在人民的长期奋斗中，我们取得了脱贫攻坚的伟大胜利，也孕育了伟大的脱贫攻坚精神。

千磨万击还坚劲，任尔东西南北风。越是最后关头，越是充满艰难险阻。决战决胜的关键时期，剩下的都是最难啃的硬骨头。2020年，脱贫"硬骨头"遭遇疫情"加试题"。突如其来的疫情对各地产业扶贫造成了不同程度的影响，从中央到地方各级政府，财政收支面临极大压力，一些企业生产运营出现了困难。艰难方显勇毅，磨砺始得玉成。在疫情的冲击之下，我国的扶贫工作继续稳步推进。针对劳务输出，全面摸清当前贫困劳动力外出务工意愿，抓住重大项目建设和企业复工复产时机，优先安排贫困劳动力务工就业；为了减轻农户还贷压力，出台扶贫小额信贷政策，延缓农户小额信贷的同时组织农业生产，产业扶贫不松劲；面对这场"硬仗"，全国扶贫干部坚守一线，坚守岗位，扶贫工作之外又多了一项工作——防疫宣传和抗疫行动。全国各地扶贫队员们自愿放弃春节假期，坚持驻村工作，"防疫""攻坚"两手抓、两不误，在全面铺开防疫工作的同时，通过推动复工复产、谋划帮扶计划、抓紧推进产业项目三方面工作全力推进脱贫攻坚。这场"惊心动魄的"重大疫情并没有造成大量的因病返贫、因疫返贫，脱贫攻坚抗疫被誉为"改变中国命运的伟大决战"。

党的十八大以来，湖北省尽锐出战、不胜不休，攻克了一个又一个"贫困堡垒"——581万建档立卡贫困人口全部脱贫，37个贫困县全部摘帽，4821个贫困村全部出列。疫情防控形势好转后，湖北统筹做好疫情防控和脱贫攻坚工作，迅速开通"点对点"务工专列。2020年，全省贫困劳动力外出务工超200万人，同比增长7.8%。对于滞销的荆楚扶贫农产品，举国上下积极"搭把手、拉一把"。据不完全统计，全省37个脱贫县已形成54个扶贫主导产业、2060家龙头企业，初步实现了"村村有扶贫产业、户户有致富门路"。

一步千年，梦圆今朝。在脱贫攻坚的这场大考面前，面对难啃的硬骨头，面对贫中之贫、困中之困，党和人民没有退缩，始终以顽强的拼搏意志冲在扶贫开发第一线，逢山开路、遇水架桥，不断攻克脱贫道路上的一个又一个艰难险阻，实现了中华民族长期以来的脱贫梦想，以艰苦奋斗书写了中国共产党人精神谱系的新篇章。在中华民族伟大复兴的新征程上，脱贫攻坚精神筑起了一座新的精神丰碑，将成为推动新时代中国发展进步、战胜一切风险挑战的重要精神动力。

"夫战，勇气也。"党的十八大以来，党领导人民书写了一部波澜壮阔的战贫史诗。在这场战役中涌现了一大批先进典型和感人事迹，锻造形成了"上下同心、尽锐出战、精准务实、开拓创新、攻坚克难、不负人民"的脱贫攻坚精神。脱贫攻坚精神是党领导人民与绝对贫困进行伟大斗争的力量源泉，展现了全党全国各族人民不畏艰难、团结奋进、开拓创新的精神风貌，彰显了中国人民摆脱贫困的智慧与勇气，拓展延续了中国精神的谱系，彰显了中国共产党人的理想信念、初心使命和担当情怀。用好脱贫攻坚的精神财富，砥砺奋进，开拓进取，战胜前进道路上的一切困难和风险，我们必将在建设社会主义现代化国家新征程上取得新的更大成就。

第五章　脱贫攻坚精神的践行

党的十八大以来，以习近平同志为核心的党中央把脱贫攻坚摆到治国理政的重要位置，举全党全国全社会之力，全面打响脱贫攻坚战。脱贫攻坚8年历程，"现行标准下9899万农村贫困人口全部脱贫，832个贫困县全部摘帽，12.8万个贫困村全部出列，区域性整体贫困得到解决，完成了消除绝对贫困的艰巨任务"，形成了伟大的脱贫攻坚精神。"脱贫摘帽不是终点，而是新生活、新奋斗的起点。"后扶贫时代，我们要遵循习近平总书记指引的方向，继续弘扬践行脱贫攻坚精神，乘势而上，巩固拓展脱贫攻坚成果，接续乡村振兴，助力国际脱贫，以期为全人类反贫困事业做出新的更多更大贡献。

第一节　巩固拓展脱贫攻坚成果

脱贫攻坚战的全面胜利，标志着我们党在团结带领人民创造美好生活、实现共同富裕的道路上迈出了坚实的一大步。但我们也要深刻认识到消灭贫困不是一朝一夕的事，一些贫困群众现阶段脱贫了，还可能因灾、因病、因学等因素二次返贫。贫困群众只是暂时脱离了贫困线，我们离彻底消灭贫困还很远。同时，随着时代进步和社会发展，贫困线标准还会提高。因此，新时期弘扬脱贫攻坚精神，要持续巩固拓展脱贫攻坚成果，实现已脱贫人口稳定脱贫，同时更加注重解决相对贫困，建立稳定脱贫的长效机制。

一　严格落实"四个不摘"要求，保持帮扶政策总体稳定

摘帽不是终点，而是新起点。习近平总书记在听取脱贫攻坚总结评估汇报时指出，当前，我国发展不平衡不充分的问题仍然突出，巩固拓展脱贫攻坚成果的任务依然艰巨。要保持帮扶政策总体稳定，严格落实"四个不摘"要求，保持现有帮扶政策、资金支持、帮扶力量总体稳定。其中"四个不摘"是指摘帽不摘责任、摘帽不摘政策、摘帽不摘帮扶、摘帽不摘监管。

（一）摘帽不摘责任

贫困县全部宣布脱贫摘帽，标志着脱贫攻坚任务全面完成，我们顺利完成脱贫攻坚的阶段性任务，但并不意味着我们彻底摆脱了贫困，扶贫干部要继续完成后扶贫时代贫困人口的脱贫任务，还要实现已脱贫人

口的稳定脱贫，甚至接下来相对贫困的"硬骨头"会越来越难啃。因此，贫困县党政正职要继续保持稳定，不卸责任，工作要延续，已经脱贫摘帽的也要保持稳定，做到摘帽不摘责任，扎实巩固脱贫攻坚成果，实现已脱贫人口的稳定脱贫，让全面小康建设的水平经得起历史考验。

（二）摘帽不摘政策

基于我国脱贫攻坚基本国情，为有效应对"贫困人口返贫"，中央已经明确，摘帽不摘政策。后扶贫时代，要求我们继续加大对相对贫困群众的支持力度，资金和项目要继续向相对贫困地区倾斜，如重点解决相对贫困地区的公共服务、义务教育、基础设施以及基本医疗等保障问题。特别是加大对因病、因灾、因学等因素致返贫群众的医疗救助、临时救助、慈善救助等帮扶力度，坚持摘帽不摘政策，让脱贫攻坚更有底气，让贫困群众的小康路越走越宽阔。

（三）摘帽不摘帮扶

脱贫攻坚取得全面胜利后，正是乡村振兴全面推进之时，需要我们弘扬脱贫攻坚精神，守住"防返贫"底线，做到摘帽不摘帮扶。聚全国之力、汇全民之智、集各方之志，引导社会各界关注贫困问题、关注贫困人口、关心扶贫工作，动员全社会力量共同参与扶贫开发，广泛汇聚社会资源支持脱贫攻坚，是我国扶贫开发事业的成功经验，也是中国特色扶贫开发道路的重要特征。新时期，要持续动员和凝聚全社会力量广泛参与帮扶，谱写出乡村振兴的新华章。

（四）摘帽不摘监管

脱贫攻坚取得全面胜利后，把防止返贫放在重要位置，做到摘帽不摘监管，是后时代扶贫工作的重要内容。一方面，对贫困户实行分类管理，进行实时跟踪和动态监测，防止返贫和因病、因灾致贫，巩固已退出贫困村和非贫困村扶贫成效。另一方面，要持续发挥脱贫办、各派驻纪检监察组、各级重点督查室等职能，采取专项检查、突击检查、暗访检查、联合检查等多种方式，持续开展扶贫领域作风问题专项整治行动，加强扶贫资金监管。

二　更加注重解决相对贫困，建立稳定脱贫的长效机制

相对贫困，是指在特定的社会生产方式和生活方式下，依靠个人或家庭的劳动力所得或其他合法收入，虽能维持其食物保障，但无法满足在当地条件下被认为是最基本的其他生活需求的状态。衡量标准是家庭收入和人均支出。若一个家庭的收入低于必需的开支数时就属于贫困范围。2020年，脱贫攻坚战取得全面胜利，消除绝对贫困后，中国脱贫攻坚战的重心将向"相对贫困"转换。据新华社发布的中国共产党第十九届中央委员会第四次全体会议公报，此次中央全会提出"坚决打赢脱贫攻坚战，建立解决相对贫困的长效机制"。这是十八大以来首次在中央全会公报中提及"解决相对贫困"。"相对贫困"也成为未来一段时间扶贫工作的核心内容，也是践行脱贫攻坚精神的一个重要实践。2018年8月，中共中央、国务院发布《关于打赢脱贫攻坚战三年行动的指导意见》，要求到2020年，确保现行标准下农村贫困人口实现脱贫，消除绝对贫困等目标。目前，全国现行脱贫标准即农民人均可支配收入达到2300元/年，同时稳定实现不愁吃、不愁穿，义务教育、基本医疗和住房安全有保障，即"两不愁三保障"。但这并不是说到2020年中国就没有贫困了，而是到2020年中国消除了绝对贫困，相对贫困还会长期存在。也就是绝对贫困解决以后，贫困问题可能会以新的相对形式存在。南京大学社会保障研究中心主任林闽钢教授向南都记者表示，从全世界反贫困历程来看，反贫困具有明显的阶段性，反贫困战略普遍的演变规律是，从绝对贫困人口向相对贫困人口渐进扩展。简言之，相对贫困问

题不可能完全消除，会永远相对存在，也会成为未来扶贫工作的核心内容。新时期践行脱贫攻坚精神，就需要更加注重解决相对贫困，建立稳定脱贫的长效机制。

如何解决相对贫困？让医疗、教育、基础设施等公共服务在城乡之间缩小差距，实现均等化，可能是一个比绝对贫困需要更长时间解决的问题。从解决相对贫困的长效机制建立来看，林闽钢教授认为可以重点从以下三个方面来突破：一是充分发挥基本公共服务的作用，建立相对贫困人口发展的基础性机制。即对相对贫困群体更加注重在基本公共教育、基本医疗卫生服务、基本社会保障服务等方面的开展，重点是实现公共服务均等化，创造基础条件让贫困群体自强自立。二是形成"政府主导、社会参与、市场促进"的贫困治理的整体性机制。在政府主导之下，依靠市场的力量、社会的资源来推动。三是建立干预代际贫困传递的阻断性机制。即对贫困家庭实施物质援助的同时，更应注重贫困家庭人力资本的提升，通过实施"儿童发展计划"和"妇女教育计划"来开展，加强母亲教育，特别是加强女童教育尤为迫切和重要。[1]

三 更加注重精神脱贫，强化内生动力

脱贫攻坚战取得全面胜利后，巩固脱贫攻坚成果，防止脱贫人口返贫是重中之重。新时期，需要我们继续保持斗争精神，发扬脱贫攻坚精神，激发贫困群众内生动力，更加注重精神脱贫。精神脱贫是指随着这些年政府对扶贫越来越重视，各项优惠政策不断落地，部分农民群众脱贫致富的主动性降低、依赖性增强。部分贫困地区连续被扶持多年却依然贫困，或者在短暂脱贫后又再度返贫，根本原因是精神贫困。精神贫困通常表现为听天由命、消极无为，安于现状、好逸恶劳，不求更好、只求温饱，老守田园、安土重迁，小农本位、重农轻商，"等靠要"思

---

[1] 吴斌：《四中全会公报首提"解决相对贫困"》，载《南方都市报》，2019年11月2日。

想严重。要彻底摆脱贫困，首要的就是精神脱贫。解决好精神层面的问题，就会真正激发摆脱贫困的内生动力和贫困地区干部群众的主动性、积极性和创造性，变被动救济为主动脱贫，提升自主脱贫能力。习近平总书记强调，摆脱贫困首要的并不是摆脱物质的贫困，而是摆脱意识和思路的贫困。要注重扶贫同扶志、扶智相结合，把贫困群众积极性和主动性充分调动起来。[1]围绕既要"富口袋"也要"富脑袋"、变"输血"为"造血"、变"要我脱贫"为"我要脱贫"等三大行动计划，巩固拓展脱贫攻坚成果。

（一）既要"富口袋"也要"富脑袋"

扶贫既要"富口袋"，也要"富脑袋"。2016年，习近平总书记在东西部扶贫协作座谈会上的讲话指出，扶贫必扶智，治贫先治愚。贫穷并不可怕，怕的是智力不足、头脑空空，怕的是知识匮乏、精神委顿。脱贫致富不仅要注意"富口袋"，更要注意"富脑袋"。[2]这一重要指示，为深化扶贫与扶智相结合提供了重要遵循。扶智的本质是教育脱贫，通过教育让人们认识到造成贫困的原因，找到解决贫困的办法、途径和出路，从根本上消除带来脱贫的思想根子。习近平总书记始终坚持把教育放在优先发展战略地位。

2012年12月29日至30日在河北省阜平县考察扶贫开发工作讲话时，习近平总书记指出，"要把下一代的教育工作做好，特别是要注重山区贫困地区下一代的成长。下一代要过上好生活，首先要有文化，这样将来他们的发展就完全不同。义务教育一定要搞好，让孩子们受到好的教育，不要让孩子们输在起跑线上。古人有'家贫子读书'的传统。把贫

---

[1] 习近平：《认清形势聚焦精准深化帮扶确保实效切实做好新形势下东西部扶贫协作工作》，载《光明日报》，2016年7月22日第1版。

[2] 习近平：《认清形势聚焦精准深化帮扶确保实效切实做好新形势下东西部扶贫协作工作》，载《光明日报》，2016年7月22日第1版。

困地区孩子培养出来，这才是根本的扶贫之策"。[1]后扶贫时代，我们要继续抓好基础教育扶贫，保障落实贫困家庭子女就学，才能阻断贫困代际传递。教育扶贫，既立足当下，又惠及长远；既雪中送炭，又授人以渔。

（二）变"输血"为"造血"

扶贫不只是"输血"，更着重在"造血"。扶贫与治病一样，"造血"才是治本之策。脱贫攻坚，群众动力是基础。坚持群众主体，激发内生动力。脱贫攻坚，我们始终坚持依靠人民群众，正确处理外部帮扶和贫困群众自身努力关系。后扶贫时代，要继续做好对贫困地区干部群众的宣传、教育、培训、组织工作，充分调动相对贫困地区的群众积极性、主动性、创造性，提高贫困群众的科学文化素质，培养就业能力、生产经营能力，激发造血"干细胞"的活性，是实现从"输血型"扶贫转变为"造血型"脱贫的关键环节，也是提高贫困群体自我发展能力，培育贫困群众依靠自力更生实现更加美好的生活，推动扶贫工作从"输血式"向"造血式"转变的重要手段。

（三）变"要我脱贫"为"我要脱贫"

好日子是干出来的。扶贫先扶志，变"要我脱贫"为"我要脱贫"，就是要改变贫困群众的精神面貌、激发内生动力、夯实脱贫攻坚成果。内生动力在哪里？就在广大基层群众的心里、手上和脚下，心里要谋划"如何脱贫"、双手要往"我要脱贫"上使劲、脚下要奔向"致富之道"。[2]"我和长田坎村的故事""我和天堂村的故事""脱贫攻坚战场上退伍老兵的作为担当""丰湘波：一手雕木艺，雕出好日子"等一个个

---

[1] 习近平：《在河北省阜平县考察扶贫开发工作时的讲话》，载《人民日报》，2021年2月16日第1版。

[2] 周辉：《等着别人送小康的心态要不得》，载《西藏日报》，2018年8月6日第5版。

脱贫小故事，展示了贫困群众自力更生的奋斗历程，也营造了脱贫光荣、自给自足的社会氛围。脱贫攻坚以来，这样的变化真实发生在每一个走出贫困的村庄。后扶贫时代，我们要继续践行脱贫攻坚精神，激发贫困群众内生动力，确保脱贫后能发展、可持续，用真情和智慧带领乡亲们进一步摆脱贫困，走上致富路。

第二节　实施乡村振兴战略

没有脱贫攻坚，就没有乡村振兴；乡村不振兴，脱贫攻坚就不可能巩固。习近平总书记在考察调研时，曾多次强调要巩固好脱贫攻坚成果，推进全面脱贫与乡村振兴战略有效衔接。2020年1月19日至21日，习近平总书记在云南考察时指出："乡亲们脱贫只是迈向幸福生活的第一步，是新生活、新奋斗的起点。要在全面建成小康社会基础上，大力推进乡村振兴，让幸福的佤族村更加幸福。"2020年5月11日至12日，习近平总书记在山西考察时指出："今年是决战决胜脱贫攻坚和全面建成小康社会的收官之年，要千方百计巩固好脱贫攻坚成果，接下来要把乡村振兴这篇文章做好，让乡亲们生活越来越美好。"脱贫摘帽不是终点，而是乡村振兴的起点，脱贫攻坚胜利后，要接续推动相对贫困地区发展和乡村全面振兴。

实施乡村振兴战略，是中共十九大作出的重大决策部署，党的十九大报告把乡村振兴战略与科教兴国战略、人才强国战略、创新驱动发展战略、区域协调发展战略、可持续发展战略、军民融合发展战略并列为党和国家未来发展的"七大战略"。作为国家战略，乡村振兴是具有全局性、长远性、前瞻性的国家总布局，它是国家发展的核心和关键问题，是决战全面建成小康社会、全面建设社会主义现代化国家的重大历史任务，是新时代"三农"工作的总抓手。乡村振兴战略坚持农业农村优先发展，目标是按照产业兴旺、生态宜居、乡风文明、治理有效、生活富裕的总要求，建立健全城乡融合发展体制机制和政策体系，加快推进农业农村现代化。按照中共十九大提出的决胜全面建成小康社会、分两个阶段实现第二个百年奋斗目标的战略安排，2017年中央农村工作会议明确了实施乡村振兴战略的目标任务：2020年，乡村振兴取得重要进展，制度框架和政策体系基本形成；2035年，乡村振兴取得决定性进展，农业农村现代化基本实现；2050年，乡村全面振兴，农业强、农村美、农民富全面实现。只有持续扎实推进乡村振兴战略，才能切实巩固脱贫攻坚成效，才能为发展成为现代化强国打下坚实基础。后脱贫时代，弘扬伟大脱贫攻坚精神，我们需要持续巩固脱贫成效，再接再厉，要乘势而上，汇聚磅礴力量，接续奋斗，大力推动"三农"工作高质量发展，在促进全体人民共同富裕上取得更为明显的实质性进展，不断满足人民对美好生活的向往，再创乡村振兴新华章。

一 以"五个振兴"扎实推进乡村振兴战略

2018年两会期间，中共中央总书记、国家主席、中央军委主席习近平提出要推动乡村产业振兴、人才振兴、文化振兴、生态振兴和组织振兴。《乡村振兴战略规划（2018—2022年）》也明确，要科学有序推动乡村产业、人才、文化、生态和组织振兴。2021年2月21日，21世纪以来第18个指导"三农"工作的中央一号文件，《中共中央　国务院关于全面推进乡村振兴加快农业农村现代化的意见》发布。文件指出，要把乡村建设摆在社会主义现代化建设的重要位置，全面推进乡村产业、人才、文化、生态、组织振兴，充分发挥农业产品供给、生态屏障、文化传承等功能，走中国特色社会主义乡村振兴道路。"五个振兴"是"乡村全面振兴"的核心内涵，是乡村振兴的五个关键的支撑点，"五个振兴"既各自成篇，又相互联系、相互促进，构成一个实施乡村振兴战略的有机整体。

（一）产业振兴

发展才是硬道理。产业振兴，是乡村振兴的源头和物质基础。只有产业兴旺，才能吸引资源，留住人才，农村才能兴旺。在脱贫攻坚实践中，将产业与扶贫融合起来，借助产业带动贫困户，成为我国特色扶贫的主要经验。生活富裕的关键是要靠发展，靠增收，也就是靠产业。农村发展产业必须紧紧围绕发展现代农业，围绕农村一二三产业融合发展，构建乡村产业体系，实现产业兴旺，促进农民增收，推动乡村生活富裕。只有这样，才能建立主要依靠产业支撑的可持续的农民稳定增收长效机制。

以产业振兴推进乡村振兴战略，持续助力脱贫攻坚，第一，要深入推进农业绿色化、优质化、特色化、品牌化发展，调整优化农业生产力布局，推动农业由增产导向转向提质导向。第二，要因地制宜地制定产业扶贫策略，结合利用本地的特产和资源，推动优势特色主导产业发展，打造特色优势明显、产业基础好、发展潜力大、竞争力强的特色产业集聚区，如乡村旅游、休闲农业、观光农业、农村电商等。第三，政府要做好合理的规划，特别是基础设施建设，引导产业布局，提升产业结构调整等工作，强化政策衔接配合，创造良好的招商引资等营商环境，加大对社会资本的吸引力和服务，为乡村振兴保驾护航。

（二）人才振兴

乡村振兴关键在人、在人才。没有人才，乡村振兴只能是一句空话。有了人才，乡村的产业发展、文化建设、生态建设、组织建设等才能有序展开，农村的各项改革才能有效推进，乡村全面振兴的目标才有可能实现。习近平总书记指出，要打造一支强大的乡村振兴人才队伍，在乡村形成人才、土地、资金、产业汇聚的良性循环。

目前，我国农村人才匮乏，以留守老人和妇女为主的农业生产者适应生产力发展和市场竞争的能力明显不足。推动人才振兴，就是要通过留住一部分农村优秀人才，吸引一部分外出人才回乡和一部分社会优秀人才下乡，以人才会聚推动和保障乡村振兴，增强农业农村内生发展能力。乡村振兴，必须将自上向下推动和乡村内生发展有机地结合起来。一方面，要加强顶层设计，自上向下推动。第一，优化体制机制，为农村人才队伍建设扫清障碍。第二，加大财政资金投入，为培养人才、引进人才提供有力保障。第三，根据农村产业发展需要，引进高端人才队伍。第四，实施人才重点工程，践行人才工作理念。另一方面，要实施好乡村振兴人才支撑计划。第一，把人力资本开发放在首要位置，培育新型职业农民，加强农村专业人才队伍建设，强化乡村振兴的人才支撑。第二，加快培育新型农业经营主体，激励各类人才在农村广阔天地大施所能、大展才华、大显身手，吸引更多社会人才投身乡村建设。

（三）文化振兴

物质文明和精神文明，两手都要抓，两手都要硬，否则即使一时产业兴旺，也难以获得持续长久的繁荣。文化振兴，是乡村振兴的精神基础。乡村文化建设既是乡村建设的难点，也是乡村建设的灵魂。加强乡村文化建设是深入推进乡村振兴的重要抓手。

随着扶贫工作的稳步推进，特别是物质扶贫的深入推进，加强贫困地区移风易俗工作，促进形成文明健康的生活方式刻不容缓。为贯彻落实中宣部、中央文明办召开推动移风易俗，树立文明乡风电视电话会议精神，各有关部门整合各方资源、发挥各自优势，扎实有效做好贫困地区移风易俗工作，包括：增加农民图书馆和休闲娱乐等公共设施的建设投入，加强农民精神文化生活建设；把"婚丧嫁娶"等事宜纳入村民章程，淳化质朴民风；开展文艺会演，丰富群众文化娱乐生活；开展社会主义核心价值观宣传教育，提高村民的文化道德素养；打造美丽乡村建设，让文明新风入脑入心；强化农村基层党组织建设，发挥党员干部的先锋模范作用；等等。总体来说，建设乡村文化，要加强农村思想道德和公共文化建设，以社会主义核心价值观为引领，弘扬社会主旋律和社会正气，倡导科学文明健康的生活方式，传承和弘扬农村优秀传统文化，培育文明乡风、良好家风、淳朴民风，提高乡村社会文明程度，实现乡村文化振兴。当然，乡村文化建设是一个长期过程，不可能一蹴而就，也不能操之过急，是一个循循善诱、潜移默化的过程，需要长期坚持、久久为功。

（四）生态振兴

"绿水青山就是金山银山。"推动乡村生态振兴，就是要坚持以人为本、以人民为中心、以绿色发展为引领，严守生态保护红线，推进农业农村绿色发展，加快农村人居环境整治，打造山清水秀、生态宜居的农民安居乐业的美丽家园，让良好生态成为乡村振兴的支撑点。

生态扶贫是专项攻坚的一种重要方式，即将生态保护与扶贫开发相结合，统筹经济效益、社会效益、生态效益，以实现贫困地区可持续发展为导向的一种扶贫工作模式。弘扬脱贫攻坚精神，实现乡村生态振兴，让良好生态成为乡村振兴的支撑点，要加强以下几方面工作：第一要加大政策补贴，调整农业生产资料综合补贴，建立耕地地力保护补贴，特别是对环境友好的轮作休耕加大补贴力度，等等。第二要扎实推进农村人居环境整治行动，加强农村污水、垃圾等突出环境问题的综合治理，推进农村"厕所革命"，完善农村生活设施，补齐农村生态环境建设短板，打造农民安居乐业的美丽家园。第三要加快农业转型升级，减量并有效使用农业化学投入物，实现农作物秸秆、畜禽粪污等资源化利用和农用薄膜回收利用，充分发挥农业特有的生态功能，同时取得一部分经济效益，让农业成为生态产品的重要供给者。乡村生态振兴，不仅环境变美，人居环境得到整体改善，焕发村民精神风貌，而且促进了乡村文化振兴，吸引了游客和建设者，从而推动乡村产业振兴和人才振兴。

（五）组织振兴

乡村组织振兴，是乡村振兴的保障条件，不仅是领导好、组织好、治理好乡村的根本性保证,也是协调好、发展好、振兴好乡村的制度性保障,决定着乡村治理能力和内生发展能力,与乡村产业振兴、人才振兴、文化振兴、生态振兴息息相关。抓好党建促脱贫攻坚,是贫困地区脱贫致富的重要经验。注重党建引领,充分发挥基层党组织的核心领导作用和战斗堡垒作用,是打赢脱贫攻坚战役的硬核保障。后脱贫时代,推动乡村组织振兴,必须加强农村基层党组织和党员队伍建设。

多年来,我国实行基层群众自治制度,由村民选举村委会干部。推动乡村组织振兴,加强农村基层党组织建设,必须加强农村基层党组织对乡村振兴的全面领导。第一,必须健全以党组织为核心的基层组织体系,更好地按照党的意志和精神领导基层治理,动员组织广大农民,推动乡村全面振兴。第二,必须加强农村基层党组织和党员队伍建设。针对当前农村一些地区村级党组织干部老化、后继乏人的实际,要加大在复员退伍军人、本土大学毕业生、返乡知识青年、外出务工经商人员中的村干部选拔力度和发展党员力度。第三,深化村民自治实践,建立健全党委领导、政府负责、社会协同、公众参与、法治保障的现代乡村社会治理体制,确保乡村社会充满活力、安定有序。

"五个振兴"总体来说就是要紧紧围绕发展现代农业,围绕农村一二三产业融合发展,构建乡村产业体系,实现产业兴旺;把人力资本开发放在首要位置,强化乡村振兴人才支撑;弘扬主旋律和社会正气,培育文明乡风、良好家风、淳朴民风;打造农民安居乐业的美丽家园,让良好生态成为乡村振兴支撑点;建立健全党委领导、政府负责、社会协同、公众参与、法治保障的现代乡村社会治理体制。

二 以"七条之路"走中国特色社会主义乡村振兴道路

走中国特色社会主义乡村振兴道路,是新时代"三农"工作的重中之重,是解决人民日益增长的美好生活需要和不平衡不充分的发展之间的矛盾，以及巩固脱贫攻坚成果、全面推进乡村振兴的必然要求。中央农村工作会议明确提出了中国特色社会主义乡村振兴道路的七个重要方面，即，1.重塑城乡关系，走城乡融合发展之路；2.巩固和完善农村基本经营制度，走共同富裕之路；3.深化农业供给侧结构性改革，走质量兴农之路；4.坚持人与自然和谐共生，走乡村绿色发展之路；5.传承发展提升农耕文明，走乡村文化兴盛之路；6.创新乡村治理体系，走乡村善治之路；7.打好精准脱贫攻坚战，走中国特色减贫之路。

（一）重塑城乡关系，走城乡融合发展之路

建立健全城乡融合发展体制机制和政策体系，是党的十九大作出的重大决策部署。改革开放特别是党的十八大以来，我国在统筹城乡发展、推进新型城镇化方面取得了显著进展，"我国粮食产量连续五年超过1.2万亿斤、农村人均可支配收入达到13432元、农业科技进步贡献率超过了66%"[1]，农业农村部部长韩长赋表示，党的十八大以来，我国农业农村发展取得了历史性的成就，但乡村发展还面临一些突出问题，"当前，我国发展不平衡不充分问题在乡村最为突出，城乡发展不平衡，农村发展不充分，可以说是当今中国社会主要矛盾的突出表现"。[2]如城乡要素流动不顺畅、公共资源配置不合理等具体问题，影响城乡融合发展的体制机制障碍尚未根本消除。为重塑新型城乡关系，走城乡融合发展之路，促进乡村振兴和农业农村现代化，中共中央、国务院在《关于建立健全城乡融合发展体制机制和政策体系的意见》中指出，第一要建立健全有利于城乡要素合理配置的体制机制，要坚决破除妨碍城乡要素自由流动和平等交换的体制机制壁垒，促进各类要素更多向乡村流动，在乡村形成人才、土地、资金、产业、信息汇聚的良性循环，为乡村振兴注入新动能；第二要建立健全有利于城乡基本公共服务普惠共享

---

[1]《韩长赋：从五个方面大力推进乡村振兴战略实施》，人民网，2018年4月9日。
[2]《韩长赋：从五个方面大力推进乡村振兴战略实施》，人民网，2018年4月9日。

的体制机制，要推动公共服务向农村延伸、社会事业向农村覆盖，健全全民覆盖、普惠共享、城乡一体的基本公共服务体系，推进城乡基本公共服务标准统一、制度并轨；第三要建立健全有利于城乡基础设施一体化发展的体制机制，要把公共基础设施建设重点放在乡村，坚持先建机制、后建工程，加快推动乡村基础设施提档升级，实现城乡基础设施统一规划、统一建设、统一管护；第四要建立健全有利于乡村经济多元化发展的体制机制，要围绕发展现代农业、培育新产业新业态，完善农企利益紧密联结机制，实现乡村经济多元化和农业全产业链发展；第五要建立健全有利于农民收入持续增长的体制机制，要拓宽农民增收渠道，促进农民收入持续增长，持续缩小城乡居民生活水平差距。

（二）巩固和完善农村基本经营制度，走共同富裕之路

党的十八大以来，以习近平同志为核心的党中央对稳定和完善农村基本经营制度、深化农村土地制度改革提出了一系列方针政策，主要包括：在坚持农村土地集体所有的前提下，促使承包权和经营权分离，形成所有权、承包权、经营权"三权"分置、经营权流转的格局；维护进城务工落户农民土地承包经营权、宅基地使用权、集体收益分配权，依法规范权益转让；允许承包方以承包土地的经营权入股和发展农业产业化经营，探索承包土地的经营权融资担保；健全工商资本租赁农地的监管和风险防范制度，加强用途管制，严守耕地红线；建立完善土地承包经营权确权登记制度；保障农村妇女的土地承包权益；在农村集体产权制度改革中确认农村集体经济组织成员身份；等等。党的十九大报告进一步明确提出，"巩固和完善农村基本经营制度，深化农村土地制度改革，完善承包地'三权'分置制度，保持土地承包关系稳定并长久不变，第二轮土地承包到期后再延长三十年"。新时期，推动乡村振兴，我们要继续发扬脱贫攻坚精神，坚持农村土地集体所有，坚持家庭经营基础性地位，坚持稳定土地承包关系，壮大集体经济，建立符合市场经济要

求的集体经济运行机制,确保集体资产保值增值,确保农民受益,走共同富裕之路。

（三）深化农业供给侧结构性改革,走质量兴农之路

习近平指出:"重农固本,是安民之基。"对于一个拥有14亿人口的大国而言,农业具有举足轻重的作用和价值。当前,农业改革的重点是供给侧结构性改革,难点也在供给侧。习近平在参加十二届全国人大四次会议湖南代表团审议时指出,"推进农业供给侧结构性改革,提高农业综合效益和竞争力,是当前和今后一个时期我国农业政策改革和完善的主要方向"[1],并多次强调,要坚持质量兴农、绿色兴农,不断提高农业综合效益和竞争力。中央农村工作会议明确了必须深化农业供给侧结构性改革,走质量兴农之路。坚持质量兴农、绿色兴农,实施质量兴农战略,加快推进农业由增产导向转为提质导向,夯实农业生产能力基础,确保国家粮食安全,构建农村一二三产业融合发展体系,积极培育新型农业经营主体,促进小农户和现代农业发展有机衔接,推进"互联网+现代农业"建设,加快构建现代农业产业体系、生产体系、经营体系,不断提高农业创新力、竞争力和全要素生产率,加快实现由农业大国向农业强国转变。

（四）坚持人与自然和谐共生,走乡村绿色发展之路

党的十九大提出了实施乡村振兴战略,要坚持人与自然和谐共生,走乡村绿色发展之路,让良好生态成为乡村振兴支撑点。中央农村工作会议也指出,走中国特色社会主义乡村振兴道路,必须坚持人与自然和谐共生,走乡村绿色发展之路。以绿色发展引领生态振兴,统筹山水林田湖草系统治理,加强农村突出环境问题综合治理,建立市场化多元化

---

[1] 中共中央文献研究室:《习近平关于社会主义经济建设论述摘编》,中央文献出版社2017年版,第198页。

生态补偿机制，增加农业生态产品和服务供给，实现百姓富、生态美的统一。乡村绿色发展，一方面，是针对当前"三农"发展中存在的农产品质量、水气土壤大环境污染、可持续发展等现实问题的解决路径选择，另一方面，也是人民当前日益增长的美好生活需要中的绿色生态发展的需要。走好乡村绿色发展之路，实现农业农村可持续发展，进而实现乡村全面振兴，一方面要处理好"绿色发展"与农民致富的关系，既要绿水青山，也要金山银山。另一方面要处理好眼前效益与长远发展的关系，既要实现当前发展，也要注重长远的和谐统一。

（五）传承发展提升农耕文明，走乡村文化兴盛之路

为有效遏制陈规陋习，树立文明新风，不断提升农村精神文明建设水平，中宣部、中央文明办召开"推动移风易俗树立文明乡风"电视电话会议。会议强调，推动移风易俗、树立文明乡风是加强农村精神文明建设的一项重大任务，是推动社会主义核心价值观在农村落地生根的必然要求，是深化美丽乡村建设的有效途径，是完成脱贫攻坚工作任务的重要抓手。2017年12月12日至13日，习近平在江苏徐州市考察时强调："农村精神文明建设很重要，物质变精神、精神变物质是辩证法的观点，实施乡村振兴战略要物质文明和精神文明一起抓，特别要注重提升农民精神风貌。"[1]中央农村工作会议也指出，走中国特色社会主义乡村振兴道路，必须传承发展提升农耕文明，走乡村文化兴盛之路。坚持物质文明和精神文明一齐抓，弘扬和践行社会主义核心价值观，加强农村思想道德建设，传承发展提升农村优秀传统文化，加强农村公共文化建设，开展移风易俗活动，提升农民精神风貌，培育文明乡风、良好家风、淳朴民风，不断提高乡村社会文明程度。新时期，推动社会主义核心价值观在农村落地生根，走乡村文化兴盛之路，一方面要立足农村生产生活实际和农民群众思想实际，依托传统节日弘扬文明风尚，

---

[1]《突出重点促进乡村振兴》，人民网，2021年6月24日。

加强移风易俗宣传和舆论监督；另一方面要强化制度约束，构建起党章党规、法律法规、公共政策、规范守则相互支撑的保障体系，推动形成良好社会风气。

（六）创新乡村治理体系，走乡村善治之路

为贯彻落实党的十九届四中全会、中央经济工作会议、中央农村工作会议精神，推进乡村治理体系和治理能力现代化，中央农办、农业农村部牵头，会同中央组织部、中央宣传部、民政部、司法部在全国确定了115个县（市、区）开展乡村治理体系建设试点示范。试点示范工作以习近平总书记关于乡村治理的重要论述为指引，全面贯彻落实中央有关决策部署，坚持党的领导、农民主体、"三治结合"、多方协同、突出重点的原则，主要内容包括探索共建共治共享的治理体制、乡村治理与经济社会协同发展的机制、乡村治理的组织体系、党组织领导自治法治德治相结合的路径，完善基层治理方式、村级权力监管机制，创新村民议事协商形式、现代乡村治理手段。通过这些试点示范，为走中国特色社会主义乡村善治之路探索新路子、创造新模式。新时期，践行脱贫攻坚精神，必须创新乡村治理体系，走乡村善治之路。建立健全党委领导、政府负责、社会协同、公众参与、法治保障的现代乡村社会治理体制，健全自治、法治、德治相结合的乡村治理体系，加强农村基层基础工作和农村基层党组织建设，深化村民自治实践，严肃查处侵犯农民利益的"微腐败"，建设平安乡村，确保乡村社会充满活力、和谐有序。

（七）打好精准脱贫攻坚战，走中国特色减贫之路

自新时期脱贫攻坚战打响以来，我国脱贫攻坚工作取得了决定性进展，不仅创造了我国扶贫史上的最好成绩，而且为实施乡村振兴战略奠定了坚实基础，成为"人类历史上最伟大的故事之一"。中共中央农村

工作会议强调必须打好精准脱贫攻坚战,走中国特色减贫之路。坚持精准扶贫、精准脱贫,把提高脱贫质量放在首位,注重扶贫同扶志、扶智相结合,瞄准贫困人口精准帮扶,聚焦深度贫困地区集中发力,激发贫困人口内生动力,强化脱贫攻坚责任和监督,开展扶贫领域腐败和作风问题专项治理,采取更加有力的举措、更加集中的支持、更加精细的工作,坚决打好精准脱贫这场对全面建成小康社会具有决定意义的攻坚战。全面打响脱贫攻坚战以来,坚持"中央统筹,省负总责,市县抓落实"的体制机制,建立各负其责、合力攻坚的责任体系;坚持以需求为导向的政策供给,建立上下联动、针对性强的政策体系;坚持精准扶贫精准脱贫的基本方略,建立精准帮扶的工作体系;坚持发挥政府投入的主体和主导作用,建立与攻坚要求相适应的投入体系;坚持全社会参与的大扶贫格局,建立较为有效的宣传动员体系;坚持全面从严治党的总体要求,建立多渠道全方位的监督体系;坚持脱贫成效必须经得起实践和历史检验的标准,建立严格的考核体系。[1]脱贫攻坚"四梁八柱"顶层设计基本完成,为打赢脱贫攻坚战建立了体制机制,提供了制度保障,形成中国特色减贫之路。

三 以"七个要求"全面实施乡村振兴战略

民族要复兴,乡村必振兴。习近平总书记在中央农村工作会议上强调,脱贫攻坚取得胜利后,要全面推进乡村振兴,这是"三农"工作重心的历史性转移。全面推进乡村振兴落地见效,践行脱贫攻坚精神,要加快发展乡村产业,加强社会主义精神文明建设,加强农村生态文明建设,深化农村改革,实施乡村建设行动,推动城乡融合发展见实效,加强和改进乡村治理。

---

[1] 李慧:《走中国特色减贫之路》,载《光明日报》,2018年1月8日第4版。

（一）加快发展乡村产业

2018年4月11日至13日，习近平在海南考察时强调："乡村振兴，关键是产业要振兴。要鼓励和扶持农民群众立足本地资源发展特色农业、乡村旅游、庭院经济，多渠道增加农民收入。"[1]产业兴旺，是解决农村一切问题的前提。只有加快发展乡村产业，实现乡村产业振兴，才能更好地推动农业全面升级、农村全面进步、农民全面发展。发展乡村产业是实现脱贫致富的根本之策。2020年12月28日至29日，习近平在中央农村工作会议上再次强调发展乡村产业的重要性，指出："要加快发展乡村产业，顺应产业发展规律，立足当地特色资源，推动乡村产业发展壮大，优化产业布局，完善利益联结机制，让农民更多分享产业增值收益。"[2]在脱贫攻坚中，许多贫困地区因地制宜，通过发展特色优势产业实现了脱贫摘帽。但总体上看，脱贫地区产业发展还处于起步阶段，技术、资金、人才、市场等支撑还不强。从实践上看，凡是富裕的乡村，大都有主导优势产业，广大农民能通过产业发展，实现充分就业。因此，只有乡村产业蓬勃发展，脱贫地区特色优势产业稳定发展、高质量发展，才能持续拓宽农民增收渠道，有效防止返贫和新的贫困发生。

（二）加强社会主义精神文明建设

2018年3月8日，习近平参加十三届全国人大一次会议山东代表团审议时强调："要推动乡村文化振兴，加强农村思想道德建设和公共文化建设，以社会主义核心价值观为引领，深入挖掘优秀传统农耕文化蕴含的思想观念、人文精神、道德规范，培育挖掘乡土文化人才，弘扬主旋律和社会正气，培育文明乡风、良好家风、淳朴民风，改善农民精神风貌，提高乡村社会文明程度，焕发乡村文明新气象。"[3]社会主义精

---

[1]《新时代新征程，总书记这样谋划乡村振兴大棋局》，新华网，2021年12月25日。
[2]《坚持把解决好"三农"问题作为全党工作重中之重 促进农业高质高效乡村宜居宜业农民富裕富足》，载《人民日报》，2020年12月30日第1版。
[3]《习近平要求乡村实现"五个振兴"》，人民网，2018年7月16日。

神文明建设是适应社会主义现代化建设的需要，培育有理想、有道德、有文化、有纪律的社会主义公民，以提高整个中华民族的思想道德素质和科学文化素质。人的素质是历史的产物，又给历史以巨大影响。在社会主义条件下，努力改善全体公民的素质，必将使社会劳动生产率不断提高，使人与人之间在公有制基础上的新型关系不断发展，使整个社会的面貌发生深刻的变化。这是我国社会主义现代化事业获得成功的必不可少的条件。2020年12月28日至29日，习近平在中央农村工作会议上再次强调："要加强社会主义精神文明建设，加强农村思想道德建设，弘扬和践行社会主义核心价值观，普及科学知识，推进农村移风易俗，推动形成文明乡风、良好家风、淳朴民风。"[1]加强农村社会主义精神建设，要加强党对农村社会主义精神文明建设的领导，要在农民群众中深入开展习近平新时代中国特色社会主义思想宣传教育，加强农村思想道德建设，加强农村思想政治工作，开展农村群众性精神文明创建活动，等等，从而更好地统一思想凝聚力量、巩固党的执政基础和群众基础，从而更好地服务乡村振兴战略。

（三）加强农村生态文明建设

2020年3月29日至4月1日，习近平在浙江考察时强调："希望乡亲们坚定走可持续发展之路，在保护好生态前提下，积极发展多种经营，把生态效益更好转化为经济效益、社会效益。"[2]农村生态文明建设，既是全面推进乡村振兴的重要内容，也是加强生态文明建设的题中应有之义。现阶段，在对自然资源的开发利用过程中，由于缺乏环境保护意识和必要的设施技术支撑，农村的环境污染现象越发严重，如农业生产污染、工业排放污染、农民生活污染等现象。2020年12月28日至29日，

---

[1]《习近平在中央农村工作会议上强调　坚持把解决好"三农"问题作为全党工作重中之重　促进农业高质高效乡村宜居宜业农民富裕富足》，载《人民日报》，2020年12月30日第1版。

[2]《让绿色成为新时代发展的亮丽底色》，人民网，2020年4月3日。

习近平在中央农村工作会议上再次强调，要加强农村生态文明建设，保持战略定力，以钉钉子精神推进农业面源污染防治，加强土壤污染、地下水超采、水土流失等治理和修复。这一重要指示，为加强农村生态文明建设、推进乡村振兴提供了根本遵循和行动指南。加强农村生态文明建设，必须处理好生态保护与经济发展以及发展与安全的关系，一方面，相关部门要制定和完善农村环境治理的法规制度，建立农村环境治理的监管制度；另一方面，政府相关部门和相关组织要积极利用广播、电视以及网络媒介向大众普及环境保护和污染防治相关的法律、法规和政策，转变村民观念，提高民众对农村环境治理的参与度，让农民成为农村环境的守护人。总之，加强农村生态文明建设，要坚持以增强民生福祉为核心，推动形成创新、协调、绿色、发展、共享的现代化美丽乡村，从而满足人民群众日益增长的对美好生态环境的需要。

（四）深化农村改革

2016年4月25日，习近平在农村改革座谈会上强调："解决农业农村发展面临的各种矛盾和问题，根本靠深化改革。新形势下深化农村改革，主线仍然是处理好农民和土地的关系。最大的政策，就是必须坚持和完善农村基本经营制度，坚持农村土地集体所有，坚持家庭经营基础性地位，坚持稳定土地承包关系。要抓紧落实土地承包经营权登记制度，真正让农民吃上'定心丸'。"[1] 2020年12月28日至29日，习近平在中央农村工作会议上再次强调："要深化农村改革，加快推进农村重点领域和关键环节改革，激发农村资源要素活力，完善农业支持保护制度，尊重基层和群众创造，推动改革不断取得新突破。"[2] 没有脱贫攻

---

[1]《加大推进新形势下农村改革力度 促进农业基础稳固农民安居乐业》，载《人民日报》，2016年4月29日第1版。

[2]《习近平在中央农村工作会议上强调 坚持解决好"三农"问题工作为全党工作重中之重 促进农业高质高效乡村宜居宜业农民富裕富足》，载《人民日报》，2020年12月30日第1版。

坚，就没有乡村振兴；乡村不振兴，脱贫攻坚就不可能巩固。2020年是决战决胜脱贫攻坚和全面建成小康社会的收官之年，巩固好脱贫攻坚成果，推进全面脱贫与乡村振兴战略有效衔接，必须继续推进农村改革，以生活富裕为根本，着眼巩固和完善以家庭承包经营为基础，统分结合的双层经营体制的农村基本经营制度，走出一条共同富裕之路。

（五）实施乡村建设行动

2018年4月，习近平作出重要指示，强调："浙江省15年间久久为功，扎实推进'千村示范、万村整治'工程，造就了万千美丽乡村，取得了显著成效。我多次讲过，农村环境整治这个事，不管是发达地区还是欠发达地区都要搞，但标准可以有高有低。要结合实施农村人居环境整治三年行动计划和乡村振兴战略，进一步推广浙江好的经验做法，因地制宜、精准施策，不搞'政绩工程'、'形象工程'，一件事情接着一件事情办，一年接着一年干，建设好生态宜居的美丽乡村，让广大农民在乡村振兴中有更多获得感、幸福感。"[1]2020年12月28日至29日，习近平在中央农村工作会议上再次强调："要实施乡村建设行动，继续把公共基础设施建设的重点放在农村，在推进城乡基本公共服务均等化上持续发力，注重加强普惠性、兜底性、基础性民生建设。要接续推进农村人居环境整治提升行动，重点抓好改厕和污水、垃圾处理。要合理确定村庄布局分类，注重保护传统村落和乡村特色风貌，加强分类指导。"[2]未来的乡村会是什么样？怎样把乡村建设好？围绕社会关切的问题，十九届五中全会对乡村建设行动作出重点部署，提出大力实施乡村建设行动。例如河南省相继出台了《乡村建设行动实施方案》《县

---

[1]《建设生态宜居的美丽乡村 让广大农民有更多获得感幸福感》，载《人民日报》，2018年4月24日第1版。

[2]《习近平在中央农村工作会议上强调 坚持把解决好"三农"问题作为全党工作重中之重 促进农业高质高效乡村宜居宜业农民富裕富足》，载《人民日报》，2020年12月30日第1版。

域国土空间一体化规划行动方案》以及《县域城乡交通一体化行动方案》等13个乡村建设行动重点任务专项方案，科学编制乡村规划，积极推进乡村基础设施建设、完善公共服务、改善人居环境，促进城乡融合发展，努力实现城乡基础设施一体化和基本公共服务均等化的发展目标。根据方案要求，河南省坚持规划引领、农民主体、城乡融合、循序渐进、建管并重的原则，打造以县城为龙头、中心镇为节点、乡村为腹地的发展新格局，促进人才、土地、资本等要素在城乡间双向流动、平等交换。2021年，河南省已经全面启动乡村建设行动，制定完善专项行动方案，建立健全工作推进机制，新培育1000个乡村建设示范村，确保乡村建设行动开好局、起好步。到2025年，将实现乡村建设行动取得明显成效、走在全国前列，乡村面貌发生明显变化，农村现代化取得重要进展，乡村基础设施现代化水平迈上新台阶，农村生活设施便利化初步实现，城乡基本公共服务均等化水平明显提高。后脱贫时代，践行脱贫攻坚精神，需要大力实施乡村建设行动，让广大农民在乡村振兴中有更多获得感、幸福感。

（六）推动城乡融合发展见实效

2018年9月21日，习近平在十九届中央政治局第八次集体学习时的讲话指出："要把乡村振兴战略这篇大文章做好，必须走城乡融合发展之路。我们一开始就没有提城市化，而是提城镇化，目的就是促进城乡融合。要向改革要动力，加快建立健全城乡融合发展体制机制和政策体系。要健全多元投入保障机制，增加对农业农村基础设施建设投入，加快城乡基础设施互联互通，推动人才、土地、资本等要素在城乡间双向流动。要建立健全城乡基本公共服务均等化的体制机制，推动公共服务向农村延伸、社会事业向农村覆盖。要深化户籍制度改革，强化常住人口基本公共服务，维护进城落户农民的土地承包权、宅基地使用权、集体收益分配权,加快农业转移人口市民化。"[1]2020年12月28日至29日,习近平在中央农村工作会议上再次强调:"要推动城乡融合发展见实效,健全城乡融合发展体制机制,促进农业转移人口市民化。要把县域作为城乡融合发展的重要切入点,赋予县级更多资源整合使用的自主权,强化县城综合服务能力。"[2]这些重要指示为城乡融合发展指明了路径方向,提出了具体要求,必须深刻领会,精准把握,扎实贯彻落实。"城乡关系是一个国家和民族在现代化过程中所要面临和解决的重大关系。城乡发展不是此消彼长的零和博弈,而是融合发展、共享成果的共生过程……推动城乡融合发展,要着力破解体制机制障碍、要坚持农业农村优先发展、要把县域作为重要切入点。此外,在城乡融合发展过程中,应重视城乡之间的分工差异和功能特征,将城乡发展视为一个分工有别但又相互依存、互为促进的有机整体。当城乡之间公共资源配置更均衡、生产要素流动更顺畅、生产力布局更合理,必将有力促进农业高质高效、农村宜居宜业、农民富裕富足。"[3]

(七)加强和改进乡村治理

2019年3月8日,习近平参加十三届全国人大二次会议河南代表团审议时强调:"要夯实乡村治理这个根基。采取切实有效措施,强化农村基层党组织领导作用,选好配强农村党组织书记,整顿软弱涣散村党组织,深化村民自治实践,加强村级权力有效监督。"[4]乡村治理是国家治理的基石。乡村作为脱贫攻坚的第一阵地,乡村振兴进程实时反映

---

[1] 汪晓东、李翔、刘书文:《谱写农业农村改革发展新的华彩乐章》,载《人民日报》,2021年9月23日第1版。

[2] 《习近平在中央农村工作会议上强调 坚持把解决好"三农"问题作为全党工作重中之重 促进农业高质高效乡村宜居宜业农民富裕富足》,载《人民日报》,2020年12月30日第1版。

[3] 本报评论员:《推动城乡融合发展见实效》,载《农民日报》,2021年1月14日第1版。

[4] 《习近平李克强王沪宁韩正分别参加全国人大会议一些代表团审议》,载《人民日报》,2019年3月9日第1版。

着治理能力和治理效能的优劣。党的十九大报告提出，加强农村基层基础工作，健全自治、法治、德治相结合的乡村治理体系。近几年来，广大党员干部在脱贫攻坚战场上扎根向下、脊背朝天，在知重负重中矢志前行，在苦干实干中锻造过硬本领，为决胜全面建成小康社会接续奋斗。2020年12月28日至29日，习近平在中央农村工作会议上再次强调："要加强和改进乡村治理，加快构建党组织领导的乡村治理体系，深入推进平安乡村建设，创新乡村治理方式，提高乡村善治水平。"[1]当前，数千万贫困群众在脱贫的路上不断前行，向着小康大步迈进。在决战脱贫攻坚、决胜全面小康的过程中，资源和人才等持续向深度贫困地区倾斜汇聚，这也给贫困地区的乡村带来发展机会，激发了乡村治理活力。实践中，脱贫攻坚和乡村治理二者相互促进，给贫困群众的生活带来了翻天覆地的变化。

---

[1]《习近平在中央农村工作会议上强调　坚持把解决好"三农"问题作为全党工作重中之重　促进农业高质高效乡村宜居宜业农民富裕富足》，载《人民日报》2020年12月30日第1版。

第三节　助力国际脱贫

　　消除贫困是当今世界面临的最大全球性挑战之一。2021年，中国消除了绝对贫困，这不仅是中国反贫困的历史性胜利，也是全球减贫事业的历史性进步。2021年4月6日，《人类减贫的中国实践》白皮书在北京发布。白皮书全面回顾一百年来中国共产党团结带领人民与贫困作斗争，特别是党的十八大以来，习近平总书记亲自指挥、亲自部署、亲自督战，汇聚全党、全国、全社会之力打赢脱贫攻坚战的波澜壮阔的伟大历程。中国消除绝对贫困的伟大历程，创造了减贫治理的中国样本，吸引了国际社会的关注和目光，给发展中国家减贫事业提供了示范和指导作用。习近平总书记多次提出，中国要为全球贫困治理"提出中国方案""分享减贫经验""贡献中国智慧"，共建一个"没有贫困、共同发展的人类命运共同体"。中国对外援助和国际发展合作事业走过了70多年光辉历程。70年来，我们通过对外援助与发展合作，同广大发展中国家守望相助，携手同行。中国迄今已向160多个发展中国家提供各种类型的援助，实施了数千个成套和物资援助项目，开展了上万个技术合作和人力资源开发合作项目，为发展中国家共培训各类人员40多万人次。那么，中国脱贫攻坚的成功探索和实践，未来也应该继续传承和弘扬中国精神和脱贫攻坚精神，为全人类反贫困事业贡献中国智慧和中国方案，助力国际脱贫，为全人类反贫困事业做出新的更多、更大的贡献。

一　巩固脱贫攻坚成果，助力全球减贫

　　"中国创造了世界减贫史上的奇迹。"中国减贫成就举世瞩目，是现

代经济社会发展领域中的成功典范之一,为全球贫困治理(特别是广大发展中国家减贫)做出了巨大贡献。2011年11月29日,在中央扶贫开发工作会议上,中央决定将农民人均纯收入2300元(按2010年不变价计算)作为新的国家扶贫标准,按照这一贫困标准计算,1978年末中国农村贫困发生率约为97.5%,农村绝对贫困人口规模为7.7亿人。经过贫困治理,到2019年末我国农村贫困发生率为0.6%,农村绝对贫困人口为551万人。从1978年到2019年,按照现行贫困标准计算,中国近7.7亿农村贫困人口摆脱贫困;按照世界银行国际贫困标准,中国减贫人口占同期全球减贫人口的70%以上。仅"十三五"时期,就有5575万农村贫困人口实现脱贫。根据国家统计局发布的《2020年国民经济和社会发展统计公报》,按现行农村贫困标准计算,551万农村贫困人口全部实现脱贫。蒙古国国立大学经济学院院长策布勒玛曾到内蒙古、贵州等地考察,表示"中国正在进行世界上最大规模的减贫工作,在落实联合国减贫目标方面作出了巨大贡献"。在全球贫困状况依然严峻、一些国家贫富分化加剧的背景下,中国是全球唯一提前实现联合国千年发展目标贫困人口减半的国家,也是提前10年实现"联合国2030年可持续发展议程"确定的减贫目标的国家,有力地推动了全球减贫事业的发展。新时期,我们要继续弘扬脱贫攻坚精神,巩固脱贫攻坚成果,持续助力全球减贫,推动全球脱贫进程。

二 提供物资和资金,为发展中国家提供直接援助

中国是一个发展中国家,多年来在致力于自身发展的同时,始终坚持向经济困难的其他发展中国家提供力所能及的援助,承担相应国际义务。20世纪50年代,新中国成立后不久,中国在自身财力十分紧张、物资相当匮乏的情况下,开始对外提供经济技术援助,并逐步扩大援助范围。中国对外援助坚持平等互利,注重实效,与时俱进,不附带任何

政治条件，形成了具有自身特色的模式。新中国成立70多年来，我国已向166个国家和国际组织派遣60多万援助人员，提供了近4000亿元人民币援助，700多名中华好儿女为他国发展献出了宝贵生命。中国先后7次宣布无条件免除重债穷国和最不发达国家对华到期政府无息贷款债务。中国积极向亚洲、非洲、拉丁美洲和加勒比地区、大洋洲的69个国家提供医疗援助，先后为120多个发展中国家落实千年发展目标提供帮助。在2015年召开的联合国系列峰会上，习近平代表中国政府提出了帮助发展中国家发展经济、改善民生的一系列新举措，包括中国将设立"南南合作援助基金"，首期提供20亿美元，支持发展中国家落实2015年后发展议程；继续增加对最不发达国家投资，力争2030年达到120亿美元；免除对有关最不发达国家、内陆发展中国家、小岛屿发展中国家截至2015年底到期未还的政府间无息贷款债务。[1]特别是新冠肺炎疫情发生以来，中方已向53个提出要求的发展中国家提供疫苗援助。中方支持有关企业向急需获取疫苗、认可中国疫苗、已授权在本国紧急使用中国疫苗的国家出口疫苗，已经向22个国家出口疫苗。同时，中国积极发挥产业链优势，支持和协助其他国家在华或在当地加工、生产疫苗产品，助力提升全球产能。中方决定参加维和人员新冠疫苗之友小组，并向联合国维和人员捐赠疫苗。这些直接援助对发展中国家减贫起到了重要作用。

三 发挥国际合作项目的作用，增强发展中国家的自我发展能力

推动全球减贫事业发展是一项系统工程，需要国际合作。减贫的根本途径是发展，中国在加强自身快速发展的同时，时时不忘其他国家的发展，积极推动世界各国共同发展。为推进共同发展，尽快实现全球脱

---

[1]《习近平的精准扶贫方略走向世界》，人民网，2015年10月18日。

贫，习近平提出"着力加快全球减贫进程""着力加强减贫发展合作""着力实现多元自主可持续发展"和"着力改善国际发展环境"等一系列措施和倡议。在2015年召开的联合国系列峰会上，习近平代表中国政府提出未来5年向发展中国家提供"6个100"的项目支持，包括100个减贫项目、100个农业合作项目、100个促贸援助项目、100个生态保护和应对气候变化项目、100所医院和诊所、100所学校和职业培训中心；向发展中国家提供12万个来华培训和15万个奖学金名额；为发展中国家培养50万名职业技术人员；设立南南合作与发展学院；等等。[1]乍得总统代比表示："在21世纪有一个领域实现了突飞猛进的发展，那就是中非合作。中非合作在今天堪称典范，因此，我想要借此机会向中非人民致以我崇高的敬意。"他强调："习近平主席也在最近的联合国大会上宣布了将为发展中国家提供'6个100'的项目支持。这些都为我们提供了宝贵的机遇。"[2]从共建"一带一路"将使相关国家760万人摆脱极端贫困、3200万人摆脱中度贫困，到实施技术援助等惠及民生的国际减贫合作项目；从帮助发展中国家摆脱贫困，到通过中国扶贫国际论坛、中非减贫与发展高端对话会等分享减贫经验……老挝国会主席巴妮表示："中国国家主席习近平阁下提出了'一带一路'的倡议，这给全世界不同地区的各个国家都提供了一个很好的机会，共同努力推动共同发展，解决贫困，尤其是推动成立亚洲基础设施投资银行的这一决定，能够帮助那些在财政上有困难的国家获得社会经济发展、基础设施发展所需要的资金，这能够推动这些国家本身的减贫工作。"[3]新时期，中国将继续发扬和践行脱贫攻坚精神，为广大发展中国家援建减贫项目，增强发展中国家的自我发展能力，助力发展中国家减贫。

---

[1]《习近平的精准扶贫方略走向世界》，人民网，2015年10月18日。
[2]《习近平的精准扶贫方略走向世界》，人民网，2015年10月18日。
[3]《习近平的精准扶贫方略走向世界》，人民网，2015年10月18日。

四　介绍和推广中国脱贫经验，搭建减贫交流平台

中国脱贫攻坚的成功不仅极大鼓舞了广大发展中国家继续推进减贫进程，更为全球减贫事业提供了宝贵经验。脱贫攻坚战取得全面胜利的2020年，人民日报记者采访的国际人士积极评价中国决战决胜脱贫攻坚，表示中国减贫经验为全球减贫事业贡献了中国智慧和中国方案。"作为世界上减贫人口最多的国家，中国对全球减贫贡献率超过70%，为全球减贫事业传递信心。"[1]莫西表示，非洲是发展中国家最集中的大陆，中国减贫经验值得非洲国家学习借鉴。中国也在用实际行动帮助非洲国家脱贫，如中国农业专家到非洲传授杂交水稻技术、中国企业在非洲兴建工业园等。"国际农业发展基金投资中国中西部贫困地区，为当地引进创新和国际经验做法，同时也从这些合作项目中获取新的经验和知识。中国经验为其他发展中国家提供了有益借鉴。"[2]马泰奥表示，减贫是一个世界性难题，中国一直为消除贫困不懈努力，"作为减贫成功范例，中国经验将分享给更多发展中国家，帮助他们实现联合国可持续发展目标"。"中国减贫成功经验已成为越来越多国家和国际组织的研究样本，例如中国农村电商的发展表明，数字技术可以成为促进减贫和包容发展的工具。"巴基斯坦国立科技大学中国研究中心副主任泽米尔·阿万认为，中国为世界提供了切实可行的减贫方案，并通过共建"一带一路"分享给更多沿线国家和地区。印尼国际战略研究中心中国研究中心主任维罗妮卡认为，中国脱贫攻坚工作注重标本兼治，通过创业扶持、教育培训等措施，帮助贫困民众掌握实际的致富技巧。"中国通过完善社会保障制度、加强教育等措施避免已脱贫人口返贫，为不少国家解决贫困问题提供了启示，也为其他发展中国家实现可持续发展树

---

[1]《"中国为全球减贫事业作出重要贡献"》，载《人民日报》，2020年6月22日第3版。
[2]《"中国为全球减贫事业作出重要贡献"》，载《人民日报》，2020年6月22日第3版。

立了典范。"[1]

当前,在各方共同努力下,全球减贫事业取得长足进展,但面临的困难和挑战仍然很严峻,特别是自新冠肺炎疫情发生以来,全球经济面临诸多不确定的关键因素,全球贫困治理总体上仍处于"碎片化"状态,"共同治理"的贫困治理理念仍未在全世界范围内达成共识。习近平总书记多次在外交场合强调:"各国和各国人民应该共同享受发展成果。每个国家在谋求自身发展的同时,要积极促进其他各国共同发展"。[2]弘扬与践行脱贫攻坚精神,应将脱贫攻坚精神融入构建人类命运共同体的事业。中国致力于构建一个没有贫困、共同发展的人类命运共同体。脱贫攻坚精神凝聚着人类反贫困的精神力量,在构建人类命运共同体的国际舞台上弘扬脱贫攻坚精神,可以增强广大发展中国家摆脱贫困的信心并使中国减贫方案走向世界,在世界减贫事业中彰显中国担当、贡献中国力量。未来,我们要继续发扬脱贫攻坚精神,同各国政党凝聚共识、携手合作,助力国际脱贫,加快推动全球减贫进程,让贫困地区人口与全国人民以及全世界人民一起实现共同发展、共同富裕。

---

[1] 《"中国为全球减贫事业作出重要贡献"》,载《人民日报》,2020年6月22日第3版。
[2] 《习近平谈治国理政》(第一卷),外文出版社2018年版,第273页。

第六章　凝聚脱贫攻坚精神的现实要求

旌旗引征途，实干见精神。对脱贫攻坚精神内涵的精准概括并非是信手拈来，其根源形成于脱贫攻坚的伟大实践。凝聚脱贫攻坚精神可以起到强化共识、汇聚民心的作用，从而增强应对前行道路上各种艰难险阻的信心，并能在今后为中国特色社会主义方方面面的发展予以精神力量的加持。习近平总书记强调："一个民族的复兴需要强大的物质力量，也需要强大的精神力量。"[1]可见，对我们国家来说精神力量不仅要"有"，还要达到"强"。凝聚脱贫攻坚精神，激发其强大的精神力量，需要立足于我国具体国情、顺应现实要求，即将脱贫攻坚精神融入中华民族伟大复兴中国梦。

---

[1] 中共中央文献研究室:《十八大以来重要文献选编》(中)，中央文献出版社2016年版，第121页。

第一节　将脱贫攻坚精神融入
中华民族伟大复兴中国梦

习近平总书记曾指出："实现中国梦必须走中国道路、弘扬中国精神、凝聚中国力量。"[1]中国精神是一部发展的历史，是随着实践不断丰富完善的精神谱系，弘扬中国精神是实现中国梦的重要途径之一，而且是不可缺少的动力和力量。伟大脱贫攻坚实践所形成的脱贫攻坚精神是中国精神的重要组成部分。伟大脱贫攻坚精神在指导消除绝对贫困、实现全面建成小康社会这第一个百年奋斗目标的进程中发挥了重要作用。可以预见，在全面建设社会主义现代化国家新征程的起点上，凝聚脱贫攻坚精神对于实现中华民族伟大复兴的中国梦依然具有重大指导意义。

一　脱贫攻坚精神融入中国梦何以可能

中国梦与脱贫攻坚精神具有深刻的内在联系。2012年11月29日，习近平总书记和当时的几位中央政治局常委在参观国家博物馆《复兴之路》展览时提出和阐述了"中国梦"。他解释道："中国梦就是实现中华民族的伟大复兴。"中国梦的内涵宏大，核心内涵可以概括为国家富强、民族振兴、人民幸福。中国梦是以习近平同志为核心的党中央明确提出的美好蓝图，是中国人民对丰衣足食、摆脱贫穷落后的追求，是实现人民富裕安康的理想之梦，因而实现中国伟大的梦想需要上下同心、攻坚

---

[1]　中共中央文献研究室：《十八大以来重要文献选编》(中)，中央文献出版社2016年版，第133页。

克难,"撸起袖子加油干"。因此,实现中国梦必须凝聚脱贫攻坚精神。

(一)脱贫梦是中国梦实现的内在要求

习近平总书记提出的中国梦,不仅仅是理想、目标,也是现实。中国梦是现实的、具体的、历史的统一。现阶段,中国梦就是实现广大人民群众消除绝对贫困梦,这是中国人民几千年的民生梦。自古以来,在我们这个伟大的农耕国度,消除贫困始终是人们梦寐以求的理想,而让面朝黄土背朝天的农民彻底告别贫困则更是一道前无古人、近无借鉴的旷世难题。然而,新中国成立以来,尤其是改革开放以来,在中国共产党的领导下,"中国人民积极探索、顽强奋斗,走出了一条中国特色减贫道路。我们坚持改革开放,保持经济快速增长,不断出台有利于贫困地区和贫困人口发展的政策,为大规模减贫奠定了基础、提供了条件。我们坚持政府主导,把扶贫开发纳入国家总发展战略,开展大规模专项扶贫行动,针对特定人群组织实施妇女儿童、残疾人、少数民族发展规划。我们坚持开发式扶贫方针,把发展作为解决贫困的根本途径,既扶贫又扶志,调动扶贫对象的积极性,提高其发展能力,发挥其主体作用。我们坚持动员全社会参与,发挥中国制度优势,构建了政府、社会、市场协同推进的大扶贫格局,形成了跨地区、跨部门、跨单位、全社会共同参与的多元主体的扶贫体系"。

党的十八大以来,习近平总书记站在全面建成小康社会、实现中华民族伟大复兴中国梦的战略高度,把脱贫攻坚摆到治国理政突出位置,提出一系列新思想新观点,作出一系列新决策新部署,为实现脱贫梦提供了根本遵循。实现中华民族伟大复兴是近代以来中华民族最伟大的梦想。"全面建成小康社会"作为实现中华民族伟大复兴的必经阶段和重要环节,具有特定的时代内涵。习近平总书记指出,"全面建成小康社会是我们现阶段战略目标,也是实现中华民族伟大复兴中国梦关键一步"。[1]如果说"全面小康与中国梦相互激荡,凝聚为全社会的'最大公约数'",那么,扶贫、脱贫则是全面小康的"最后一公里"。"全面建成小康社会,实现第一个百年奋斗目标,一个标志性的指标是农村贫困人口全部脱贫。完成这一任务,需要贫困地区广大干部群众艰苦奋战,需要各级扶贫主体组织推动,需要社会各方面真心帮扶,需要不断改革创新扶贫机制和扶贫方式。"[2]在这一决心指引下,2020年,中国现有标准下7000多万贫困人口将全部脱贫。

习近平总书记指出:"为了实现中国梦,我们确立了'两个一百年'奋斗目标。"只有脱贫才能奔小康,只有全面建成小康社会才能实现第一个百年奋斗目标,从而才能向着第二个百年奋斗目标——全面建成社会主义现代化强国奋斗。在某种意义上,全面建成社会主义现代化强国是实现中华民族伟大复兴中国梦的重要途径和检验标准,这是新时代中国特色社会主义发展规律的必然。脱贫攻坚作为全面建成小康社会的底线任务和检验标准,在新时代中国共产党人的历史使命和战略全局中具有重要地位,尤其是作为到21世纪中叶建成社会主义现代化强国、实现中华民族伟大复兴"中国梦"的必经阶段和重要环节,它更具有特定内涵和深远的历史意义。随着我国"全面建成小康社会"目标任务的最终实现,中华民族向着"伟大梦想"迈出了"关键一步"。

(二)中华民族伟大复兴的中国梦是形成脱贫攻坚精神的内生动力

习近平总书记指出:"中华民族伟大复兴,绝不是轻轻松松、敲锣打鼓就能实现的。"[3]提出梦想不易,实现梦想更难。追求伟大梦想不仅要有强烈愿望,更要有坚强意志与奋斗精神。正如习近平总书记在庆

---

[1] 《习近平谈治国理政》(第二卷),外文出版社2017年版,第26页。
[2] 《万众一心 埋头苦干 切实把精准扶贫 精准脱贫落到实处》,载《人民日报》,2016年10月17日第1版。
[3] 《习近平谈治国理政》(第三卷),外文出版社2020年版,第12页。

祝中国共产党成立100周年大会上所指出的:"以史为鉴、开创未来,必须进行具有许多新的历史特点的伟大斗争。敢于斗争、敢于胜利,是中国共产党不可战胜的强大精神力量。实现伟大梦想就要顽强拼搏、不懈奋斗。"[1]实现伟大梦想必须进行伟大斗争。脱贫攻坚作为全面建成小康社会进程中的伟大斗争,直接关系着中华民族伟大复兴的中国梦的实现,这是因为"中华民族从来没有像今天这样接近我们的梦想",而脱贫攻坚的伟大斗争实践为实现中国梦提供了有利条件。

党的十八大以来,脱贫攻坚成为全面建成小康社会的底线任务和标志性指标,纳入"五位一体"总体布局和"四个全面"战略布局,以前所未有的力度推进。习近平对脱贫攻坚作出超强部署,在全国范围全面打响了脱贫攻坚战。我们不但建立了制度体系、夯实了脱贫基础,还采取了超常规举措,攻克"贫中之贫"。为确保2020年"我国现行标准下农村贫困人口实现脱贫、贫困县全部摘帽、解决区域性整体贫困"的目标任务,中央建立脱贫攻坚责任、政策、投入、动员、监督、考核六大体系,为打赢脱贫攻坚战提供了制度保障。针对"贫中之贫",国务院扶贫办具体采取措施:一是中央统筹,重点支持"三区三州"。新增脱贫攻坚资金、新增脱贫攻坚项目、新增脱贫攻坚举措等重点支持深度贫困地区。各省区市统筹整合资源,聚焦深度贫困,集中力量攻坚。二是落实部门责任,支持深度贫困地区,解决深度贫困问题。主要解决因病致贫、因残致贫、兜底保障、饮水安全、住房安全等问题,并加大教育扶贫、就业扶贫、基础设施、土地政策等力度。三是省负总责,解决区域内深度贫困问题。包括落实脱贫攻坚责任、确定本省深度贫困地区、做实做细建档立卡、加强驻村帮扶工作、实施贫困村提升工程。

精准扶贫精准脱贫深入人心,脱贫攻坚取得显著成效。我国脱贫地区整体面貌发生了历史性巨变,脱贫群众精神风貌焕然一新,党群干群

---

[1] 习近平:《在庆祝中国共产党成立100周年大会上的讲话》,人民出版社2021年版,第17页。

关系明显改善，创造了减贫治理的中国样本，也为全球减贫事业做出了重大贡献。脱贫攻坚战取得举世瞩目的成就，靠的是党的坚强领导，靠的是中华民族自力更生、艰苦奋斗的精神品质，靠的是新中国成立以来特别是改革开放以来积累的坚实的物质基础，靠的是一任接着一任干的坚守执着以及全党全国各族人民的团结奋斗。8年来，党中央把脱贫攻坚摆在治国理政的突出位置，把脱贫攻坚作为全面建成小康社会的底线任务，组织开展并且打赢了这场声势浩大的人民战争，正是由中华民族伟大复兴的中国梦这一内生动力的驱动，才在伟大的脱贫斗争实践中"锻造形成了'上下同心、尽锐出战、精准务实、开拓创新、攻坚克难、不负人民'的脱贫攻坚精神"。

二 脱贫攻坚精神对中国梦实现的价值引领

中国梦的实现是一个长期的历史过程。正如习近平在参观《复兴之路》展览时强调的："实现中华民族伟大复兴是一项光荣而艰巨的事业，需要一代又一代中国人共同为之努力。空谈误国，实干兴邦。"只有在实践中注重弘扬和践行以"上下同心、尽锐出战、精准务实、开拓创新、攻坚克难、不负人民"为核心的脱贫攻坚精神，才能深刻把握中国梦的价值诉求，推动中国梦的价值实现。

（一）上下同心、尽锐出战，为实现伟大梦想凝聚各方力量

"中国梦"，是民族的梦，是亿万中国人的梦，也是上下共同期待的美好愿景。到新中国成立100年时，要实现全面建成社会主义现代化强国这一目标，让"国家富强、民族振兴、人民幸福"的梦想照进现实，就必须凝聚中国力量，力求上下同心。凝聚中国力量，这是贯穿实现中国梦的一条主线。伟大的事业需要伟大的中国精神，伟大的征程需要伟大的中国力量。凝聚中国力量，需要团结一切可以团结的力量。中国力

量来自中国特色社会主义事业各个领域、各条战线、各行各业，是中国人民大团结的力量。习近平总书记指出："实现中国梦必须凝聚中国力量。这就是中国各族人民大团结的力量。"中国梦归根到底是人民的梦，必须紧紧依靠人民来实现，必须不断为人民造福。脱贫攻坚的成就，充分展示了伟大的中国道路、中国精神、中国力量，坚定了全国各族人民实现中华民族伟大复兴中国梦的决心和信心。

在达成中国梦奋斗目标的征途中，我们依然要凝聚起这一"上下同心，尽锐出战"的团结互助精神。团结互助是全面脱贫的强大助力，也是激励中国人民接续奋斗、实现中国梦的强大动力，是国家生命力、创造力、凝聚力的源泉。

"民齐者强"，上下同心的团结精神推动中国创造出辉煌的历史文明，为人类社会做出巨大贡献。它传承了以爱国主义为核心的民族精神，贫困地区发生的每一个变化，都离不开社会各界的和衷共济、团结互助。在脱贫攻坚战中，全党全国人民以发展促团结，以团结聚人心，以互助促更好发展。特别是面对突如其来的新冠肺炎疫情给脱贫攻坚带来的困难和挑战，在党的坚强领导下，社会各界同舟共济、倾情投入，凝聚起坚决打赢脱贫攻坚战的强大合力，充分展示了中华民族众志成城、上下一心的团结互助精神。没有中国共产党的领导，没有广大人民群众的同心协力，中国无法完成脱贫攻坚的每一项改革探索，每一个领域、每一个或大或小的进步都凝聚了全国上下的共同愿景与协同聚力。伟大的梦想召唤伟大的力量，中国梦召唤人民力量。实干兴邦成就梦想——万众一心、奋发图强，朝着实现中国梦的伟大目标进发。上下同心，共圆中国梦。

（二）精准务实、开拓创新，为实现伟大梦想汇入不竭动力

追寻中华民族伟大复兴的中国梦走入新发展阶段，跨入前所未有的新的世界潮流——百年未有之大变局，也同时迎来了更加光明的前

景。新发展阶段是未来30年实现全面建设社会主义现代化国家历史宏愿的阶段。新中国成立初期，我们党就明确提出建设社会主义现代化国家的目标和任务。经过70多年特别是改革开放40多年的不断积累，我们走完了现代化的"前半程"，迈上了一个更高的发展台阶。今后30年，将是我们走完"后半程"的关键阶段，也是实现这个宏伟目标的新发展阶段。用3个五年规划期，到2035年基本实现社会主义现代化；再用3个五年规划期，到21世纪中叶把我国建成富强民主文明和谐美丽的社会主义现代化强国。可以说，新发展阶段是实现第二个百年奋斗目标、把民族复兴伟业推向新境界的阶段。实现中华民族伟大复兴要面对新时代、新格局、新课题。在这期间，我们会遇到诸多意想不到的困难和前所未有的风险挑战。"各种矛盾风险挑战源、各种矛盾风险挑战点是相互交织、相互作用的。如果防范不及、应对不力，就会传导、叠加、演变、升级，使小的矛盾风险挑战发展成大的矛盾风险挑战，局部的矛盾风险挑战发展成系统的矛盾风险挑战，国际上的矛盾风险挑战演变为国内的矛盾风险挑战，经济、社会、文化、生态领域的矛盾风险挑战转化为政治矛盾风险挑战，最终危及党的执政地位，危及国家安全。"[1]

面对新挑战，我们要为中国梦的实现提供不竭动力，这就需要不断进行目标调整、科学判断，做到精准施策、务实担当、开拓创新。

首先，精准就是要善于化危为机，实现转危为安。当前，全世界疫情防控形势依然严峻复杂，全球经济贸易大幅下降，对我国经济运行造成了比较大的影响。面对相伴而来的各类风险挑战，是疲于应付、被风险牵着鼻子走，还是化危为机、努力实现更大发展，考验着我们的应对能力和应变智慧。"危和机总是同生并存的，克服了危即是机"，在逆境中奋发、在危机中寻求生机，是中华民族能够五千年历经坎坷而生生不息的重要原因，这背后是中华民族的精神品质所形成的强大支撑。习

---

[1]《习近平谈治国理政》（第二卷），外文出版社2017年版，第222页。

近平总书记指出，我们既要打好防范和抵御风险的有准备之战，也要打好化险为夷、转危为机的战略主动战。我们不能只看到眼前的阶段性困难，而应着眼大势，放眼未来谋划实现更大发展。着眼于中华民族伟大复兴战略全局、世界百年未有之大变局，习近平总书记反复强调要坚持底线思维，增强忧患意识，提高防控能力，着力防范化解重大风险。以坚定信心、勇气和智慧来化危为机，是新时代推进党和国家事业发展的内在要求。

其次，务实就是要强调实事思维，强化责任担当。克服危机，绝不是孤注一掷、不计代价，而是对自身的优势劣势进行系统深入的盘点，拿出一套富有可操作性且能保住基本盘的方案。化危为机，最终目的是要求发展、上台阶，而不是擦桌子、重新来。因此务实精神可谓化解危机的"稳压器"。党的十九大确立了实现"两个一百年"的奋斗目标，从十九大到二十大，正是"两个一百年"奋斗目标的历史交汇期。而这五年却是不平凡的五年，2018年是改革开放40周年，2019年是新中国成立70周年，2020年是全面建成小康社会之年，2021年是中国共产党成立100周年，2022年则是党的二十大召开之年。五年中，我们既要全面建成小康社会、实现第一个百年奋斗目标，又要乘势而上开启全面建设社会主义现代化国家新征程，向第二个百年奋斗目标进军，任务艰巨、责任重大。因此，我们只有"苦干+实干"，以"求真、务实、担当"为工作主旋律，以有令即行、立说立行的工作作风和夙兴夜寐、激情工作的精神状态步入新时代，实现新跨越。中国共产党人历来注重向实践学习，反对空谈、强调实干、注重落实，认为"事业是干出来的，不是说出来的"，"不干，半点马克思主义也没有"。正是凭着实干，我们建立了新中国的红色江山；正是凭着实干，广大劳动群众建起了社会主义的宏伟大厦。步入中华民族伟大复兴的新发展阶段，我们仍要埋头苦干、接力奋斗，只有坚持求真务实、真抓实干，我们伟大的"中国梦"才越来越接近现实。

最后，善于开拓创新。从很大程度上说，"中国梦"是以开拓创新为支撑的梦想，是一个崭新的梦。在社会主义初级阶段的背景下实现中华民族伟大复兴，在发展中国家的基础上建设现代化，在14亿多人口的国度中实现共同富裕，在以西方为主导的世界格局中实现大国的和平发展，等等，所有这些都是前所未有的全新事物。这就要求我们不能满足于寻常的做法，更不能因循守旧，而要以开拓创新的精神寻找新方法、探索新路径、积累新经验、采取新举措，用创新走出新路，用创新实现新梦想。

（三）攻坚克难、不负人民，为实现伟大梦想把握正确航向

习近平总书记指出："中国梦归根到底是人民的梦，必须紧紧依靠人民来实现，必须不断为人民造福。"以"攻坚克难、不负人民"为内涵的脱贫攻坚精神不仅生动地诠释了中国梦的价值旨归，而且启示我们要坚定意志，用拼搏精神砥砺前行，以昂扬锐气把一切困难踩在脚下，在为了人民利益的奋斗中实现中国梦。"人民是历史的创造者，人民是真正的英雄。""历史活动是群众的活动。"人民性是马克思主义最鲜明的品格，习近平总书记倡导的以人民为中心的发展思想，就体现了马克思主义的价值取向与中国共产党人的初心和使命。

中国梦坚持人民利益至上，始终着眼维护和发展最广大人民的根本利益，努力把实现民族复兴与谋求人民福祉统一起来，把实现国家梦与实现人民梦结合起来，把改善民生、为民造福作为实现中国梦的落脚点，使人民群众在实现中国梦过程中，真切感受到自己是民族复兴伟业的直接受益者，为民族复兴攻坚克难、顽强拼搏，就是为自己创造幸福生活。党的十九大报告出现了203次"人民"，这五年来在以习近平同志为核心的党中央领导下中国贫困人口更是减少6800多万人，成了世界上减贫人口最多的国家。党的十八大以来，以习近平同志为核心的党中央团结带领全党全国各族人民砥砺奋进、攻坚克难，我们实现了第一

个百年奋斗目标,在中华大地上全面建成了小康社会,历史性地解决了绝对贫困问题。

即将开启的全面建设社会主义现代化国家新征程,绝不是一件容易的事情。从国内看,尽管我国已进入高质量发展阶段,发展具有多方面优势和条件,但仍面临着结构性、体制性、周期性问题相互交织带来的困难,发展不平衡不充分问题仍然突出。从国际看,当今世界正经历百年未有之大变局,国际环境日趋复杂,不稳定性、不确定性明显增加。疫情冲击造成世界经济深度衰退,国际贸易和投资大幅萎缩,国际金融市场动荡,经济全球化遭遇逆流,一些国家保护主义和单边主义盛行。

宏伟蓝图已绘就,目标也已制定,砥砺奋进正当时。要把"不负人民"作为中国梦的鲜明主题。2050年全面建设社会主义现代化国家蓝图是与人们生活密切相关的现代化,是人民群众的经济、政治、文化、社会、生态、安全等各方面生活品质全面跃升的现代化,是人民群众的获得感更足、幸福感更可持续、安全感更有保障的现代化,是名副其实以人民为中心的现代化。不忘初心,方得始终。为中国人民谋幸福,是中国共产党领导推进中华民族伟大复兴一以贯之的价值追求,也是中国梦最鲜明而突出的时代主题。

第二节 凝聚脱贫攻坚精神，深化社会主义核心价值观认同

习近平总书记指出："人类社会发展的历史表明，对一个民族、一个国家来说，最持久、最深层的力量是全社会共同认可的核心价值观。核心价值观，承载着一个民族、一个国家的精神追求，体现着一个社会评判是非曲直的价值标准。"[1]"每个时代都有每个时代的精神，每个时代都有每个时代的价值观念。"社会主义核心价值观是社会主义国家文化软实力的灵魂，是中国人民的精神追求，是当代中国精神的生动诠释和集中体现，是坚持和发展中国特色社会主义的精神推动力，是团结人民、净化社会环境的精神纽带，是引领社会正确价值取向的航标。

中国特色社会主义进入新时代，要振奋起人们的精气神，增强全民族团结一心的精神纽带，就必须深入进行社会主义核心价值观建设，在社会发展的各个领域培育与践行社会主义核心价值观，这是强化中国精神引领的重要方式。因此，将伟大脱贫攻坚实践所凝聚起的脱贫攻坚精神融入社会主义核心价值观，会使得社会主义核心价值观的内容更加丰富多彩，作用更加广泛，更具有时代感和创新性。以凝聚脱贫攻坚精神开创社会主义核心价值观培育新境界，不断深化社会主义核心价值认同，这不仅是弘扬和践行脱贫攻坚精神的现实要求，也是社会主义核心价值观转化为人们精神追求和自觉行动的重要途径。

---

[1] 中共中央文献研究室：《十八大以来重要文献选编》（中），中央文献出版社2016年版，第2页。

一 脱贫攻坚精神是社会主义核心价值观的生动诠释

党的十八大以来,以习近平同志为核心的党中央团结带领全党全国各族人民,把脱贫攻坚作为首要政治任务和头等大事,作为全面建成小康社会的底线任务,摆在治国理政突出位置,经过8年持续奋斗,取得战贫斗争的伟大胜利,如期完成了新时代脱贫攻坚目标任务。脱贫攻坚取得成功既要依靠党的领导这一政治和组织保证,也要有科学的方法和实践路径,更离不开精神力量这一强大内生动力。贫困治理是一项复杂的系统性工程,想要打赢这一场硬仗必须坚持调动广大贫困群众的积极性、主动性、创造性,激发脱贫内生动力。作为当代中国精神的集中体现,社会主义核心价值观在脱贫攻坚决战决胜过程中,凝聚起了社会各界力量,以更大决心、更强信心、更有力举措推进贫困治理。

(一)作为社会主义核心价值观在国家层面的凝练,"富强、民主、文明、和谐"是人们对美好生活的向往,也深刻蕴含着其价值追求

富强是社会主义现代化国家经济建设的应然状态,是中华民族梦寐以求的美好夙愿,也是国家繁荣昌盛、人民幸福安康的物质基础。而只有消除贫困才能在经济上走向富强,从而在政治上实现民主,在文化上倡导文明,在社会中体现和谐。因此,正是在消除贫困这一广大人民群众共同的价值追求中,我们凝聚了上下同心的奋斗力量,有组织、有计划地以聚众之力攻克贫困堡垒,以前所未有的力度、超常规的举措,汇聚了全社会的合力,形成了专项扶贫、定点扶贫、行业扶贫、社会扶贫等多方力量、多种举措有机结合的扶贫格局,广泛调动了社会各阶层及企事业单位和个人的积极性,画好了体现以集体主义为核心的脱贫攻坚同心圆。我们践行社会主义核心价值观,发扬互助精神、倡导团结美德,不但取得了物质上的巨大成就,也取得了精神上的累累硕果。脱贫

群众精神风貌焕然一新，文明新风得到广泛弘扬，用自己的双手创造幸福生活的精神在贫困地区蔚然成风，贫困群众的精神世界在脱贫攻坚中得到充实和升华，信心更坚、脑子更活、心气更足，发生了从内而外的深刻改变！脱贫攻坚斗争的伟大胜利生动诠释了社会主义核心价值观的集体主义、爱国主义精神和社会主义本质特征。而西方社会正是由于个人主义的盛行，使得他们很难形成"同心"的力量，也就无法营造全社会凝聚力量、全力扶危济困的环境氛围。

（二）"自由、平等、公正、法治"是从社会层面对社会主义核心价值观基本理念的凝练

1.在脱贫攻坚实践中，"自由"就是立足自身发展实际，自觉开辟脱贫致富的道路。弘扬社会主义核心价值观，应立足人们的思想实际，针对实践提出的新课题，用社会主义核心价值观引领社会思潮。党的十八大以来，以习近平同志为核心的党中央坚持推进精准扶贫、精准脱贫，不断拓展中国特色扶贫开发道路。所谓精准，就是坚持"一把钥匙开一把锁"，因村因户施策，逐一制定精准化、个性化帮扶方案，保证扶贫项目落实落地。这就需要贫困地区依托自身资源和优势，以坚定的勇气和信心，不断加快脱贫攻坚步伐，因地制宜探索脱贫攻坚新模式与实践开发扶贫新路径，推动各项扶贫措施落地精准。精准务实不但是新时代脱贫攻坚最核心、最根本的要求，而且是社会主义核心价值观中自由理念的现实表达。

2."平等"与"公正"意味着对待帮扶对象要一视同仁、不搞特殊关照，达到扶真贫、真扶贫的效果；扶贫不仅要符合政策要求，更要能经得住群众检验，让每一个贫困群众满意。这实质上是"不负人民"这一脱贫攻坚精神内核的有力彰显。习近平总书记在《在东西部扶贫协作座谈会上的讲话》指出："抓工作，要有雄心壮志，更要有科学态度。打赢脱贫攻坚战不是搞运动、一阵风，要真扶贫、扶真贫、真脱贫。要

经得起历史检验。攻坚战就要用攻坚战的办法打，关键在准、实两个字。"[1]总书记强调的干部要看真贫、扶真贫、真扶贫，充分体现了党和政府对贫困地区人民群众生产生活的关心，深刻阐明了做好民生工作的重要性，彰显了执政为民的价值理念，是促进全体人民共享改革发展成果的重大举措。党的十八大以来，数百万名干部被选派到农村，和当地党员干部一起带领乡亲们真脱贫、脱真贫。扶贫干部心系贫困户，他们以热血赴使命、以行动践诺言，在脱贫攻坚这个没有硝烟的战场上呕心沥血、建功立业。基层党组织充分发挥战斗堡垒作用，在抓党建促脱贫中得到锻造，凝聚力、战斗力不断增强，基层治理能力明显提升，党群关系、干群关系得到极大巩固和发展。

3."法治"则体现了开拓创新的扶贫攻坚精神，脱贫攻坚这场硬仗离不开法律的保驾护航。为打赢打好这个攻坚战，深层次审视和认识扶贫工作中存在的法律问题显得尤为重要。开拓创新的扶贫攻坚精神要求我们立足国情，把握减贫规律，改革创新扶贫体制机制，加强顶层设计，建立和完善脱贫攻坚的制度体系。法治是治国理政的重要方式，在扶贫工作开展中，我们不仅要完善与扶贫工作有关的法律制度，确保扶贫工作的流程公正公开，还要增强法治意识，以法律手段强化对扶贫资金、权力的制约和监督，以保障扶贫工作的顺利开展。

（三）"爱国、敬业、诚信、友善"是社会主义核心价值观从公民个人层面提出的价值准则

1.脱贫攻坚精神是爱国主义的集中体现，正是此种家国情怀才能凝聚奋进力量。党的十八大以来，脱贫攻坚进入最重要的阶段，更要充分发挥社会主义集中力量办大事的优势，鼓励全社会各行各业弘扬爱国主义精神，凝聚力量助力脱贫攻坚。习近平总书记指出："脱贫致富不仅

---

[1] 中共中央党史和文献研究院：《习近平扶贫论述摘编》，中央文献出版社2018年版。

仅是贫困地区的事,也是全社会的事。"[1]在脱贫的时代浪潮中培养出了一辈辈英雄,他们之中不仅有扎根乡土带领群众脱贫致富、将论文写在大地上的花甲院士,还有立下愚公之志——绝壁引水、凿山开路的基层党员干部,他们以不同方式在脱贫攻坚主战场弘扬着爱国主义精神的初心,他们以对党、对人民的无限忠诚,绘就了中国脱贫攻坚可歌可泣的壮美画卷,为全面建成小康社会贡献了力量。

2. 用"敬业"精神助力脱贫攻坚。为助力中华民族实现全面建成小康社会的伟大荣光,全社会各方力量能够以攻坚克难的精神强化社会责任,形成脱贫攻坚的共同意志、共同行动。党政军民学劲往一处使,东西南北中拧成一股绳。强化东西部扶贫协作,组织开展定点扶贫,中央和国家机关各部门、民主党派、人民团体、国有企业和人民军队等都积极行动,所有的国家扶贫开发工作重点县都有帮扶单位。各行各业发挥专业优势,开展产业扶贫、科技扶贫、教育扶贫、文化扶贫、健康扶贫、消费扶贫。民营企业、社会组织和公民个人热情参与,"万企帮万村"行动蓬勃开展。各方力量勇赴脱贫攻坚一线,爱岗敬业做贡献。他们以时不我待、只争朝夕的奋进精神汇聚起排山倒海的磅礴力量,激发贫困群众脱贫的内生动力,努力为群众排忧解困,带领广大党员群众为富民强村做贡献。

3. "诚信"与"友善"理念同样诠释了不负人民、开拓创新的脱贫攻坚精神。打赢脱贫攻坚战,是党中央向全国人民作出的郑重承诺。脱贫攻坚,预防返贫是关键。我们不仅要兑现诺言,还要用"友善"意识创新机制,建立预防返贫监测的有效机制,全方位预防和化解返贫风险,巩固脱贫攻坚成果。《国务院扶贫开发领导小组关于建立防止返贫监测和帮扶机制的指导意见》指出,要坚持外部帮扶与群众主体相结合,处理好外部帮扶与自身努力的关系,强化勤劳致富导向,注重培养贫困群

---

[1] 中共中央党史和文献研究院:《十八大以来重要文献编选》(下),中央文献出版社2018年版,第50页。

众和监测对象艰苦奋斗意识，提升自我发展能力。要采取扶志、扶智的帮扶措施，引导监测对象通过生产和就业脱贫致富。

二 弘扬脱贫攻坚精神，开创社会主义核心价值观培育新境界

在全国脱贫攻坚总结表彰大会讲话中，习近平总书记作出"社会主义核心价值观、中华优秀传统文化是凝聚人心、汇聚民力的强大力量"的判断，提出"全党全国全社会都要大力弘扬脱贫攻坚精神，团结一心，英勇奋斗，坚决战胜前进道路上的一切困难和风险"的时代要求，"脱贫攻坚精神，是中国共产党性质宗旨、中国人民意志品质、中华民族精神的生动写照，是爱国主义、集体主义、社会主义思想的集中体现，是中国精神、中国价值、中国力量的充分彰显，赓续传承了伟大民族精神和时代精神"[1]，高度概括了脱贫攻坚精神的时代价值。新时代脱贫攻坚精神是在充分适应新时代经济基础之上生发的一种价值取向，与社会主义核心价值观具有内在的统一性。

新时代，凝结脱贫攻坚精神为促进全体人民自觉做社会主义核心价值观的坚定信仰者、积极传播者、模范践行者开阔了新视野。

（一）凝聚脱贫攻坚精神把培育社会主义核心价值观推向新高度

脱贫攻坚战是我们全面建成小康社会的底线任务，是决定我们能否实现第一个百年奋斗目标的关键指标。在脱贫奔小康的过程中形成的伟大脱贫攻坚精神是中国特色社会主义文化的重要内容，是中国特色社会主义文化建设的重要精神力量。习近平总书记指出，社会主义核心价值观是一个民族赖以维系的精神纽带，中华民族能够在几千年的历史长河中生生不息、薪火相传、顽强发展，就是因为有一脉相承的精神追求、

---

[1] 习近平:《在全国脱贫攻坚总结表彰大会上的讲话》，人民出版社2021年版，第19页。

精神特质、精神脉络。伟大的脱贫攻坚精神作为这一精神脉络发展之中的精神成果，凝聚了中华优秀传统文化、红色革命文化和社会主义先进文化的精髓，描绘了人民群众消除绝对贫困的价值理想，反映了全面建成小康社会的价值目的，在对社会主义核心价值观的生动诠释中彰显了文化建设的价值功能，这也是中华民族不断进步、发展壮大的重要推动力量。因此，在新时代，我们要紧扣时代脉搏，立足国情，顺应人民对美好生活向往的追求，不断凝聚脱贫攻坚精神，让其在人们心中生根发芽、开花结果，成为鞭策我国人民如期走上脱贫致富、全面小康幸福之路的动力。立足中华民族伟大复兴战略全局和世界百年未有之大变局，在新时代中国特色社会主义现代化建设的关键时期，做好各项工作，必须有强大的价值引导力、文化凝聚力、精神推动力的支撑，需要不断增强全党全国各族人民的精神力量，让社会主义核心价值观像空气一样无处不在，也就是要把社会主义核心价值观引领文化建设加以升华，并提到一个前所未有的新高度，这就对凝聚脱贫攻坚精神提出了新的时代要求，弘扬脱贫攻坚精神正当其时、恰逢其势。

（二）弘扬脱贫攻坚精神为践行社会主义核心价值观赋予新使命

从脱贫攻坚伟大奋斗历程中汲取继续前进的智慧和力量，以更加昂扬的精神状态和奋斗姿态建功新时代、奋进新征程，是弘扬脱贫攻坚精神的重大任务，也是全体共产党人的使命和担当。新时代弘扬脱贫攻坚精神，就要践行好社会主义核心价值观。新时代、新任务为社会主义核心价值观赋予了新使命，那就是要更加强化爱国主义精神教育。将爱国主义精神融入脱贫攻坚，是打赢脱贫攻坚战的精神支柱。脱贫攻坚始终贯穿着伟大的爱国主义精神，在新发展阶段的相对贫困治理中，更需要广大人民群众弘扬爱国主义精神。相对贫困是经济社会发展进程中长期存在的社会问题，其治理是涉及经济、政治、文化、社会、生态各领域的系统工程。在"后扶贫时代"工作中，坚持爱国主义优良传统，以人民为中心推进贫困治理体系和治理能力现代化，为贫困群众把好脉、配好药，把爱国之情、报国之志融入相对贫困治理的伟大事业。要加强党对贫困治理的集中统一领导，全面总结我国消除绝对贫困的成功经验，充分发挥坚持全国一盘棋、调动各方面积极性、集中力量办大事等制度优势，最大程度形成解决相对贫困问题的社会合力。党员干部要在后扶贫时代工作中当好排头兵、做好领头羊，和群众打成一片，想群众之所想，急群众之所急，为贫困群众做实事。时代呼唤担当，民族振兴是每一个中华儿女的责任。只要我们勇挑重担、勇斗风险，新时代中国特色社会主义就能充满活力、充满希望。

（三）弘扬脱贫攻坚精神为培育社会主义核心价值观注入新能量

"历史是最好的教科书"，一切向前走，都不能忘记走过的路。回望中国特色扶贫开发的壮阔历程，总结其中蕴含的宝贵经验和深刻启示，有利于我们坚定信心、振奋精神，继续走好新时代的长征路、复兴路，有利于丰富人类反贫困理论、拓展人类反贫困实践，为世界上仍处于贫困之中的人民追求富裕安康的生活贡献中国智慧、中国方案。

中国共产党自成立之日起，把让人民过上好日子作为使命，并为此进行了长期艰苦卓绝的斗争。党的十八大以来，站在全面建成小康社会、实现中华民族伟大复兴中国梦的战略高度，在很多重要场合反复强调要消除贫困，指出消除贫困、改善民生、实现共同富裕是社会主义的本质要求，是我们党的重要使命。在党的带领下，经过8年的不懈努力，我们取得了脱贫攻坚的全面胜利，如期完成了新时代脱贫攻坚的目标和任务。我们要铭记这段历史，弘扬这一精神并用以教育广大干部群众继续团结一心，英勇奋斗，坚决战胜前进道路上的一切困难和风险，不断夺取坚持和发展中国特色社会主义新的更大胜利。我们要自觉树立和践行社会主义核心价值观，从脱贫攻坚历程中汲取力量、激发信仰、获得启发、启迪智慧,自觉提升境界、涵养气概、激励担当、奋发有为,凝聚起勇敢前进的强大精神动力。

(四)弘扬脱贫攻坚精神为培育社会主义核心价值观树立新坐标

习近平总书记指出:"脱贫攻坚战的全面胜利,标志着我们党在团结带领人民创造美好生活、实现共同富裕的道路上迈出了坚实的一大步。同时,脱贫摘帽不是终点,而是新生活、新奋斗的起点。解决发展不平衡不充分问题、缩小城乡区域发展差距、实现人的全面发展和全体人民共同富裕仍然任重道远。"[1]自觉践行社会主义核心价值观是新发展阶段解决不平衡不充分发展、巩固脱贫攻坚成果应该遵循的价值坐标。社会主义核心价值观所具有的人民性、实践性、时代性等理论品格是我们在建设社会主义长期实践中的行为指向和行为准则,影响着我们在发展中国特色社会主义伟大实践中的思想方法与行为方式。后扶贫时代我们要按照这些性质和特征,继续发扬奋斗、攻坚、奉献等脱贫攻坚精神,培育和践行社会主义核心价值观,自觉用中华优秀传统文化、革命文化、社会主义先进文化培根铸魂、启智润心,要善于从中华民族传统美德中汲取道德滋养,从脱贫攻坚时代楷模的身上感受道德风范,加强道德修养,打牢道德根基,将道德认知与道德实践紧密结合起来,在促进全体人民共同富裕问题上,脚踏实地、久久为功,让广大人民群众获得感、幸福感、安全感更加充实、更有保障、更可持续。

(五)弘扬脱贫攻坚精神为培育社会主义核心价值观提供新路径

党的十八大以来,习近平总书记提出精准扶贫、精准脱贫基本方略,成为打赢脱贫攻坚战的重要法宝。精准务实、开拓创新的脱贫攻坚精神体现的是求实、创新的方法论,是落实习近平总书记提出的精准扶贫、精准脱贫基本方略的方法路径。广大党员干部群众要按照这一方法

---

[1] 习近平:《在全国脱贫攻坚总结表彰大会上的讲话》,人民出版社2021年版,第20页。

论精神，坚持践行社会主义核心价值观，勇于创新，将精准务实精神内化于心、外化于行，坚持实事求是，一切从实际出发，培养问题意识，将精神落实到解决具体问题上来。尤其在我国发展正处于由大国成为强国的数字化时代，必须注重社会治理方面的精准意识，这是实施高质量发展和建设美好生活的题中应有之义。以精准务实精神解决问题，既关乎国家的发展命运，也关乎千家万户的美好生活，更涉及每个人的幸福感、获得感、安全感。当今我国社会存在和出现的很多矛盾、问题、难题乃至冲突，在一定意义上正与各项工作做得不够精准有关。我们要把精准务实精神与开拓创新精神发扬到我国经济、政治、社会、文化、生态各个领域，推广到改革发展稳定各个方面，这也为进一步诠释社会主义核心价值观，尤其是个人层面的敬业价值追求提供了新路径。

（六）弘扬脱贫攻坚精神为培育社会主义核心价值观翻开新篇章

广大人民群众对脱贫攻坚精神能否真正认同和自觉践行，是考验脱贫攻坚精神弘扬能否得到有效发挥的重要标志。充分了解广大人民群众的心理认知、情感体验、意志品质和行为习惯等心理特点，掌握他们对脱贫攻坚精神的心理认同过程与程度，构建文化心理认同机制，能够深化对社会主义核心价值观的认同，为培育和践行社会主义核心价值观翻开新篇章。人民群众的文化心理认同又可理解为广大群众的"日常社会意识"，它发生于日常生活层面，既受到一定社会的经济基础制约，也受到上层建筑的影响。新时代脱贫攻坚精神被人民群众的文化心理认同的重要原因是它能反映人民群众亟待解决的问题，这种精神不是强制性的规则、原则，而是全体人民在情感上的共鸣，并非是被动顺应，而是主动同化。将新时代脱贫攻坚精神融为人民群众的自觉遵循，把对新时代脱贫攻坚精神的认知和认同建立在日常生活中。要能够找到人民群众思想感情的嵌入点，增进价值认同，在讲好新时代脱贫攻坚故事的同时，精心打造具有影响力、凝聚力的社会文化品牌，用故事阐发哲理，推动人民群众凝聚价值共识，形成价值合力。弘扬新时代脱贫攻坚精神要以凝聚向心价值为主旋律，树立大教育观念。强化学校、家庭和社会的合力效应，夯实社会文化心理基础。培育行为个体的属群意识，增强对中国特色社会主义文化尤其是扶贫济弱理念认同度，提高弘扬新时代脱贫攻坚精神的自觉性。文化心理认同机制能够塑造精神纽带，减少由人民群众之间的贫富差距和社会身份差异导致的心理抵触和心理隔阂，从心理上勾起人民群众对新时代脱贫攻坚精神的欲望和渴求，使之成为新时代脱贫攻坚精神的积极弘扬者。

第三节　凝聚脱贫攻坚精神，汇入相对贫困治理实践

习近平总书记在《在决战决胜脱贫攻坚座谈会上的讲话》中指出："脱贫攻坚战的全面胜利，标志着我们党在团结带领人民创造美好生活、实现共同富裕的道路上迈出了坚实的一大步。同时，脱贫摘帽不是终点，而是新生活、新奋斗的起点。解决发展不平衡不充分问题、缩小城乡区域发展差距、实现人的全面发展和全体人民共同富裕仍然任重道远。我们没有任何理由骄傲自满、松劲歇脚，必须乘势而上、再接再厉、接续奋斗。"作为党和国家的一项重要决策部署，脱贫攻坚是在党的坚强领导下历史性全面消除绝对贫困的壮举。然而，绝对贫困的消除并非意味着贫困治理的结束，而是进入一个新的阶段——"后扶贫时代"。习近平总书记指出："脱贫和高标准的小康是两码事"；"相对贫困、相对落后、相对差距将长期存在"；"全部脱贫，并不是说就没有贫困了，就可以一劳永逸了，而是指脱贫攻坚的历史阶段完成了。相对贫困问题永远存在，我们帮扶困难群众的任务永无止境"。后扶贫时代的脱贫攻坚工作着眼于治贫任务的转换，着力于相对贫困治理。相对贫困还将在我国社会主义初级阶段长期存在，需要我们继续努力做好有关工作。相对贫困治理是中国特色治理体系和治理能力现代化的重要内容，是党的初心和使命在贫困治理领域的继续彰显，依然需要传承和弘扬中国精神，特别是在消除绝对贫困过程中凝聚起来的脱贫攻坚精神，这是支撑相对贫困治理、完成相对贫困治理实践任务的强大力量。

一 脱贫攻坚精神汇入相对贫困治理实践的现实意义

所谓"相对贫困",是指在特定的社会生产方式和生活方式下,依靠个人或家庭的劳动力所得或其他合法收入虽能维持其食物保障,但无法满足在当地条件下被认为是最基本的其他生活需求的状态。"在绝对标准下的绝对贫困问题解决之后,贫困问题会以相对形式存在。"打赢脱贫攻坚战,只是消除了绝对贫困,缓解相对贫困将是长期任务,我们要认识到一些长期存在的问题,逐步分阶段地解决。相对贫困是相比绝对贫困较好的一种贫困状态,两者之间存在相关性,但无论是绝对贫困还是相对贫困,都要考虑到"贫困"内核这一基本事实。我国贫困治理的重点和难点,将从显性的绝对贫困转向更加隐蔽的相对贫困。研究结果显示,我国相对贫困存在人口基数大、贫困维度广、致贫风险高等特点,同时,相对贫困人口在内生动力、精神心态等方面也面临诸多困境。因此,将脱贫攻坚精神汇入相对贫困治理实践中具有重要的现实意义。

(一)防止返贫现象出现的内在要求

实践是认识的先导。新时代的脱贫攻坚实践启示我们:只要思想上高度重视、上下同心、行动上务实求真、真抓实干,方法措施上精准得当,深度贫困是完全可以战胜的;另外,贫困之冰,非一日之寒;无论是消除绝对贫困还是缓解相对贫困,都要拿出踏石留印、抓铁有痕的劲头,发扬钉钉子精神,锲而不舍抓下去。

全面建成小康社会后,相对贫困治理面对的一个问题是,全球经济陷入下行危机,无形中会使贫困治理的难度增大。在精准扶贫、精准脱贫的战略主导下,举全国之力消除绝对贫困,但对于一些深度贫困地区和群体来讲脱贫稳定性差,尤其是集中连片的特困地区,公共交通等基础配套建设滞后,农村的"三留守"人员生产能力较弱,教育和安全问题难以得到有效保障，无法确保在脱贫之后继续保持小康状态，极易出现再次返贫问题。比如，有些深度贫困地区贫困发生率高、基础条件薄弱，战胜贫困的难度很大，部分贫困户存在等、靠、要、懒等现象，脱贫之后极易出现返贫现象。这就需要广大党员干部把扶贫工作当成一项长期工作去抓，绝不能紧一阵松一阵，更不能以表面上的"形式脱贫""阶段性脱贫"来衡量实际的脱贫成效，而要更加注重脱贫的质量，要经得起历史检验，坚决防止脱贫之后再返贫。这就需要继续发扬精准务实的脱贫攻坚精神，具体问题具体分析，对已经出现的返贫现象按原因归类，区别对待。如，一些深度贫困地区因病返贫、因灾返贫问题突出；又如，一些贫困家庭，习惯"输血"模式，而不习惯于加强自身的"造血"功能，结果导致没有稳定收入来源，存在着再次返贫的可能性；再如，部分脱贫群体由于摆脱绝对贫困后减弱了发展动力和志向，甚至出现了消极负性的社会心态，导致扶贫工作存在"一边脱贫，一边返贫"的现象；此外，突如其来的新冠肺炎疫情对经济发展带来前所未有的冲击，而脱贫群体由于对经济下行、生活水平下降、社会突发事件承受能力相对较弱，返贫风险较大。

（二）提升相对贫困治理能力的迫切要求

中国贫困格局的变化以及相对贫困的凸显，使得我们必须提升相对贫困治理能力。只有相对贫困问题得以缓解和破解，才能真正地践行好"以人民为中心"的发展思想。提升相对贫困治理能力、深化治理改革，既是推进中国特色国家治理体系和治理能力现代化的重要组成部分，也是发展民生福祉、促进共同富裕的现实需要，更能为全球贫困治理贡献中国智慧与中国方案。随着全面建成小康社会的胜利和全面建设社会主义现代化国家新征程的开启，提升相对贫困治理的能力也成为对标的目标要求。治理相对贫困是一项复杂的系统工程，涉及教育、医疗、社保等各个领域，而且由于相对贫困治理是对标全面建设社会主义现代化国家的目标要求，而不是绝对贫困对标的全面建成小康社会的目标，对标的目标不同决定了治理的范围和标准不同。因此，全面建设社会主义现代化国家目标下的相对贫困治理范围更宽，执行标准更高。2020年后相对贫困的治理战略，需要由长期以来的"扶贫战略"转向"防贫和助贫相结合，以防贫为主"的新的扶贫治理战略，突出扶贫机制的可持续运行，让扶贫政策重新回归中观层面，同时不断加强微观层面的社会保障制度建设。在相对贫困治理阶段，收入增长和收入差距以及社会公共服务均等化的程度，将会成为衡量未来扶贫工作的重要指标和内容。这就对相对贫困治理提出了新挑战，提出了新要求。我们必须立足国情，把握相对贫困的规律与特点，必须通过改革创新治理方法，发扬开拓创新精神，以多元化的创新治理举措有效规避致贫、返贫风险。从当前的以绝对贫困为核心的贫困治理，到以相对贫困为核心的贫困治理，我们需要有一个平稳过渡期，在这个过渡期内，精准扶贫工作的措施还需暂时存续，这样就可以避免政策衔接中的断档效应，同时也可以更好地实现扶贫政策减贫效应的可持续。党的十八大以来，中国贫困治理取得了非凡成就，中国成为世界上减贫人口最多、覆盖面最广、扶贫内涵最为丰富的国家。中国的减贫奇迹充分证明了精准扶贫这一脱贫攻坚精神的巨大效应，同时无可辩驳地向世界证明中国特色社会主义制度的显著优越性。

（三）建立解决相对贫困长效机制的题中应有之义

习近平总书记指出："扶贫开发是全党全社会的共同责任，要动员和凝聚全社会力量广泛参与。要坚持专项扶贫、行业扶贫、社会扶贫等多方力量、多种举措有机结合和互为支撑的'三位一体'大扶贫格局，强化举措，扩大成果。要健全东西部协作、党政机关定点扶贫机制，各部门要积极完成所承担的定点扶贫任务，东部地区要加大对西部地区的帮扶力度，国有企业要承担更多扶贫开发任务。要广泛调动社会各界参与扶贫开发积极性,鼓励、支持、帮助各类非公有制企业、社会组织、个人自愿采取包干方式参与扶贫。"[1]鉴于相对贫困治理会成为未来扶贫工作的重要核心内容,解决相对贫困比解决绝对贫困更复杂,持续的时间会更长,遇到的问题会更多,而且相对贫困问题的解决并不是一蹴而就的,需要长期的、各方的共同努力。因此,解决绝对贫困的经验就为建立相对贫困治理战略提供了参考。治理相对贫困,不是抛弃治理绝对贫困的脱贫攻坚举措,而是要逐步调整为针对相对贫困的日常性帮扶措施——建立长效机制。党的十九届四中全会提出要"建立解决相对贫困的长效机制"。这是以习近平同志为核心的党中央针对解决绝对贫困后,我国相对贫困问题在政策有效性、脱贫可持续性方面面临的困境与治理能力贫困、人文贫困和精神贫困等现象的复杂性,需要我们建立健全长效机制,推动相对贫困治理规范化、机制化,朝着共同富裕的目标继续前行,这离不开脱贫攻坚精神的引领和支撑。

第一,在坚持党和政府对贫困治理的集中统一领导下,全面总结我国消除绝对贫困的成功经验,充分发挥坚持全国一盘棋、调动各方面积极性、集中力量办大事等制度优势,最大程度形成解决相对贫困问题的社会合力。发挥上下同心精神,"形成'政府主导、社会参与、市场促进'的贫困治理整体性机制。在政府主导之下,依靠市场的力量、社会的资源来推动贫困治理。鼓励社会组织和专业社会工作者广泛参与贫困治理,通过建立城乡贫困家庭社会服务体系,形成政府力量和社会力量的有机结合"。[2]

第二,从制度层面综合、全面、系统地考量治理相对贫困问题,建立长效机制,既要关注经济因素,也不能忽视非经济因素。从某种程度上讲,非经济因素比经济因素更加重要。因为贫困问题表面看起来是物

---

[1] 汪晓东、宋静思、崔璨:《历史性的跨越 新奋斗的起点——习近平总书记关于打赢脱贫攻坚战重要论述综述》,载《人民日报》,2021年2月24日第1版。
[2] 林闽钢:《相对贫困的理论与政策聚焦——兼论建立我国相对贫困的治理体系》,载《社会保障评论》,2020年第1期。

质的相对匮乏,从更深层次探究则是能力、知识、观念与人文素质的极度匮乏。这就需要将着力点放在这些因素上进行探索,精准地对症下药、靶向治疗。如,要加强相对贫困治理的文化软实力建设,就要"探索构建相对贫困治理的人文发展机制,以改善贫困地区人文环境贫瘠现状,有效缓解相对贫困问题"。[1]后小康时代的贫困治理要进入"攻心"阶段,关键在于拔掉精神贫困之根,这既是精准务实精神的重要体现,也是相对贫困治理的阶段性特征所在。一方面,通过思想教育使贫困群体树立正确意识,克服穷人心态和贫困思维,扩展相对贫困人口的认知"带宽"。另一方面,大力加强贫困地区的文化教育,努力缩小城乡教育差距。作为阻断贫困代际传递的重要途径和提升贫困群众造血能力的重要抓手,教育扶贫在相对贫困治理阶段要受到党和国家的高度重视。既要根据不同地区教育水平差异合理分配教育资源,也要加大对贫困家庭子女的教育扶贫力度,通过子女教育阻断贫困代际传递的路径。当地政府要加强对贫困户的思想教育,破除部分贫困家庭轻视教育的落后思想。同时国家应着力完善贫困人口的教育资助政策,消除贫困家庭因学致贫、返贫的现象,确保贫困家庭子女接受系统的教育。

二 脱贫攻坚精神在相对贫困治理实践中的价值引领

脱贫攻坚伟大胜利的每一步都是艰辛磨砺而成,全面建成小康社会的每一程都离不开精神的引领。伟大的脱贫攻坚精神引领我们取得彪炳史册的伟大成就,实现了第一个百年奋斗目标。但脱贫摘帽不是终点,而是新生活、新奋斗的起点。后扶贫时代,我们依然要在治理相对贫困实践中大力弘扬脱贫攻坚精神,将其作为价值导向,坚定信仰,积极行动,为相对贫困治理提供引领力量。

---

[1] 范和生、武政宇:《相对贫困治理长效机制构建研究》,载《中国特色社会主义研究》,2020年第1期。

（一）坚持自力更生，把利用外力与激发内力结合起来

解决相对贫困问题是一项综合性工作，既要借助政策机制等外部力量，又要充分激发相对贫困群众的内生动力。绝对贫困时期的扶贫政策以单纯的经济扶贫为主，但经济扶贫只能治标却不能治本，无法解决相对贫困问题。要让大多数贫困群众获得脱贫机会，必须依靠贫困地区群众自身的力量脱贫致富，提升自主脱贫能力，这是相对贫困治理的关键。习近平总书记多次论述"幸福不会从天而降""只有奋斗的人生才称得上幸福的人生""奋斗本身就是一种幸福""幸福不会从天而降，美好生活靠劳动创造"等奋斗观点，强调幸福是靠自己奋斗出来的。如果说精准扶贫的第一步是给钱、给物、给政策的"输血"，可持续脱贫之路则是激发内生动力的"造血"。扶贫不是慈善救济，不是按人头分钱，而是引导和支持所有有劳动能力的人，依靠自己的劳动开创美好明天。在相对贫困治理阶段，如果在全面消除绝对贫困之后国家的扶贫政策有所松动或外部力量不能有效改善，而且弱势群体的自我发展能力没能得到提升，那么他们就很难靠自身力量真正脱贫致富，从而陷入相对贫困。

相对贫困群众既是外在扶贫的对象，也是摆脱相对贫困的主体，要着力激发相对贫困群众的内生动力，使其通过自己的奋斗摆脱相对贫困。在东西部扶贫协作座谈会上，习近平总书记指出："用好外力、激发内力是必须把握好的一对重要关系。对贫困地区来说，外力帮扶非常重要，但如果自身不努力、不作为，即使外力帮扶再大，也难以有效发挥作用。只有用好外力、激发内力，才能形成合力。没有比人更高的山，没有比脚更长的路。只要贫困地区干部群众激发走出贫困的志向和内生动力，以更加振奋的精神状态、更加扎实的工作作风，自力更生、艰苦奋斗，我们就能凝聚起打赢脱贫攻坚战的强大力量。"[1]"扶

---

[1] 习近平：《认清形势聚焦精准深化帮扶确保实效　切实做好新形势下东西部扶贫协作工作》，载《光明日报》，2016年7月22日第1版。

贫要同扶智、扶志结合起来。智和志就是内力、内因。我在福建宁德工作时就讲'弱鸟先飞',就是说贫困地区、贫困群众首先要有'飞'的意识和'先飞'的行动。没有内在动力,仅靠外部帮扶,帮扶再多,你不愿意'飞',也不能从根本上解决问题。"[1]脱贫致富终究要靠贫困群众用自己的辛勤劳动来实现,要尊重贫困群众的主体地位和首创精神。后扶贫时代要继续加强社会主义核心价值观教育,大力弘扬中华民族勤劳致富、自强不息的传统美德,汇集积极向上的正能量,深入细致做好贫困群众的思想工作,树立勤劳致富、脱贫光荣的价值取向和政策导向;增强贫困群体对脱贫攻坚战略的思想认同,引导贫困群体树立"安贫可耻、勤劳光荣"的思想意识,打破贫困群体的思想桎梏,帮助其摆脱思想贫困、意识贫困;激发相对贫困群体自我发展的意愿和对美好生活的向往,真正自觉地参与到脱贫致富的实践中来,使贫困群体在精神上先富起来,依靠自己的双手开创美好明天;引导贫困群体的社会心态朝着新时代主流社会心态靠拢,为相对贫困治理提供强大的精神动力和心理支持。

(二)坚持求真务实,在精准识别上再下功夫

党的十八大后,中国尚有9899万贫困人口。从国际经验来看,当一国贫困人口占总人口的10%以下时,扶贫就进入"最后一公里",是最艰难的阶段。按照党中央2020年全面建成小康社会的战略部署,大概每年要实现1000万人脱贫,每分钟脱贫约20人,真可谓是一场读秒决战。习近平总书记指出,"扶贫开发推进到今天这样的程度,贵在精准,重在精准,成败之举在于精准"。[2]中国在脱贫攻坚实践中,积极借鉴国际经验,紧密结合中国实际,创造性地提出并实施了精准扶贫方

---

[1] 习近平:《在深度贫困地区脱贫攻坚座谈会上的讲话》,人民出版社2017年版,第16页。
[2] 人民日报评论员:《精准扶贫是打赢脱贫攻坚战的制胜法宝》,载《人民日报》,2021年11月3日第1版。

略，改变一般性扶贫和粗放式扶贫的做法，针对不同贫困区域环境、不同贫困农户状况，运用科学有效程序对扶贫对象实施精准识别、精准帮扶、精准管理。精准扶贫不仅是新时代中国共产党在扶贫工作中攻坚克难的药方，而且在运用它的过程中所塑造的精神也成为下一阶段贫困治理的武器。坚持实事求是、求真务实的科学精神不仅是人类摆脱愚昧盲目的有效武器，而且是推动社会进步的强大力量。习近平总书记多次强调，要强化科学精神培养。唯有让科学精神在全社会深入人心，自觉以科学精神为引导，我们才能解决时代提出的诸多重大理论和现实问题。消除绝对贫困的脱贫攻坚伟大实践正是在实事求是的科学精神和科学态度引领下，才能全面把握贫困地区和贫困人口的具体情况，在此基础上做到精准识贫、精准施策、精准治贫和精准脱贫。贫困是复杂的社会现象。随着脱贫攻坚战的胜利，收入维度的绝对贫困将基本解决，但其他维度的相对贫困的任务仍较艰巨。精准识别相对贫困群众，是精准帮扶的前提条件。近十年来，国际上对贫困的测量维度从单一的收入维度逐渐转向多维度测量指标。"多维贫困指数包括教育、健康、生活水平3个贫困维度共10个指标。"[1] 在相对贫困治理阶段，我国要根据不同地区的实际情况，划定低收入标准，将贫困治理主要对象从原有的绝对贫困群体扩大到相对贫困群体。根据低收入线，科学构建相对贫困认定标准，实施相应的反贫困政策，确保最大限度地识别相对贫困群众。如"围绕低收入家庭需要建立相关制度措施"，具体表现为"建立低收入家庭生活负担减免制度""健全低收入家庭生产帮扶和就业帮扶制度""按需救助，对低收入户开展'救助会诊'制度"等。除此之外，还应借助互联网和信息技术发展，建立相对贫困人口数据库，根据系统大数据分析掌握不同困难群众的贫困情况，采取对应的帮扶措施，并实时动态更新贫困户信息，实现长效管理。总之，要精准健全内生动力保障机制，

---

[1] 林闽钢：《相对贫困的理论与政策聚焦——兼论建立我国相对贫困的治理体系》，载《社会保障评论》，2020年第1期。

注重相对贫困的多维性、个性化,从扶贫对象的实际情况出发,为不同维度的贫困群众提供相应的指导,千方百计激发脱贫对象的积极性、提高帮扶措施的有效性。

(三)坚持开拓创新,激励奋斗伟力

习近平总书记强调:"始终把实现好、维护好、发展好最广大人民根本利益作为一切工作的出发点和落脚点,让发展成果更多更公平惠及全体人民。"新发展阶段,相对贫困问题的解决,同样要把实现好、维护好、发展好最广大人民根本利益作为出发点和落脚点,尽最大努力满足人民美好生活需要,让全体人民共享改革发展成果。"开拓创新、艰苦奋斗"是打赢、打好脱贫攻坚战的精神担当与精神密码,解决绝对贫困的伟大成就是党领导人民群众奋斗的结果,相对贫困这一伟大事业也需要在继往开来中奋力推进,不断通过开拓创新助力人民群众共享发展成果。反贫困特别是解决相对贫困是一项长期的工作任务,不能因为脱贫攻坚的胜利而收官。根据发达国家和地区的经验,扶持相对贫困对整个社会经济体系提出了更高的要求,也需要经历相当长的历史时期,相对贫困的治理和探索会更加艰巨。我们要正视中国长期处于社会主义初级阶段的基本国情,要看到很多农民的收入水平不高且不稳定的现实情况,因此反贫困工作需要常抓不懈,好的措施更需要制度化、机制化。目前,国内对于相对贫困的认识、政策准备还相当有限,地区、城乡差距较大,如何扶持相对贫困人口还缺乏顶层设计。而且相对贫困的治理是系统工程,这既要求科学决策又需要统筹协调,更需要真抓实干、保持攻坚克难心态。习近平总书记指出:"人民对美好生活的向往,就是我们的奋斗目标。人世间的一切幸福都需要靠辛勤的劳动来创造。"后扶贫时代,相对贫困的治理是实现人民对美好生活向往的重要抓手,在相对贫困治理中弘扬奋斗精神、继续开拓创新,就是要针对新情况、新问题、新需求,进行链条式思考,进而提出新对策。如,要以更好解决

相对贫困问题为目标,以相对贫困为主题,以改革创新为方法,通过打赢攻坚战探索经验,建立一套比较好的体制机制。从对象瞄准、标准确定、路径选择、制度保障、机制创新、举措突破以及需要注意的问题、如何形成合力等入手,闯新路、开新局,运用创新意识系统谋划,并在奋斗实践中摸索着为解决相对贫困问题拿出切实的建设良方,确保广大人民群众有更多的获得感、安全感、幸福感。

第四节　加强对脱贫攻坚精神的研究与宣传

习近平总书记强调："脱贫攻坚不仅要做得好，而且要讲得好。"[1]脱贫攻坚精神锻造形成于伟大的脱贫攻坚实践，凝聚着中国共产党带领人民脱贫攻坚的全部叙事。因此，讲好脱贫攻坚实际上就要加强对脱贫攻坚精神的研究与宣传。在加强理论研究方面，我们既要着眼于中国共产党带领广大人民摆脱贫困的"宏大叙事"，也要聚焦于个别典型案例、典型模范人物的"微小细节"，从大视野和微观镜头中加强对脱贫攻坚精神内涵的诠释；在宣传教育方面，要善于运用多种信息渠道，在脱贫题材电视剧创作、脱贫纪实纪录片展播、脱贫地区成果展示等方面创新宣传教育渠道。我们要从加强对脱贫攻坚精神内涵的阐释与加强对脱贫攻坚精神的宣传传播两个方面着手，使全社会形成弘扬与践行脱贫攻坚精神的良好风气与浓厚氛围，激发出脱贫攻坚精神的强大精神伟力，不断夺取坚持和发展中国特色社会主义新的更大的胜利。

一　加强对脱贫攻坚精神内涵的阐释

2018年6月15日，中共中央、国务院发布的《关于打赢脱贫攻坚战三年行动的指导意见》中提出要营造良好的脱贫攻坚舆论氛围，适时对脱贫攻坚精神进行总结。2021年2月25日，在全国脱贫攻坚总结表彰大会上，习近平总书记立足于脱贫攻坚的伟大实践，首次对脱贫攻坚精神进行了深刻总结。自此，各界人士纷纷开始对以"上下同心、尽锐出战、精准务实、开拓创新、攻坚克难、不负人民"为基本内涵的脱贫攻

---

[1] 习近平：《在决战决胜脱贫攻坚座谈会上的讲话》，人民出版社2020年版，第14页。

坚精神进行研究与阐释，使全党全国各族人民对脱贫攻坚精神的认识与理解不断得到深化。加强对脱贫攻坚精神内涵的阐释，要认识到脱贫攻坚精神的整体阐释与其内在机理是彼此映照的关系，党领导人民脱贫攻坚是骨架，架构起脱贫攻坚精神整体阐释的轮廓，脱贫攻坚中涌现出的典型案例与模范人物则是血肉，蕴含在脱贫攻坚精神的内在机理中。从整体阐释与挖掘内在机理两个角度着手加强对脱贫攻坚精神的研究，是全面且深刻把握脱贫攻坚精神，并使之呈现出"有骨有肉"全貌的重要途径。

（一）把握党带领人民脱贫攻坚的宏大叙事，加强对脱贫攻坚精神内涵的整体阐释

2021年2月25日，习近平总书记在全国脱贫攻坚总结表彰大会中的讲话指出："8年来，党中央把脱贫攻坚摆在治国理政的突出位置，把脱贫攻坚作为全面建成小康社会的底线任务，组织开展了声势浩大的脱贫攻坚人民战争。党和人民披荆斩棘、栉风沐雨，发扬钉钉子精神，敢于啃硬骨头，攻克了一个又一个贫中之贫、坚中之坚，脱贫攻坚取得了重大历史性成就。"[1]实践强有力地证明，党和人民是脱贫攻坚取得重大历史性成就背后的实践主体，正是在党的集中统一领导下，全党全国各族人民做到了一分部署、九分落实，真抓实干、凝心聚力，在脱贫攻坚的宏大叙事中锻造出伟大的脱贫攻坚精神。从党领导人民脱贫攻坚的宏大叙事出发，加强对脱贫攻坚精神内涵的整体阐释，有助于从整体上彰显出脱贫攻坚实践中所蕴含的全方位的成就，系统理解精准扶贫基本方略的实施，也有助于在国际视角中把握中国减贫实践的宏大意义。

首先，要在脱贫攻坚全方位的成就中梳理脱贫攻坚精神的内涵。"9899万农村贫困人口全部脱贫，832个贫困县全部摘帽，12.8万个贫困村全部出列"是脱贫攻坚取得全面胜利最直接的标志，在这一系列的

---

[1] 习近平：《在全国脱贫攻坚总结表彰大会上的讲话》，人民出版社2021年版，第5页。

数字背后蕴含的，是贫困地区发生了天翻地覆的变化和贫困人口精神面貌焕然一新的事实。在脱贫攻坚全方位的成就中梳理脱贫攻坚精神的内涵，将贫困地区和贫困人口的整体性变化嵌入对脱贫攻坚精神内涵的研究，是全面系统把握脱贫攻坚精神内涵的有效方法。例如，脱贫攻坚的全面胜利使贫困地区发生了天翻地覆的变化，其中包括贫困地区基础设施显著改善、公共服务水平显著提升、经济持续快速发展、生态环境更加美好等各方面的成就，每个方面的成就都离不开脱贫攻坚精神的内在支撑，为研究脱贫攻坚精神的内涵提供了现实范本。

其次，要在精准扶贫的基本方略中分析脱贫攻坚精神的内涵。精准扶贫基本方略，是以习近平同志为核心的党中央立足于新时代中国贫困呈现的实际情况而提出的科学减贫方略，这一基本方略对脱贫攻坚中"扶持谁""谁来扶""怎么扶""怎么退"以及"如何稳"等难题作了系统明确的回答与部署，构建出体系完备的脱贫攻坚政策体系，蕴含着党中央治国理政的强大智慧。在精准扶贫的基本方略中分析脱贫攻坚精神的内涵，要紧密联系党中央精准扶贫的基本方略。例如，从"扶持谁"的部署上分析"攻坚克难、不负人民"的为民担当，从"谁来扶"的部署上分析"上下同心、尽锐出战"的强大动员，从"怎么扶""怎么退""如何稳"的部署上分析"精准务实、开拓创新"的实干风貌。

最后，在中国减贫的世界意义中诠释脱贫攻坚精神的内涵。脱贫攻坚的胜利为全球减贫做出了巨大贡献，不仅提前10年实现《联合国2030年可持续发展议程》减贫目标，加快了全球减贫进程，中国还通过积极开展国际减贫交流合作，帮助广大发展中国家推进减贫实践，为实现没有贫困、共同发展的人类命运共同体而不懈奋斗。在中国减贫的世界意义中诠释脱贫攻坚精神的内涵，是将脱贫攻坚精神弘扬至国际场域的基本前提。我们要将对脱贫攻坚精神内涵的研究融入人类命运共同体的构建，在构建人类命运共同体中诠释脱贫攻坚精神何以引领世界范围内消除贫困、实现各国共同发展，以及如何有效地将其弘扬至广大发展中国家，为脱贫攻坚精神的内涵打上深刻的世界烙印。

（二）聚焦脱贫攻坚的典型事例与模范人物，挖掘脱贫攻坚精神内涵中的内在机理

习近平总书记强调：要注重"宣传基层扶贫干部的典型事迹和贫困地区人民群众艰苦奋斗的感人故事"。[1]脱贫攻坚中涌现了大量贫困地区立足实际创新出的典型案例和吃苦耐劳、无私奉献的模范人物，这些典型案例和模范人物通常扎根于某个贫困村的整村脱贫路径中，抑或是呈现在对某个贫困户的精准帮扶中，需要广大脱贫攻坚精神的研究者解剖麻雀式地深入挖掘，通过调研熟络脱贫攻坚典型案例与模范人物的脱贫故事，将其中蕴含的脱贫攻坚精神加以整合与架构。

首先，聚焦脱贫攻坚的典型事例。在精准扶贫基本方略下，习近平总书记创新性地提出"五个一批"脱贫路径，为各地减贫实践提供了科学方向与具体指导。有了"五个一批"脱贫路径的指导，各贫困地区的脱贫思路被极大地打通、放大，不断开拓创新，在脱贫攻坚中探索出一批独具中国特色的脱贫典型事例。在脱贫攻坚的典型事例中挖掘脱贫攻坚精神的内涵，必须要在要抓取脱贫攻坚的典型事例的前提下，以精准务实的研究态度深挖脱贫攻坚精神在其中的呈现。所谓典型事例，是指足具代表性且具有强大说服力的事例，贵精而不贵多。脱贫攻坚的全面胜利，意味着我国832个贫困县纷纷在精准扶贫方略的指导下找准路径实现了脱贫致富，如若眉毛胡子一把抓，逐个挖掘832个贫困县的脱贫攻坚精神，便难以凸显出脱贫攻坚精神在典型事例中的呈现，削减了脱贫攻坚精神内涵的生动性与现实性。正如习近平所强调的："善于抓典型，让典型引路和发挥示范作用，历来是我们党重要的工作方法。"[2]抓取最具典型性的脱贫攻坚事例，要综合考虑当地脱贫攻坚开展前的贫

---

[1] 习近平：《在决战决胜脱贫攻坚座谈会上的讲话》，人民出版社2020年版，第14页。
[2] 习近平：《之江新语》，浙江人民出版社2007年版，第212页。

困状况、脱贫方法以及脱贫成效,确保典型事例足以支撑起对脱贫攻坚精神内涵的研究。例如,毕节市在党的领导下协同全国政协、中央统战部、各民主党派中央和全国工商联的帮扶力量实现了全市脱贫,是挖掘"上下同心、尽锐出战"精神的典型事例;十八洞村作为全国精准扶贫样本是研究"精准务实、开拓创新"精神的现实范本;达西村在党支部的带领下从"一年四季白茫茫,只见播种不见粮",到将"口袋里要鼓囊囊,精神上要亮堂堂"的村训变成现实,这一历史性的蜕变背后蕴含着中国共产党人"攻坚克难、不负人民"的使命担当精神,具有极大的挖掘价值。

其次,聚焦脱贫攻坚的模范人物。习近平总书记强调:"大力宣传脱贫攻坚英模的感人事迹和崇高精神,激励广大干部群众为全面建设社会主义现代化国家、实现第二个百年奋斗目标而披坚执锐、勇立新功。"[1] 自2016年设立脱贫攻坚奖项以来,全国共表彰505名脱贫攻坚模范人物,并在2021年全国脱贫攻坚表彰大会上为10名脱贫攻坚模范人物授予"全国脱贫攻坚楷模"的荣誉称号。这些同志之所以能被称为"模范",正是因为他们在脱贫攻坚的战场上和贫困群众想在一起、干在一起,将吃苦耐劳、无私奉献的品格发挥到极致,用自己最好的年华灌溉脱贫事业。脱贫攻坚精神的形成离不开脱贫攻坚模范人物苦干实干的堆砌,他们以鲜明的人物特征彰显出脱贫攻坚精神在个人身上的精神风貌和强大力量,是脱贫攻坚精神浓缩的精华,是研究脱贫攻坚精神内涵的一个重要载体。从脱贫攻坚模范人物身上研究脱贫攻坚精神的内涵,一是要紧扣模范人物与脱贫攻坚背景的共振点。我们要将模范人物放置在脱贫攻坚的大背景下,紧密切合脱贫攻坚的主题,梳理好在脱贫攻坚推进过程中模范人物的具体实践,总结模范人物为推进当地脱贫攻坚而积累出的宝贵经验,深刻分析模范人物对推进脱贫事业的意义所在。二是找到模范人物与脱贫攻坚精神的触发点。模范人物在脱贫攻坚

---

[1] 习近平:《在全国脱贫攻坚总结表彰大会上的讲话》,人民出版社2021年版,第11页。

中通过带头攻坚而积累的宝贵经验、产生的重大意义都能够联系到脱贫攻坚精神的触发点。例如，脱贫攻坚模范人物毛相林带领村民在绝壁上抠出向生天路，便是联系脱贫攻坚精神的触发点。毛相林为何排除万难一定要修路，归根结底是他深知自己作为党员的一份子，肩负着为人民谋幸福的使命担当，他身上饱含着的务实、为民、创新等责任担当，是研究脱贫攻坚精神内涵的生动人物写照。

二 加强对脱贫攻坚精神的宣传传播

继承和弘扬脱贫攻坚精神，在加强对其内涵阐释的同时，还应高度重视对脱贫攻坚精神的宣传与传播。要创新宣传途径，充分运用各种宣传手段，实现线下和线上的宣传联动，汇聚全社会宣传合力。此外，还应注重把控传播流向，脱贫攻坚精神具有深刻的中国意义与宏大的世界意义，要贯彻落实好以习近平同志为核心的党中央所强调的"讲好中国脱贫攻坚故事，反映中国为全球减贫事业作出的重大贡献"，以脱贫攻坚精神为载体，推动中国脱贫攻坚故事在国内国际两个传播领域实现协同传播，为实现中华民族伟大复兴的中国梦提供强大的精神力量和舆论支持。

（一）创新宣传途径，利用多种载体实现线上线下宣传联动

习近平总书记强调："要树立以人民为中心的工作导向，把服务群众同教育引导群众结合起来，把满足需求同提高素养结合起来，多宣传报道人民群众的伟大奋斗和火热生活，多宣传报道人民群众中涌现出来的先进典型和感人事迹，丰富人民精神世界，增强人民精神力量，满足人民精神需求。"[1]在阐释好脱贫攻坚精神内涵的基础上把脱贫攻精

---

[1] 习近平：《胸怀大局把握大势着眼大事 努力把宣传思想工作做得更好》，载《人民日报》，2013年8月21日第1版。

神宣传好是激发出其精神伟力的关键环节。因此，必须创新宣传途径，统筹谋划线上线下的宣传方法，使脱贫攻坚精神成为广大人民的精神食粮与价值指引。

首先，充分依托互联网创新线上宣传方式。中国互联网络信息中心（CNNIC）在京发布第47次《中国互联网络发展状况统计报告》称，截至2020年12月，我国网民规模为9.89亿，互联网普及率达70.4%。大规模的网民数量和互联网正在逐渐覆盖全中国的趋向，使人们的生产生活发生了重大变化，互联网凭借其宣传范围广、到达效率高、交互性强等优势成为宣传工作不可或缺的重要载体。明者因时而变，智者随事而制。互联网的高度普及需要我们抓好互联网的宣传优势，创新脱贫攻坚精神的线上宣传途径。为此，要在政府主导下积极建设以脱贫攻坚精神为主题的大型专题网站，将党领导人民脱贫攻坚的实践历程、政策部署以及脱贫攻坚中涌现出的一批典型事例和模范人物的故事融入其中，建立起宣传脱贫攻坚精神的官方网站，实现宣传资源的有效整合；要充分利用以微博、微信、移动客户端为代表的新媒体平台，结合当中的小程序、H5、话题排行榜、专栏评论等，不断创新脱贫攻坚精神的呈现方式。例如，由中共中央宣传部、国家乡村振兴局等单位运用微信平台的小程序制作出的"中国脱贫攻坚成就展——网上展馆"，以新颖且便捷的呈现方式充分适应了当下人们碎片化式的浏览信息模式，目前该网络展馆点赞数已近15万，取得了显著的宣传效果；要发动广大文艺创作者创作出反映脱贫攻坚精神的优秀文艺作品，例如电视剧、电影、纪录片等，借助互联网平台以多种创作方式呈现脱贫攻坚精神，扩大受众覆盖面，凝聚人们认同脱贫攻坚的情感共识。

其次，运用脱贫攻坚资源整合线下宣传方式。虽然线下宣传的范围与效率不如线上宣传，但线下宣传以实物为支撑，能够使人们切身直观地倾听、观看、感受，融入场景所营造的浓厚氛围。要建设一批能讲、会讲、讲得好的脱贫攻坚精神宣讲团，贯彻落实好党中央提出的"每年组织报告团，分区域巡回宣讲脱贫先进典型"的要求，使宣讲团实现进校园、进单位、进部门、进社区、进村庄等；要鼓励各级党委和政府挖掘当地脱贫攻坚精神的呈现，特别是要支持有条件开发旅游资源、发展旅游业的地区建设脱贫攻坚展览馆，以展览物品、讲解背后故事的方式还原当地脱贫攻坚历程，宣传其中承载的脱贫攻坚精神；此外，还可以尝试开发脱贫攻坚文创产品，将脱贫攻坚精神凝聚到具有高附加值的文创产品中，探索通过销售功能性强、观赏性高的文创产品带动脱贫攻坚精神宣传、以脱贫攻坚精神宣传的深入人心带动文创产品售卖的双赢路径。

（二）精准传播流向，形成国内国际两个传播领域协同传播

党的十八大以来，以习近平同志为核心的党中央高度重视国家传播能力建设，提出了一系列关于加强对内传播和对外传播的重要论述。习近平总书记强调："现在，媒体格局、舆论生态、受众对象、传播技术都在发生深刻变化，特别是互联网正在媒体领域催发一场前所未有的变革。"[1] 加强脱贫攻坚精神的传播，需要从国内媒体融合的发展现状和当前国际传播格局出发，实现脱贫攻坚精神在国内国际两个传播领域的协同传播。

首先，依托我国媒体融合的发展现状，紧扣中央媒体的龙头作用，协同省级、县级媒体助推脱贫攻坚精神实现全国一盘棋式的传播效应。充分利用媒体融合的优势传播脱贫攻坚精神，中央媒体要起到引领定向作用，把传播脱贫攻坚精神作为一项政治任务来开展，为凝心聚力提供关键的舆论支持。省级、县级媒体是打通自上而下的舆论通道的重要一环，特别是自2018年习近平总书记发出"要扎实抓好县级融媒体中心建设"的指示以来，县级融媒体的系统展开打通了我国媒体融合的"最后

---

[1] 习近平：《坚持军报姓党坚持强军为本坚持创新为要　为实现中国梦强军梦提供思想舆论支持》，载《人民日报》，2015年12月27日第1版。

一公里"。县级融媒体有着承载基层网络的重要作用，能够使党的方针政策等更易于传播到群众中去，更好引导群众、服务群众。要利用好省级、县级媒体接近基层舆论场的优势，结合前文提及的脱贫攻坚精神宣传方式，构建中央、省、市、县联动互通的脱贫攻坚精神传播模式。

其次，立足于当下国际传播格局，提升脱贫攻坚精神的国际传播效能。当前，互联网本身具备的"去中心化"的技术特质为国际传播格局朝着多极化的趋势发展提供了物质技术支持。传播格局多极化的趋势为我国向世界传播中国文化、中国精神、中国价值，宣扬中国主张、中国智慧、中国方案等提供了重大机遇。加强脱贫攻坚精神的国际传播，能够让世界了解中国人民艰苦奋斗的务实品格、中国共产党人民至上的执政理念，以及中国作为负责的大国在推进全球减贫治理方面所做出的巨大贡献。一是依托各种国际人文交流活动加强脱贫攻坚精神的国际传播。国际人文交流活动是促进各国真诚交流、互学互鉴、合作共赢的重要途径，要将脱贫攻坚精神的传播融入我国发展已较为成熟的人文交流机制，例如近年来我国成功举办过的上合组织青岛峰会、上海国际电影节、中国国际进口博览会等都是现有的面向世界的传播平台。此外，还可以充分运用国际会议论坛和外国主流媒体等平台，发挥高层次专家的作用，在国际传播领域中解读传播脱贫攻坚精神。抓住国际脱贫日的节日契机，将脱贫攻坚精神联系每年世界消除贫困日的主题进行阐释，增强脱贫攻坚精神的传播效能。二是在传播过程中要注意贴近不同受众和文化背景。各国之间有着不同的历史底蕴与文化背景，我们在开展国际领域传播工作时需要注重精准施策，构建出各国民众易于接受的脱贫攻坚精神话语体系。要加强同各国具有权威性和代表性的智库之间的合作，在确保脱贫攻坚精神准确表达的基础上，最大限度地构建独具各国本土化特点的脱贫攻坚精神话语体系，为各国民众正确理解脱贫攻坚精神架构桥梁。

第七章　脱贫攻坚精神的当代启思

　　伟大事业孕育伟大精神，伟大精神成就伟大事业。中国共产党带领人民群众对贫苦这一"拦路虎"发起挑战，最终如期取得了脱贫攻坚战的伟大胜利，孕育出了以"上下同心、尽锐出战、精准务实、开拓创新、攻坚克难、不负人民"为内核的脱贫攻坚精神。但脱贫摘帽不是终点，而是新生活、新奋斗的起点，脱贫攻坚精神必将为实现全体人民共同富裕、全面建设社会主义现代化国家提供强大精神引领。脱贫攻坚战的胜利并非一人之功，脱贫攻坚精神的孕育也绝非一人之力。在脱贫攻坚实践中，涌现出了无数带领人民群众脱贫致富的先进楷模，成就了无数脱贫成功的经典范本，如扶贫干部毛相林带领下庄村村民从绝壁凿出通天之路，奔向致富之路；各方力量的帮扶使得云南省怒江州独龙族在脱贫攻坚的战场上实现整体脱贫，成为脱贫成功的经典案例之一。新时代，脱贫攻坚精神必将以其强大的感召力和凝聚力，指引党和群众奔跑在实现共同富裕的康庄大道上。

第一节 脱贫攻坚精神
与全面建设社会主义现代化国家

习近平总书记指出:"从全面建成小康社会到基本实现现代化,再到全面建成社会主义现代化强国,是新时代中国特色社会主义发展的战略安排。我们要坚忍不拔、锲而不舍,奋力谱写社会主义现代化新征程的壮丽篇章!"[1]着眼于当下,脱贫攻坚战取得全面胜利,我们已全面建成小康社会,党和人民站在两个一百年奋斗目标的历史交汇期,正在为全面建设社会主义现代化国家的伟大事业而接续奋进。脱贫摘帽不是终点,而是新生活、新奋斗的起点。中国共产党将接续带领人民踏上全面建设社会主义现代化国家的新征程。人无精神则不立,国无精神则不强。全面建设社会主义现代化国家的伟大事业必须要有伟大精神进行引领。面对新征程中各种风险挑战,脱贫攻坚精神中"不破楼兰终不还"的攻坚劲头、"俯首甘为孺子牛"的奉献取向、"苟利国家生死以"的爱国情操等都是引领伟大事业的宝贵精神财富,是在全面建设社会主义现代化国家新征程中推动缩小城乡区域发展差距、实现科技自立自强以及全体人民向共同富裕迈出重大步伐的强大精神力量。

---

[1]《习近平谈治国理政》(第三卷),外文出版社2020年版,第23页。

一 脱贫攻坚精神是全面建设社会主义现代化国家的重要精神指引

（一）"上下同心、尽锐出战"是在全面建设社会主义现代化国家征程中缩小城乡区域发展差距的精神动能

习近平总书记强调："持续缩小城乡区域发展差距，让低收入人口和欠发达地区共享发展成果，在现代化进程中不掉队、赶上来。"[1]全面建设社会主义现代化国家必须实现城乡全面融合、乡村全面振兴的发展目标，从而使全体人民共享改革发展成果。在这一目标的导向下，缩小城乡区域发展差距成为实现城乡全面融合、乡村全面振兴的必然环节，更是实现社会主义现代化强国目标的必由途径。当前，尽管脱贫攻坚战的胜利使我国消除了绝对贫困，但我国城乡区域发展差距仍然较大。通过城乡居民收入的比较可以发现这一现状，据统计，我国城乡居民收入的比值从脱贫攻坚打响之际的3.03下降到2020年的2.56，脱贫攻坚的全面胜利有力地缩小了城乡人口的收入差距。但在新征程的奋斗中，持续缩小城乡发展差距仍有很长的路要走。立足于实际，党的十九届五中全会审议通过的《中共中央关于制定国民经济和社会发展第十四个五年规划和二〇三五年远景目标建议》明确提出，在接续开启新征程上，必须"把乡村建设摆在社会主义现代化建设的重要位置"，"推动城乡要素平等交换、双向流动，增强农业农村发展活力"，[2]不断缩小城乡区域发展差距，进而走上城乡融合、乡村振兴的发展道路。党中央之所以把乡村建设摆在社会主义现代化建设的重要位置进行部署，是由于我国乡村发展仍然有很多短板领域，是现代化建设中的一块弱项。从具体的领域来看，乡村的教育、医疗、公共服务、社会救

---

[1] 习近平：《在全国脱贫攻坚总结表彰大会上的讲话》，人民出版社2021年版，第21页。
[2] 《中共中央关于制定国民经济和社会发展第十四个五年规划和二〇三五年远景目标的建议》，载《人民日报》，2020年11月4日第1版。

助、社会保险等短板是城乡发展差距中城乡公共服务不均等的体现,乡村的人才、土地、资金、产业、信息没能形成良性循环,是城乡要素流动不顺畅的突出体现。

在党中央的部署下,聚合全国各方力量补短板、强弱项是中国特色社会主义制度优势所在,更是脱贫攻坚精神的深刻彰显。脱贫攻坚精神中的"上下同心、尽锐出战"就是齐心协力、英勇奋战,在党的集中统一领导下集结精锐力量奔赴到党和人民最需要的地方。在新征程中,缩小城乡区域发展差距是一盘大棋,需要汇聚全国各领域的专业力量不断推动城乡公共服务一体化,促进城乡要素双向流动。通过"上下同心、尽锐出战"精神的引领,全国各方力量可以在党中央的部署下汇聚到乡村建设中来,能够充分发挥发达地区、中央单位、人民军队等专业优势力量对乡村的各个短板领域进行补足,充分发挥民营企业市场灵敏性强、机制灵活的优势激发乡村发展活力。例如,民营企业曾在脱贫攻坚战场上通过积极参与"万企帮万村""万企帮万户"等活动贡献了极大的扶贫力量。在缩小城乡区域发展差距的道路上,可以继续借鉴"万企帮万村"的经验与做法,汇聚民企力量到乡村建设中来,发挥其市场灵敏性强的优势,促进乡村各要素实现良性循环。

(二)"精准务实、开拓创新"是在全面建设社会主义现代化国家征程中实现科技自立自强的精神导向

习近平总书记强调:"到本世纪中叶建成社会主义现代化国家,科技强国是应有之义。"[1]中国要建成的现代化是包含于实现科技强国目标的现代化,加快科技创新、实现科技自立自强是建设现代化强国的必然要求。在新征程的起点上,党中央着眼于国内外发展环境的变化,立足于实现科技强国的目标,在《中华人民共和国国民经济和社会发展第

---

[1] 中共中央文献研究室:《习近平关于科技创新论述摘编》,中央文献出版社2016年版,第31页。

十四个五年规划和2035年远景目标纲要》中明确把创新作为现代化建设全局中的核心位置，把科技自立自强作为国家发展的战略支撑，对其展开详尽部署。

实现科技自立自强需要从创新能力、资源配置、体制机制、人才培育等多方面同步发力。而脱贫攻坚精神中的"精准务实、开拓创新"就是不断锐意进取，改革创新工作体制机制，饱含着求真务实、自力更生的精神，以其作为全面建设社会主义现代化国家的精神引领，将为实现科技自立自强提供明确的精神导向。具体来看，首先，发挥脱贫攻坚精神中的精准精神，使我国科技创新从"四个面向"上精准发力。习近平总书记强调，科技创新要"面向世界科技前沿、面向经济主战场、面向国家重大需求、面向人民生命健康"[1]，指明了我国科技创新的方向。在新征程上，以精准精神聚焦"四个面向"，始终使科技创新工作不偏航，才能使科技创新真正融入全面建设社会主义现代化国家的事业。其次，发挥脱贫攻坚精神中的务实精神，使科研人员"坐得住冷板凳"。习近平总书记强调：要"持之以恒加强基础研究"[2]。基础研究的能力是衡量国家创新能力的底蕴和后劲所在，然而基础研究是科学领域的"无人区"，需要科研人员真正静下心来以务实的精神将汗水挥洒在实验室中。总之，科学成就的取得离不开精神支撑，实现科技自立自强离不开脱贫攻坚精神中"创新""精准""务实"等强大精神力量的支撑。

（三）"攻坚克难、不负人民"是在全面建设社会主义现代化国家征程中使全体人民共同富裕取得实质性进展的精神指引

消除贫困、改善民生、实现共同富裕，是社会主义的本质要求，是

---

[1] 习近平：《在中国科学院第二十次院士大会、中国工程院第十五次院士大会、中国科协第十次全国代表大会上的讲话》，人民出版社2021年版，第6页。
[2] 习近平：《在科学家座谈会上的讲话》，人民出版社2020年版，第7页。

百年来中国共产党矢志不渝的奋斗目标。这一目标在坚持和发展中国特色社会主义的进程中不断取得新进展。打赢脱贫攻坚战、全面建成小康社会，使党和人民在实现共同富裕的道路上迈出了重大一步。在接续开启的全面建设社会主义现代化国家的新征程中，共同富裕被划分为两个战略节点，在2035年全体人民共同富裕取得更为明显的实质性进展的基础上，而后在21世纪中叶的社会主义现代化强国中基本实现共同富裕。显然，全面建设社会主义现代化国家就是不断追求共同富裕的过程，全体人民共同富裕取得更为明显的实质性进展，则是当前党和人民的首要奋斗目标。

习近平总书记提出："我们说的共同富裕是全体人民共同富裕，是人民群众物质生活和精神生活都富裕，不是少数人的富裕，也不是整齐划一的平均主义。"[1]这段论述对共同富裕的内涵作了清晰的界定。根据第七次全国人口普查，当前我国人口数量已超过14亿人。在这14多亿人口中分阶段实现物质生活和精神生活的双富裕，需要在人民群众物质文化生活各方面下足硬功夫，攻克掉许多短板问题，例如如何兼顾公平与效率、如何形成完善的先富带后富机制、如何破除城乡发展差距等，这决定了实现共同富裕是一个具有长期性、艰巨性和复杂性的目标。越是艰巨的目标越需要伟大精神的指引，脱贫攻坚精神中"攻坚克难、不负人民"就是中国共产党不畏艰险、迎难而上，始终坚守为人民谋幸福的初心。把"攻坚克难、不负人民"的精神贯穿到追求共同富裕目标的全过程并将其作为精神指引，是中国共产党在实现共同富裕道路上破除各种困难挑战，想方设法解决各种短板问题，切实让每一个人民群众实现物质和精神双富裕，并保持"越是艰险越向前"气概的强大精神指引。

---

[1] 习近平：《扎实推动共同富裕》，载《求是》，2021年10月16日第20期。

二 脱贫攻坚精神引领全面建设社会主义现代化国家的功能体现

（一）以脱贫攻坚精神引领"五位一体"总体布局统筹推进，实现富强民主文明和谐美丽的强国目标

党的十九大提出，到21世纪中叶要把我国建成富强民主文明和谐美丽的社会主义现代化强国，这一目标实际上与党中央明确的中国特色社会主义事业"五位一体"总体布局相耦合。因此，实现社会主义现代化的强国目标，必须统筹推进政治、经济、文化、社会、生态各领域的建设协调发展。以脱贫攻坚精神引领"五位一体"总体布局统筹推进，具体体现在统筹把握"五位一体"总体布局的复杂系统性并尽锐实践，以及与时俱进地改革创新"五位一体"各领域建设内容。

首先，"五位一体"是一个复杂的系统性建设全局，涵盖政治、经济、文化、社会、生态各领域，每一个领域又包括不同的建设方面，擘画出实现强国目标的宏伟蓝图。例如，仅在经济领域，我们既要发展现代化产业体系、构建新发展格局，又要在构建高水平社会主义市场经济体制、优化区域经济布局等各方面同步发力。脱贫攻坚精神蕴含着统筹发展、尽锐实践的精神价值。习近平总书记强调：扶贫工作要"坚持统筹发展"。在统筹推进扶贫工作下，举国攻坚的实践使贫困地区和贫困人口实现了全方位的改变，除了实现"两不愁、三保障"的脱贫目标，贫困人口的主人翁意识、贫困地区的经济发展、生态环境也相应得到提升。可以说，脱贫攻坚正是"五位一体"总体布局在贫困地区统筹推进的缩影。在全面建设社会主义现代化国家的征程中，"五位一体"总体布局必须集聚全国力量，明晰各领域与每个领域的各方面，统筹推进复杂系统的整体。因此，统筹发展、尽锐实践必将成为其不可或缺的精神取向。

其次，"五位一体"作为中国特色社会主义事业的总体布局，不同

的发展阶段的基本内涵、任务目标等均会有所变化，总体来看是一个由浅及深、由简至繁的过程。但无论"五位一体"的内涵、目标等如何变化，与时俱进地改革创新"五位一体"各领域建设内容永远都是推动其落实的有力抓手。脱贫攻坚精神强调开拓创新，就是要在立足自身实际上寻求最佳的中国方案，这为改革创新"五位一体"各领域建设提供了精神引擎。例如，在生态建设方面，我们摒弃西方"先污染、后治理"的发展思路，提出了绿水青山就是金山银山的辩证治理思路，开辟了一条既要保护又要发展的生态治理新路。在新征程中，无论发展环境如何变化，只要坚持开拓创新、立足实际、打通思路，"五位一体"总体布局就能够框起全面建设社会主义现代化国家的整体框架，使富强民主文明和谐美丽的强国目标如期实现。

（二）以脱贫攻坚精神引领国家治理体系和治理能力现代化，实现社会治理现代化的目标

党的十九大报告提出，到21世纪中叶我国要建成社会主义现代化强国，必须实现国家治理体系和治理能力现代化的目标，这使推进国家治理体系和治理能力现代化成为全面建设社会主义现代化国家的题中应有之义。推进国家治理体系和治理能力现代化涉及领域广泛多样，是一个系统工程，要求我们党不断改革和构建体制机制、法律法规，使我国各方面制度更加科学和完善，从而"实现党、国家、社会各项事务治理制度化、规范化、程序化"。[1]习近平总书记深刻指出："基层强则国家强，基层安则天下安，必须抓好基层治理现代化这项基础性工作。"[2]基层治理作为国家治理的基石，是实现国家治理体系和治理能力现代化的基础工程。

---

[1] 中共中央文献研究室：《十八大以来重要文献选编》（上），中央文献出版社2014年版，第549页。
[2] 彭飞：《夯基垒台，为基层治理赋能》，载《人民日报》，2021年8月12日第7版。

脱贫攻坚精神蕴含着党中央在贫困地区对国家治理体系和治理能力现代化的成功实践，凝聚着基层治理现代化的宝贵经验，在新征程中对完善党全面领导基层治理制度、健全基层群众自治制度，以及加强基层治理队伍建设等方面具有强大的精神引领作用。

首先，以脱贫攻坚精神引领完善党全面领导基层治理制度。在脱贫攻坚战中，我们党坚持抓党建、促脱贫，整顿并选派了一大批甘于奉献的优秀党员任村党组织书记，形成书记和群众心往一块想、劲往一块使，共同应对脱贫难题的强大凝聚力，党群干群关系更加密切，农村基层党组织更加坚强。在基层治理现代化中，加强基层党组织建设是使基层治理形成坚强战斗堡垒的必然要求。以脱贫攻坚精神进行引领，充分吸取借鉴脱贫攻坚中的经验做法，坚持以党建引领基层治理，从加强党的基层组织建设，健全基层治理党的领导体制着手不断完善党全面领导基层治理制度。

其次，以脱贫攻坚精神引领健全基层群众自治制度。脱贫攻坚注重激发贫困人口的内生动力，坚持扶贫同扶志、扶智相结合，贫困群众实现了从"要我脱贫"到"我要脱贫"的重大观念转变，使其自我管理、自我教育、自我服务、自我监督的意识不断加强，在基层治理中的积极性、主动性和创造性得到极大发挥。以脱贫攻坚精神进行引领，为激发基层自治活力提供新的思路。在落实好民主协商，健全公开、监督等制度的保障下注重转变群众观念，从根本上助推形成"群众的事由群众商量着办"的自治景象，在自治实践中使群众自我管理、自我教育、自我服务、自我监督的能力不断得到锻炼和提升。

最后，以脱贫攻坚精神引领加强基层治理队伍建设。育材造士，为国之本，人才队伍建设是推进国家治理能力和治理体系现代化的第一资源。在脱贫攻坚中，300多万名优秀的第一书记和驻村干部组建成脱贫攻坚人才队伍，他们在脱贫攻坚战场上既提升了工作本领又磨炼了坚韧奋斗的精神。此外，各领域的专业人才、高校毕业生、企业家等拥入贫困地区、扎根贫困地区，为其发展提供了人才保障。以脱贫攻坚精神引领加强基层治理队伍建设就是要发动号召各类人才建设基层，使人才在基层得到历练，不断充实基层治理骨干力量，为基层治理奠定坚实的人才基础。

（三）以脱贫攻坚精神引领全面贯彻新发展理念，实现转变发展理念提高发展质量的目标

习近平总书记强调："党的十八大以来我们对经济社会发展提出了许多重大理论和理念，其中新发展理念是最重要、最主要的。"[1]新发展理念是关于对我国发展的目的、动力、方式以及路径的系统回答，是以习近平同志为核心的党中央适应我国社会主要矛盾的变化，为推动实现高质量发展而提出的重大理念指导。立足于社会主要矛盾与高质量发展的目标，决定了必须全面贯彻新发展理念，以新发展理念统领全面建设社会主义现代化国家。

习近平总书记在党的十八届五中全会上鲜明地提出了创新、协调、绿色、开放、共享的新发展理念。在新发展理念的指导下，脱贫攻坚战不仅如期完成，还实现了高质量打赢的特点。脱贫攻坚精神正是对新发展理念的全面贯彻，使之在全面建设社会主义现代化国家的新征程中为反过来引领全面贯彻新发展理念提供可能。

首先，以脱贫攻坚精神引领创新成为发展的第一动力。习近平总书记指出："创新是多方面的，包括理论创新、体制创新、制度创新、人才创新等，但科技创新地位和作用十分显要。"[2]在脱贫攻坚中，科技特派员的恒心探索使科技创新为脱贫攻坚赋能显著，他们扎根于10万个贫困村中将自身所学发挥到极致，致力于运用科技创新攻破贫困地区

---

[1] 习近平：《把握新发展阶段，贯彻新发展理念，构建新发展格局》，载《当代党员》2021年第9期，第3—9页。

[2] 中共中央文献研究室：《习近平关于科技创新论述摘编》，中央文献出版社2016年版，第4页。

发展难题。例如，全国优秀科技特派员李保国35年如一日奋战在扶贫攻坚和科技创新第一线，取得28项研究成果，推广36项适用技术，帮助山区增收35.3亿元；科技特派员赵治海致力于谷子杂交优势利用研究35年，"张杂谷"系列品种推广为贫困群众带来稳定收入。在新征程中，我国仍然面对核心技术受制于人的现状。以脱贫攻坚精神引领创新成为发展的第一动力，就是要将这些科技特派员极强的使命责任、数十年如一日的坚持，以及宝贵的探索品格等精神传承到广大科研人员的身上，为他们攻关核心技术、提升我国创新能力凝聚精神力量。

其次，以脱贫攻坚精神引领协调成为发展的内生特点。脱贫攻坚精神凝聚着中国共产党协调推动贫困地区发展的实践。脱贫攻坚统筹物质脱贫与精神脱贫，坚持扶贫同扶志、扶智相结合，并将脱贫攻坚融入国家经济社会发展大局，聚焦"两不愁、三保障"，构建各方力量参与的大扶贫格局，全面补齐贫困地区基础设施、公共文化等短板。在新征程中，我国各领域、各地区仍存在不协调、不平衡的发展问题。从全局上谋划协调发展，就要从脱贫攻坚精神中汲取协调发展的经验，树立全国一盘棋的思路，统筹"五位一体"总体布局，协调推进"四个全面"战略布局，不断解决地区差距、城乡差距、收入差距等问题，使协调成为发展的内生特点。

再次，以脱贫攻坚精神引领绿色发展成为发展的普遍常态。脱贫攻坚坚持经济发展和环境保护并重，把绿水青山变成金山银山，坚持在保护中发展、在发展中保护，探索出生态补偿脱贫等脱贫新路。在新征程上，我国很多城市特别是城乡结合部仍然以牺牲环境作为代价，选择以工业生产带动经济发展。以脱贫攻坚精神引领绿色发展理念就是要通过分析和宣传生态补偿脱贫的典型案例，使各地探索适合本地区的绿色发展路径，在全国范围内形成绿色的发展方式与生活方式。

此外，以脱贫攻坚精神引领开放成为发展的必由之路。脱贫攻坚精神蕴含着中国共产党将脱贫攻坚融入全球减贫事业的事实，凝聚着中国与广大发展中国家的友好交流精神。在脱贫攻坚中，我们积极加强国际减贫领域交流合作，通过扩大对外援助和分享中国减贫经验使脱贫攻坚"走出去"，提前10年实现《联合国2030年可持续发展议程》减贫目标，为全球减贫做出巨大贡献，得到了许多国家的认可。在新征程中，尽管贸易保护主义、逆全球化的势力有所抬头，但合作共赢仍是大势所趋。以脱贫攻坚精神引领全面贯彻开放理念，就是要坚定不移地落实对外开放的基本国策，要将中国与广大发展中国家在脱贫攻坚中积淀的友好交流精神转化为更多领域的合作共赢。

最后，以脱贫攻坚精神引领共享成为发展的根本目的。脱贫攻坚始终秉持着绝不落下一个贫困地区、一个贫困群众的原则，以"六个精准"为导向聚焦贫困人口精准施策，真正实现了使全体人民一同步入小康社会的承诺。以脱贫攻坚精神引领共享成为发展的根本目的，就是将脱贫攻坚精神中"一个群众也不落下"的精神价值贯穿到全面建设社会主义现代化国家的全过程中，坚持以人民为中心的发展思想，将发展为了人民、发展依靠人民、发展成果由人民共享落到实处。

三 脱贫攻坚精神引领全面建设社会主义现代化国家的具体途径

（一）全面建设社会主义现代化国家必须汇聚现代化建设的强大合力，大力弘扬脱贫攻坚精神中的"团结"精神

全面建设社会主义现代化国家立足于全面，目标在于强国。它以实现富强民主文明和谐美丽的社会主义现代化强国为目标，涵盖着国家发展的各领域、各层次、各机制的现代化，是一项在全面建成小康社会的基础上补短板、强弱项的系统性现代化工程。这一现代化工程涉及面极广且具有比全面建成小康社会更高的要求，在新征程中面临的困难和挑战均更加艰巨，这意味着全面建设社会主义现代化国家必须有强大的合

力进行推进。

习近平总书记提出:"中国梦是民族的梦,也是每个中国人的梦。只要我们紧密团结,万众一心,为实现共同梦想而奋斗,实现梦想的力量就无比强大,我们每个人为实现自己梦想的努力就拥有广阔的空间。"[1]大力弘扬脱贫攻坚精神中的"团结"精神、汇聚现代化建设合力,就是要在新征程中以这一"团结"精神夯实坚持党的集中统一领导,并调动各方力量积极参与社会主义现代化建设。一是以脱贫攻坚精神中的"团结"精神夯实坚持党的集中统一领导。党政军民学、东西南北中,党是领导一切的。正是在脱贫攻坚中始终坚持党的集中统一领导,脱贫攻坚得以具有科学完善的顶层设计,政策部署得以精准落地贫困地区。在新征程中,要大力弘扬脱贫攻坚精神中的"团结"精神,充分发挥党总揽全局、协调各方的作用。在党的集中统一领导下统筹推进"五位一体"总体布局、协调推进"四个全面"战略布局;不断完善党中央推动重大决策落实机制。把中央统筹、省负总责、市县抓落实的工作机制和省市县乡村五级书记层层抓落实的工作机制相结合,确保有关现代化建设的重大决策精准高效落地;不断加强党的自身建设,以党的政治建设为统领,坚定"四个自信",确保全面建设社会主义现代化国家在党的集中统一领导下始终保持正确方向。二是以脱贫攻坚精神中的"团结"精神调动各方力量积极参与社会主义现代化建设。"积力之所举,则无不胜也;众智之所为,则无不成也。"社会主义现代化建设需要体现在中华大地的每个角落,必然需要调动各方力量积极参与。大力弘扬脱贫攻坚精神中的"团结"精神,就是团结多元建设主体,为现代化建设汇聚出强大的人力、物力、财力。例如,广大农村仍是全面建设社会主义现代化国家的一块突出短板,可以学习借鉴脱贫攻坚中所构建的大扶贫格局,构建推动农村发展的专项建设、行业建设、社会建设的格局,将

---

[1] 中共中央文献研究室:《十八大以来重要文献选编》(上),中央文献出版社2014年版,第235页。

发达地区、有能力的部门和单位、社会组织等力量团结到农村，凝聚出强大的建设合力。

上下同欲者胜，风雨同舟者兴。团结的人越多，团结的同心圆越大，就越能汇聚起全面建设社会主义现代化国家的最大合力。因此，我们要大力弘扬脱贫攻坚精神中的"团结"精神，在党的集中统一领导下团结各类建设主体，充分调动各方力量积极参与到全面建设社会主义现代化国家的征程中来。

（二）全面建设社会主义现代化国家必须准确把握新征程的环境变化，大力弘扬脱贫攻坚精神中的"务实"精神

习近平总书记在党的十九届五中全会提出："全面建成小康社会、实现第一个百年奋斗目标之后，我们要乘势而上开启全面建设社会主义现代化国家新征程、向第二个百年奋斗目标进军，这标志着我国进入了一个新发展阶段。"[1]此后，习近平总书记在多个会议、多个场合阐明我国新发展阶段的重大特征与意义，这表明新发展阶段已然是全面建设社会主义现代化国家征程中最根本的发展环境。立足实际，准确分析与研判新发展阶段是一种怎样的发展环境，对全面建设社会主义现代化国家开好局、起好步具有重大意义。这就需要我们大力弘扬脱贫攻坚精神中的"务实"精神，认识和应对新发展阶段。

一是弘扬脱贫攻坚精神中的"务实"精神，坚持实事求是、把准新发展阶段在新征程中的具体脉络。在脱贫攻坚中，习近平总书记累计召开七次中央扶贫工作座谈会，依据扶贫工作实际推进情况，实事求是地科学分析出不同阶段的减贫形势，为不断完善脱贫攻坚政策部署提供了根本依据。新发展阶段明确了新征程中我国发展的历史方位，对其进行精准务实的把握将为党中央制定政策部署提供根本依据。必须坚持

---

[1]《中共中央关于制定国民经济和社会发展第十四个五年规划和二〇三五年远景目标的建议》，载《人民日报》，2020年11月4日第1版。

以"务实"精神准确把握新发展阶段的发展环境。要立足实际,准确把握国内、国外两个环境的发展变化,分析新征程上的机遇与挑战,深刻认识制约我国发展最主要的矛盾,科学制定出将机遇转化为优势、将挑战转化为机遇、将制约发展的主要矛盾转化为发展的动力的政策部署。二是弘扬脱贫攻坚精神中的"务实"精神,坚持真抓实干、不断化解新发展阶段的困难挑战。在脱贫攻坚中,面对一个个极难啃的"硬骨头",中国共产党坚持真抓实干,形成了五级书记层层抓落实、党政一把手负总责的攻坚局面,中西部22个省份党政主要负责人签署脱贫责任书,将真抓实干书写在脱贫攻坚的战场。在新征程中,我们面对的困难和挑战绝不亚于脱贫攻坚,必须把脱贫攻坚精神中这股真抓实干的劲头落实到全党中来,要健全形成全党同志真抓实干的工作机制,以真抓实干的工作机制强化各级党委及政府的责任担当和协同配合;要转变工作作风,力戒形式主义和官僚主义,绝不空谈,把精力切实用在抓好每一件有关社会主义现代化建设的落实上;要从实践中汲取实干经验,群众是最好的老师,基层是最好的课堂,要在实践中多与群众打交道、多在基层干实事,在全党积极分享实干经验,形成浓厚的实干氛围。

(三)全面建设社会主义现代化国家必须增强中国共产党的使命担当,大力弘扬脱贫攻坚精神中的"为民"精神

习近平总书记指出:"人民是我们党执政的最大底气……党和国家事业发展的一切成就,归功于人民。只要我们紧紧依靠人民,就没有战胜不了的艰难险阻,就没有成就不了的宏图大业。"[1]全面建设社会主义现代化国家是中国共产党为人民谋幸福的初心体现,肩负的是发展为了人民、发展依靠人民、发展成果由人民共享的使命担当。在新征程中,大力弘扬脱贫攻坚精神中的"为民"精神,是增强中国共产党一切

---

[1] 汪晓东、李翔、马原:《江山就是人民 人民就是江山——习近平总书记关于以人民为中心重要论述综述》,载《人民日报》,2021年6月28日第1版。

为了人民的使命担当,从而激发出"不破楼兰终不还的劲头、敢叫日月换新天的斗志"的根本动力源泉。

脱贫攻坚之所以做到了真扶贫、真脱贫,归根结底在于中国共产党始终坚持以人民为中心的发展思想。脱贫攻坚是否有成效,群众的满意度才是衡量尺度。在新征程中,我们统筹推进"五位一体"总体布局、全面贯彻新发展理念、提升发展的质量,不断完善全面现代化的政策部署,归根结底是为了使人民享有更好的生活质量、更优美的生活环境、更自由全面的发展。把脱贫攻坚精神中的"为民"精神贯彻在发展为了人民、发展依靠人民、发展成果由人民共享上,为中国共产党人时刻谨记"我是谁、为了谁、依靠谁"提供根本的精神遵循与强烈的使命担当。在发展为了人民上,要把人民立场作为全党的根本立场,把人民对美好生活的向往作为奋斗方向,坚持从人民群众普遍关心的民生问题出发,在推动高质量发展中系统推进民生工程;在发展依靠人民上,必须认识到人民是物质精神财富的创造者,广大人民中蕴含着丰富的智慧和无限的创造力,要在历史和重大事件中总结汲取激发人民积极性、主动性、创造性的经验做法。要把党对全面建设社会主义现代化国家的政策部署转化为广大人民的自觉行动,营造出人人参与现代化建设的社会氛围;在发展成果由人民共享上,必须紧扣全体人员共同富裕的发展目标,将其作为贯穿全面建设社会主义现代化国家全过程的一条红线。要处理好公平和效率的关系,促进社会公平正义,统筹推进新型城镇化战略和乡村振兴战略。要运用顶层设计,注重制度创新,为广大人民参与经济社会的高质量发展提供更多机会。

第二节　脱贫攻坚精神与典型模范人物
——以下庄村党支部书记毛相林为例

2021年2月25日，习近平总书记在全国脱贫攻坚总结表彰大会中指出："时代造就英雄，伟大来自平凡。在脱贫攻坚工作中，数百万扶贫干部倾力奉献、苦干实干，同贫困群众想在一起、过在一起、干在一起，将最美的年华无私奉献给了脱贫事业，涌现出许多感人肺腑的先进事迹。"[1]毛相林、李保国、张桂梅、黄大发、黄文秀等，他们是百万扶贫干部的一个个缩影，是新时代脱贫攻坚的响应者、参与者和奉献者，在新时代脱贫攻坚中以苦干实干汇聚出"上下同心、尽锐出战、精准务实、开拓创新、攻坚克难、不负人民"的脱贫攻坚精神。这些脱贫攻坚战场上的英雄用青春甚至生命诠释了脱贫攻坚精神，他们所造就的先进事迹是脱贫攻坚精神最生动的写照，激励着党和人民在未来道路上继续高歌前行。本节以全国脱贫攻坚典型模范人物毛相林为例，以他的先进事迹对脱贫攻坚精神进行进一步的阐释。

2021年3月27日，重庆大剧院聚集了600余人观看了一场名为《告别千年》的大型情景国乐剧，该剧以全国脱贫攻坚楷模毛相林带领下庄村村民修路的事迹为主线展开，以国乐剧的形式呈现出下庄村是如何在党支部书记毛相林的带领下，实现由封闭贫困到脱贫致富的巨大转变。在新时代脱贫攻坚任务圆满完成的背景下，全国脱贫攻坚楷模毛相林带领下庄村脱贫致富奔小康的故事正在被越来越多的人熟知。

下庄村是重庆市巫山县的一个下辖村，村庄四面绝壁，仿佛坐落在坑底，从"坑沿"到"坑底"的垂直距离达1100米，因此又被人们称为

---

[1]　习近平:《在全国脱贫攻坚总结表彰大会上的讲话》，人民出版社2021年版，第10页。

"天坑村"。以前村民若想出村去巫山县,需翻越70度的坡体并拐108道"之"字弯,历时两天才能到达县城。一代又一代的下庄村村民生活在这里,村民们也不明白自己的祖辈为什么要落脚生根在这个地方,或许是因为与外界保有绝对的距离而拥有充足的安全感,也或许是为了躲避天灾而被无奈逼落到这个"与世隔绝"的天坑里。封闭的环境使下庄村的村民生产的农作物无销路、经济欠发展,村民只能以家庭模式种植农作物来解决自身的温饱问题。无论如何,下庄村需要汲取改革发展的成果,融入现代社会的发展中,才能从根本上摆脱贫困落后的状态。而打通下庄村封闭的环境、带领村民脱贫致富奔小康的就是下庄村的党支部书记毛相林,他直面困难险阻、心系人民群众,从修出向生天路到谋求致富发展路,一步一个脚印带领下庄村村民摆脱贫困,过上小康生活。在脱贫攻坚的道路上,他以一名中国共产党员的身份彰显了攻坚克难、不负人民的使命担当。

一 攻坚克难,带领群众从绝壁抠出向生天路

"要致富,先修路。"1997年,仅担任下庄村党支部书记一年多的毛相林就意识到没有与外界的连接之路,下庄村也就没有摆脱贫困谋求发展的出路,这时他萌生了要从这"天坑"里修出一条通往外界道路的想法。毛相林积极与村民交流想法,向村民讲述邻村的村民如何将蔬菜卖到县城,如何在家中看上电视、用上冰箱,号召村民们一同参与到修路这项工程中来。

可下庄村四面环壁,资金工具均十分紧缺,村民共计400余人,能参与修路的壮年更是少之又少,在这样的条件下,要想在绝壁上修出一条路谈何容易!面对摆在面前的一项项困难,毛相林攻坚克难,逐个攻破。资金工具紧缺,毛相林带头出资修路,把母亲的3000多元养老金用来买修路的材料,号召全体村民出资,最终共筹款凑得24000余元。

但这远远不够,他又将自家的房产证拿去银行抵押了40000元贷款全部用来买修路的材料。修路的劳动力不够,毛相林号召在村劳动力全部上工地,给外出务工的青壮年们写信劝导他们回村修路。劳动力不够意味着每个人担负的工作强度就会相应增加,毛相林带头以工地为家,最长一次竟在山顶驻扎了三个月之久。下庄村四面环壁,要想从深达1000多米的峭壁上修路,在当时的条件下村民们只能在腰上系上长绳,再无任何保护措施,一个个"空中飞人"悬垂在峭壁边缘用炸药一点儿接着一点儿炸,用铁锤一块儿接着一块儿凿。遇到再大的困难,毛相林未曾说过放弃二字,他坚信山凿一尺宽一尺,路修一丈长一丈。直到两位村民在修路过程中接连遇到意外,此时,一直要坚定修路的毛相林动摇了。

因修路而牺牲的村民分别是26岁的沈庆福和36岁的黄会元,两位正值壮年的村民将生命永远定格在了1999年。此时路已修了两年,毛相林不知道以后还会牺牲多少人才能换得这条"天路",他开始对自己的决定产生质疑,对村民们心生愧疚。黄益坤是黄会元的父亲,他清楚明白,自己的儿子是为了什么而不顾生命安危加入毛相林的修路队伍中,终究是为了村民们可以走出"天坑",为了下庄村可以摆脱贫穷。他对有些气馁的毛相林和村民们说:"我知道黄会元死了,他是我儿子,我心里痛不痛?肯定痛。但是他死是为了我们子孙后代。他是死得其所。为了子孙后代,我儿子死得光荣!继续修!"[1]这番话极大地激励了毛相林,鼓舞了村民们,大家一致决定,路不但要继续修,而且必须要在他们这代人手中修出来!

寒来暑往,2004年4月,共历时7年,一条总长8千米的"天路"真的蜿蜒在了几乎垂直的峭壁上。回首整个修路历程,毛相林从决定修路那一天起便始终坚持一个出发点:"我是修路发起人,最重的活、最危

---

[1]《重庆巫山县下庄村:走出"天坑"》,载《新京报》,2020年12月14日。

险的活必须带头。"[1]这条"天路"就是最有力的见证，党支部书记毛相林身先士卒，以誓要摆脱贫困的信念带领下庄村村民打破了种种不可能，创造了人定胜天的奇迹，用实践对攻坚克难精神进行了生动诠释。

二 不负人民，带领群众谋划脱贫致富发展路

"天路"修好后，村民从下庄村到县城花费的时间由两天缩短至两个小时，这条路让越来越多的村民走出了"天坑"，找到了新的赚钱途径。很多村民开始外出务工，但在2005年，下庄村的大部分村民的收入水平仍在贫困线以下。毛相林明白，修路是致富的基本前提，当路修好后最应该考虑的是怎么让这条路发挥出最大的经济价值，使这条路真正成为村民的致富之路。对此，毛相林又开始在如何发展下庄村产业上动脑筋。他模仿着其他村庄带领村民种漆树、养山羊、种桑养蚕，但均以失败告终。一次次的失败使村民的信心逐渐被磨灭，对这个曾经以命相交的党支部书记的意见也越来越大。毛相林在村民大会上作了深刻检讨，通过这几次的失败，大家都明白了要想摆脱贫困实现发展，不能蛮干，要相信科学。正如习近平总书记在脱贫攻坚中一直强调的："要找准症结把准脉，开对处方拔穷根。"

2010年，毛相林在县城偶然吃到一种西瓜，十分香甜。他最先想到的就是下庄村如果能种出这样的西瓜，打通销售渠道，村民们一定可以逐渐富裕起来。这次，毛相林并没有急于蛮干，他采取先试点后推广的方式，先是自己种了两分地的西瓜，待西瓜成熟之时，毛相林既惊喜又兴奋，他发现在下庄村种出的西瓜和县城里尝到的一样香甜。他发动村民们一起种西瓜，此时，下庄村终于发展出一个比较有规模的产业。2014年，毛相林乘势追击，他请来了县城里的农林科技专家，对下庄村的地形、土壤、气候、光照等进行了全方面的勘测，经专家评估，确

---

[1]《毛相林："开山凿壁"的筑"路"》，载《求是》，2021年第4期。

定了下庄村比较适宜种植纽荷尔柑橘、桃、西瓜这三类水果。有了科学的指导，柑橘、桃、西瓜在下庄村种植得十分顺利，几年的时间里全村种下650亩柑橘，每年增加收入200万元左右。[1]多年来，下庄村在党支书毛相林的带领下发展出了独具特色的"三色经济"，蓝色代表劳务输出，橙色代表柑橘种植，绿色代表西瓜种植。特别是随着新时代脱贫攻坚开展以来，在党和国家精准扶贫的背景下，下庄村的"三色经济"越发具有产业化特征。以蓝色为代表的劳务输出逐渐打出了下庄村人吃苦耐劳、诚实守信的品质声誉，形成了下庄劳务品牌。以橙、绿为代表的瓜果种植在销售和运输上皆得到了相关部门的精准帮扶，使下庄村人沉积多年的勤劳终于有了用武之地。

2015年党中央加强了脱贫攻坚的政策部署，一支支扶贫队伍走进下庄村，一项项扶贫政策落地下庄村，这使毛相林感到肩上的压力轻松了一些，同时他也深知自己的责任更重了。也就是在这一年，曾经属于重庆市最落后的村庄之一的下庄村在党支书毛相林的带领下实现了整村脱贫，彻底摘下了贫困村的帽子，这也是巫山县最早实现脱贫的村庄。这时，毛相林更加坚信下庄村可以发展起来并能发展得更好，脱贫的目的已经达到，致富的路子也要越走越宽。"抬头皆是景"是毛相林对下庄村的描述，他认为下庄村生态文旅的潜质有很大的挖掘空间。毛相林对如何发展下庄村的旅游业有着十分清晰的思路，发展旅游的潜质一方面在于下庄村的人文精神，从绝壁修路到整村脱贫，"勤劳勇敢、艰苦奋斗、坚守初心、自强不息"的下庄精神早已镌刻在每一个下庄村人的骨子中，遍布在下庄村的每一个角落里。另一方面在于下庄村优美的自然风光，下庄村距离繁华都市十分遥远，这给下庄村人出行带来了不便，但这一地理位置也使下庄村得到了自然幽静、空气清新、远离城市喧嚣的优势。毛相林首先开始着手对"下庄精神"进行价值挖掘，2015年10月在多方努力下启动建设了以"下庄精神"为主线展览的"下庄人

---

[1]《毛相林："开山凿壁"的筑"路"人》，载《求是》，2021年第4期。

事迹陈列室"。2018年，巫山县将下庄村列入乡村旅游示范村，启动建设具有三峡山村特色的休闲度假胜地，《巫山县美丽乡村旅游扶贫下庄旅游发展策划》《巫山县下庄原乡人家民宿设计方案》《烟雨天街方案设计》等有关下庄村的旅游开发方案应运而生。毛相林顺势发动村民杨元鼎、袁堂清、杨亨双这三户将民宿率先开了起来。这三户人家曾经都是建档立卡的贫困户，他们选择将新房子建在一起，三栋楼房建成了一个少一边的四合院，下庄村首家民宿"三合院"的名称由此形成。首家民宿的顺利运营也让其他村民看到了新的商机，截至2019年初，越来越多的村民加入农家乐的大军，19栋34户民宿已完成改造。2020年"下庄人事迹陈列室"正式对外开放，至此，下庄村的旅游发展已打好了基础，完全具备接待能力，人文精神与自然风光的结合特色也已见雏形。

在"三色经济"和初见雏形的旅游业发展带动下，2020年下庄村人均可支配收入已经达到13784元，是修路前人均300多元的43倍。回顾下庄村整个脱贫攻坚的历程，毛相林这样总结他的工作经验："心里要想着群众，只有这样，群众才会跟着干。"正是在这个有着43年工作经历的党支书毛相林的带领下，下庄村人拧成了一股绳，汇聚出脱贫致富奔小康的强大力量。从绝壁修路到培育出"三色"经济再到发展乡村旅游，党支书毛相林只为达到一个目的，就是能让群众的生活过得好点，再好点。他在实践中践行中国共产党人为人民谋幸福的初心，用成就彰显出共产党人不负人民的使命担当。

三 展望未来，带领群众接续奋进乡村振兴路

"不等不靠，幸福要自己造。"现在一进入下庄村的村口，映入眼帘的就是这一句标语，这十个字简明表达出全体下庄村人的价值追求与奋斗方向。随着2020年新时代脱贫攻坚任务的圆满完成，党中央将乡

村振兴紧密衔接上来，在这一背景下，已经62岁的毛相林也铆足了劲，为下庄村接续走上乡村振兴路添砖加瓦。

2020年4月"下庄人事迹陈列室"正式建成后，毛相林主动担当陈列室的讲解员。全国脱贫攻坚表彰大会召开以来，越来越多的媒体关注到毛相林与下庄村，他的事迹得到了广泛传播，这使毛相林成为一名脱贫攻坚的"红人"，也使下庄村成为党员干部学习教育的"打卡地"。就在2020年7月1日，"下庄人事迹陈列室"被纳入巫山县党员干部教育基地名录。越来越多的游客选择前往下庄村旅行，走绝壁上的"天路"，赏抬头皆是景的自然风光，重温陈列室的修路历程，感悟下庄精神的世代传承。尽管游客越来越多，毛相林还是坚持亲自接待，让游客真切感受到这位老党支书对"攻坚克难、不负人民"精神的理解与诠释。

此外，毛相林深知乡村振兴需要会聚人才力量，特别是在互联网迅猛发展的背景下，村里的一些老干部已跟不上时代发展的潮流，下庄村的乡村振兴道路需要更多新鲜血液融入进来。他挨家挨户讲解下庄村的发展图景，号召下庄村的青年回乡创业。在他的号召下，29岁的毛连长回到村里做电商，叫卖柑橘、西瓜等土货；27岁的彭淦是村里走出去的第一批大学生，回到家乡成为一名教师；毛相林的儿子毛连军也回来了，正在参与旅游环线建设……[1]

在未来乡村振兴的道路上，毛相林以让越来越多的人走进下庄村为着力点，致力于发挥下庄村生态文旅的最大效应。有了前期修建好的农家乐、陈列室等作为铺垫，下庄村的旅游业的发展前景越来越清晰。2021年2月巫山城乡规建委会将下庄村乡村振兴目标定位为"山峡秘境·原乡下庄"，计划将下庄村打造成全国乡村旅游示范村、重庆市党员干部教育培训基地、重庆市青少年研学基地。[2] 2021年7月，毛相林带领下庄村全体村民，与重庆市浙乐农业开发有限公司签订了下庄村集

---

[1]《毛相林："开山凿壁"的筑"路"人》，载《求是》，2021年第4期。
[2]《巫山城乡规建委会：评审通过竹贤乡下庄村乡村振兴规划》，巫山网，2021年2月3日。

体土地入股协议和"下庄天路"商标入股协议。这标志着下庄村农产品深加工生产线建设、农产品冷链物流等高端物流体系的建设有了科学的指导与强大的资金保障。

  精神的力量是无穷的。下庄村从曾经的"天坑"到如今成为人们眼中的"世外桃源",下庄村人从曾经的"坐井观天"到如今坐在家里开民宿就能赚钱,这一彻底的变化根源于绝壁上那条"天路"的打通。"天路"打通的背后是党支书毛相林带领全体下庄村人与贫穷闭塞的宿命相抗争,将攻坚克难精神发挥到极致。脱贫致富的背后是毛相林作为一名普通的共产党员对初心的坚守,以倾力奉献、苦干实干将不负人民的精神在脱贫攻坚战场进行了生动诠释,而在这一过程中所锻造出的"勤劳勇敢、艰苦奋斗、坚守初心、自强不息"的下庄精神,将成为新时代脱贫攻坚精神的内在因子与生动写照,助力脱贫攻坚精神持续发挥出更加强大的力量。

第三节　脱贫攻坚精神与精准扶贫典型
——以云南省怒江州独龙族整族脱贫为例

党的十八大以来，以习近平同志为核心的党中央确定了精准扶贫、精准脱贫的基本方略，在这一基本方略下党政军民学劲往一处使，全国东西南北中拧成一股绳奋战在脱贫攻坚的战场上。八年奋战锻造出消除绝对贫困的中国奇迹，同时也孕育出"上下一心、尽锐出战、精准务实、开拓创新、攻坚克难、不负人民"的伟大脱贫攻坚精神。立足宏大视野，这一伟大精神锻造于党中央关于脱贫攻坚的政策部署中。聚焦微观镜头，这一伟大精神深刻体现在一个个精准扶贫的实践范本中。其中，云南省怒江州独龙族在脱贫攻坚的战场上成功实现整族脱贫作为我国精准扶贫的实践范本之一，从脱贫可能性几乎为零的"直过民族"到率先实现整族脱贫的历史性跨越，深刻彰显出脱贫攻坚精神在脱贫攻坚战场上的强大伟力。

独龙族是我国人口较少的少数民族之一，主要分布在云南省怒江州贡山独龙族怒族自治县。作为"直过民族"的独龙族自新中国成立以来，未经过民主改革便直接从原始社会跨步到社会主义社会，自然条件极差、经济社会极滞后是独龙族生活所在地独龙江乡的显著特征。尽管民族人数极少、聚居地偏远，但历届党中央领导人都密切关注独龙族的发展。周恩来在尊重本民族意愿的前提下使这个"直过民族"正式有了"独龙族"的族名；江泽民勉励独龙族发展，为独龙江的公路题词"建设好独龙江公路，促进怒江经济发展"；胡锦涛曾对解决独龙族人民出行难的问题作出重要指示。但贫困程度极深的现实情况依然阻挡住了独龙族脱贫致富的脚步，在脱贫攻坚战全面发起之前，独龙江乡仍有12个自然村没有通公路，31个自然村不通电，三分之一群众饮水困难。[1]独龙族人均受教育年限仅为6.46年，文盲率高达33.07%。截至2010年，独龙江乡农民纯收入仅为1012元，仅相当于当时全国农民人均纯收入5919元的17%。可以说，独龙江乡的贫困情况并未得到根本性转变，仍然处于整族贫困的状态。

党的十八大以来，习近平总书记通过"两次回信、一次接见"予以独龙族极大的关注与关怀。在党中央精准扶贫、精准脱贫基本方略下，云南省各级党委和政府精准摸清独龙族致贫根源、精准开出脱贫药方、精准帮扶贫困人口。在精准扶贫背景下，独龙族脱贫攻坚的脚步逐渐加快，最终于2018年成为贡山县第一个实现整族脱贫的少数民族。

一 "上下同心、尽锐出战"——各方力量的帮扶使独龙族实现一步跨千年

2014年，中共中央办公厅、国务院办公厅印发《关于创新机制扎实推进农村扶贫开发工作的意见》，要求建立精准扶贫工作机制，开展对贫困人口的建档立卡工作。在这一政策部署下，独龙江乡共识别建档立卡贫困户609户2311人，贫困发生率为37.4%，比全国平均贫困发生率高出30个百分点，是28个人口较少民族平均水平（18.1%）的两倍多。[2]极高的贫困发生率表明，独龙族所在地独龙江乡是脱贫攻坚战场上典型的"贫中之贫、坚中之坚"，若要使独龙族群众彻底摆脱贫困，党中央必须领导各级党委及政府以更有力、更精准的政策部署和更坚强的信心决心打赢这场硬仗中的硬仗。

习近平总书记强调："中华民族是一个大家庭，一家人都要过上好

---

[1] 何祖坤、侯胜、韩博、平金良、王成熙：《人类减贫事业的"独龙江样本"》，载《云南社会科学》，2020年第6期，第9—14页。
[2] 《独龙族整族脱贫 一越千年》，央视网，2021年2月15日。

日子。"[1]独龙族作为大家庭中的一份子，全国各方力量为攻克其贫困难题齐发力。习近平总书记率先垂范，对独龙族予以深切关怀；党中央加大政策部署，聚焦独龙族精准扶贫；地方党委及政府积极贯彻落实党中央的相关政策部署，向独龙江乡倾注大量的人力、物力、财力，以珠海市为代表的东部帮扶力量和以中国移动为代表的央企扶贫力量，以合力攻坚的政治担当对独龙江发展予以援助。所有的帮扶力量汇聚到独龙江乡，传导到每一个独龙族群众的手中，造就出全党内外同心促攻坚、集中精锐力量奔战场的攻坚景象，充分彰显了"上下同心、尽锐出战"的脱贫攻坚精神。

（一）习近平总书记十分关注独龙族并予以深切关怀

习近平总书记曾强调："增强民族团结的核心问题，就是要积极创造条件，千方百计加快少数民族和民族地区经济社会发展，促进各民族共同繁荣发展。"[2]新时代脱贫攻坚战打响以来，习近平总书记对独龙族予以深切关怀，曾一次接见独龙族的党员干部，两次回信给独龙族群众。2014年，在党中央和云南省的大力投入与支持下，独龙江公路隧道全线贯通，这意味着道路另一头的独龙族再也不用饱受大雪封山半年之久的困扰，也标志着我国最后一个少数民族聚居地终于实现了公路畅通。独龙江乡的干部群众激动地给习近平总书记写信汇报这一喜讯。习近平总书记收到消息后立即回信："向独龙族的乡亲们表示祝贺！"希望独龙族群众"加快脱贫致富步伐，早日实现与全国其他兄弟民族一道过上小康生活的美好梦想。"[3]习近平总书记的回信极大地鼓舞了独龙族群众。独龙江公路隧道的畅通使独龙族能够在脱贫攻坚的战场上砥砺奋进，为独龙江乡的发展提供了重大机遇。习近平总书记又于2015年亲

---

[1]《习近平谈治国理政》（第三卷），外文出版社2020年版，第300页。
[2] 中共中央文献研究室：《习近平关于协调推进"四个全面"战略布局论述摘编》，中央文献出版社2015年版，第37页。
[3]《习近平始终牵挂云南贡山独龙族群众》，央视新闻网，2019年4月12日。

自接见独龙江乡上级县的干部群众代表，他对独龙族群众通路后的生活进行细致询问，提出"全面建成小康社会，一个民族都不能少"的重要论述。国家最高领导人的关怀让独龙族的干部群众备受感动与鼓舞，进一步坚定了要打赢独龙江乡的脱贫攻坚战，同全国各族人民一道进入小康社会的信心与决心。2018年底，独龙族实现整族脱贫，至此独龙江乡的发展面貌实现了一步跨千年的飞跃，独龙族群众立刻写信给一直牵挂他们的习近平总书记，向总书记汇报这一喜讯。2019年习近平总书记给独龙族群众回信指出："脱贫只是第一步，更好的日子还在后头。希望乡亲们再接再厉、奋发图强，同心协力建设好家乡、守护好边疆，努力创造独龙族更加美好的明天！"[1]回信传到了独龙江乡的村民家中、传到了田间地头，在独龙族引起了强烈反响，为独龙族的干部群众接续开启新生活、进行新奋斗铆足了动力。总的来看，习近平总书记通过对独龙族"两次回信、一次接见"，不仅传递出国家最高领导人对这个人口不到7000人的少数民族的牵挂与关怀，也在党中央层面压实了云南省各级党委和政府对独龙族开展精准扶贫的使命责任，促使精准扶贫的政策部署在独龙江乡切实转化为脱贫成效，更是动员全国各方帮扶力量在党的领导下汇聚到独龙江乡的动力所在，为独龙族的精准脱贫提供了坚强保证。

（二）云南省各级党委和政府认真贯彻落实党中央精准扶贫、精准脱贫基本方略，从纵向上层层明确责任，加大对独龙族的精准扶贫力度

首先，层层压实帮扶责任。为了贯彻落实以习近平同志为核心的党中央的精准扶贫指示精神，在云南省党委和政府的组织下，成立了以怒江州政府为牵头的脱贫工作组，并形成了云南省、怒江州、贡山县、独龙江乡层层分明的脱贫攻坚职责导向，共有32个省级部门奔赴独龙江

---

[1]《习近平始终牵挂云南贡山独龙族群众》，央视新闻网，2019年4月12日。

乡的脱贫攻坚战场上。怒江州成立了独龙江乡帮扶工作领导小组，并以州长直接作为该小组的组长。组建了州县乡村帮扶工作队，派出精锐帮扶部队，规定每个村至少有10名专业能力强的州县级干部驻村帮扶，共从怒江州层面派出100多名干部开展精准帮扶。贡山县下设10个指挥部、18个工作组，保障独龙江乡脱贫工作顺利推进，实行县级直接联结到贫困村、乡级直接联结到建档立卡贫困户的政策，实现了独龙江乡每村每户均有相关部门或干部帮扶。

其次，不断加强顶层设计。新时代脱贫攻坚战打响以来，云南省多次召开专题会议，根据独龙族整族贫困的具体特征，立足于精准识别独龙族致贫原因、精准帮扶独龙族经济社会发展、精准考核独龙族脱贫攻坚成果，从而全面明确了"独龙江乡整乡推进、独龙族整族帮扶"的精准扶贫思路，持续推进"整乡推进·整族帮扶"针对性项目。在"三年行动计划"和"两年巩固提升实施方案"顺利完成的基础上，云南省党委及政府顺应新时代脱贫攻坚的要求，接续施行"独龙江乡巩固提升行动"和"率先脱贫、全面小康行动"，并出台多个配套文件强化顶层设计。例如，2015年出台《独龙江乡人力资源综合开发实施意见》，聚焦培养独龙族技能人才提出16条具体帮扶措施。2016年启动实施《全面打赢"直过民族"脱贫攻坚战行动计划（2016—2020年）》，从提升能力素质、组织劳务输出、安居工程、培育特色产业、改善基础设施、生态环境保护6大工程入手，着力拔除独龙族群众的穷根。

（三）以珠海市为代表的东部帮扶力量和以中国移动为代表的央企扶贫力量从横向上为独龙族脱贫汇聚合力

2016年党中央开展新一轮东西部扶贫协作以来，珠海市开始对云南省独龙族所在的怒江州展开帮扶。两地通过出台《珠海市对口怒江州东西部扶贫协作工作实施意见》和《珠海市—怒江州对口扶贫协作工作总体计划》明确相关帮扶举措。在医疗保障方面，珠海市共派出9名高水平医护人员，带来近百万元的远程诊疗系统和救护车等医疗设施，为每一个独龙族群众建立了健康档案，极大地补足了独龙族的医疗保障短板。在劳务输出方面，两地实施"双百工程"，对于有意前往珠海接受技能教育的独龙族群众实行"百分之百接受学习、百分之百接受就业"。珠海市共面向独龙族群众组织了三批劳动力转移，并正在逐年扩大规模，目前已有364名独龙族群众在省内或是省外稳定就业。此外，独龙江乡政府还对转移珠海就业的建档立卡户和非建档立卡户给予额外的现金奖励，在极大地激励独龙族群众走出大山的同时，也切实落实好东西部扶贫协作双方共谋划、共出力的协作要求。在产业扶贫方面，珠海市精准把握好独龙江乡的气候、海拔等自然条件，通过派出专业技术员向独龙族群众教授养蜂技巧，截至2019年底，独龙江乡已拥有蜂箱16600箱。

中国移动积极参与促进党中央构建的专项扶贫、行业扶贫和社会扶贫相结合的大扶贫格局，在独龙江乡的脱贫攻坚战场上书写下浓重一笔。2014年中国移动提出"极速4G 魅力怒江"行动计划，随即在独龙江乡开展4G基站建设，独龙江乡也因此成为云南省首个开通4G网络的乡镇。2015年中国移动在独龙江乡实施"宽带乡村"试点工程，并为每一个独龙族群众配置4G手机。2016年，中国移动对独龙江群众的通信费用进行调整，实施"通信关爱价"，以资费扶贫让独龙族群众以低价用上高速网络，这些计划或工程的落地使独龙江乡拥有了完备的移动网络基础。

除此之外，中国移动还充分发挥信息化优势，围绕"互联网+"对独龙族群众展开精准扶贫。一是围绕"互联网+政务"，中国移动成立"独龙江乡互联网+项目办公室"，并将电子政务平台逐渐下沉到每一个村庄，极大地提高了乡政府和村委会干部的办公效率，满足了独龙族群众足不出户办理业务的需求。二是围绕"互联网+旅游"，中国移动于2015年推出"去怒江"应用程序，在其中专门开设独龙江乡板块，将独龙江乡的自然风光与独龙族的民族文化融为一体，为推广独龙江乡发展特色旅游、引进游客精准发力。三是围绕"互联网+电商"，中国移动推出本土电商平台"彩云优品"，积极发动独龙族群众入驻平台拓宽农产品销售渠道。在"彩云优品"平台的助力下，独龙江乡的草果、重楼、当归等优质作物流向全国各地，独龙族独具特色的独龙毯、木雕等工艺品被越来越多的人熟知。截至2019年，该平台共入驻独龙族商户14家，合计上架38件单品，销售额超10万余元。[1]四是围绕"互联网+教育"，中国移动打造"班班通——电子畅言"和"语言扶贫App"等电子产品。老师和学生们通过使用"班班通——电子畅言"可以极大地丰富课堂的教学内容，让每一个独龙族孩子不出独龙江乡就能享受到优质的教育资源，促进教育资源均衡发展。"语言扶贫App"是针对普通话在独龙族群众中使用程度十分低下而施行的精准帮扶，旨在打破独龙族群众在语言沟通方面与外界的隔阂，以达到扶贫先扶智、扶智必通语的成效。五是围绕"互联网+金融"，为了提高独龙江乡的金融服务能力，中国移动不断更新独龙江乡的网络环境，为独龙族群众也能使用移动支付架起桥梁。2019年5月14日，云南省首个5G电话在独龙江乡拨通。截至2020年，独龙江乡已打造了346个村级普惠金融服务站和爱心扶贫超市。截至2020年12月，中国移动在独龙江乡所有行政村开通了60个基站，实现了4G网络全覆盖，5G网络部分覆盖，独龙族已率先迈入5G时代，共享信息通信发展成果。[2]

"积力之所举，则无不胜也。众智之所为，则无不成也。"在各方力量的帮扶下，2018年独龙江乡农村经济总收入2859.96万元，农民人均纯收入6122元，全乡建档立卡贫困户611户2297人已全部脱贫，独龙族实现了整族脱贫。[3]独龙族整族脱贫在人们看来是继独龙族实现从原

---

[1]《独龙江通信变迁记——中国移动20年深耕高山峡谷 为独龙族百姓架设沟通世界的信息桥梁》，云南网，2019年4月12日。
[2]《从贫困少年成为带货网红，属于这个时代的〈变形记〉》，搜狐网，2021年4月11日。
[3]《独龙族整族脱贫 一跃千年》，央视网，2021年2月15日。

始社会到社会主义社会第一次跨越后的第二次历史性跨越，实现了一步跨千年的历史性飞跃。从"直过民族"到整族脱贫，独龙族之所以能实现一步跨千年的历史性飞跃，其推动力量归根到底在于中国共产党的领导。在以习近平同志为核心的党中央的领导下，全国各方力量得到充分调动，在中华大地打响了这场与绝对贫困斗战到底的脱贫攻坚战。独龙族群众则在习近平总书记的关心关怀下，在党中央精准扶贫、精准脱贫的政策部署中，在云南省各级党委及政府对扶贫政策的精准落实上，在珠海市、上海市等东部发达地区和中国移动、三峡集团、中交集团、南方电网等中央企业的倾心、倾力、倾情的帮扶中，以及在所有社会组织及爱心人士的齐心助力下，从最后一个通公路的少数民族到成为第一个实现整族脱贫的少数民族，在这背后是全国上下凝心聚力、倾力奉献的强大力量。

习近平总书记在全国脱贫攻坚总结表彰大会上指出："坚持发挥我国社会主义制度能够集中力量办大事的政治优势，形成脱贫攻坚的共同意志、共同行动。我们广泛动员全党全国各族人民以及社会各方面力量共同向贫困宣战，举国同心，合力攻坚，党政军民学劲往一处使，东西南北中拧成一股绳。"[1]独龙族实现整族脱贫就是中国共产党动员全国各族人民以及社会各方面力量向贫困宣战的一个生动样本，不管是哪一个层级、哪一个部门，不管以何种途径方式，大家共同为独龙族摆脱贫困而凝结成一颗心，集中优势兵力奔赴独龙江乡，将脱贫攻坚精神中"上下一心、尽锐出战"的伟大精神彰显得淋漓尽致。

二 "精准务实、开拓创新"——坚持在保护中发展闯出生态脱贫发展新路

习近平总书记反复强调，扶贫工作贵在精准、重在精准，成败之举

---

[1] 习近平：《在全国脱贫攻坚总结表彰大会上的讲话》，人民出版社2021年版，第14页。

在于精准。在立足于精准扶贫的基础上,总书记还指出:"脱贫攻坚工作要实打实干,一切工作都要落实到为贫困群众解决实际问题上,切实防止形式主义,不能搞花拳绣腿,不能搞繁文缛节,不能做表面文章。"[1]在习近平总书记对脱贫攻坚精准务实的要求下,我们党不断创新扶贫开发方式、提出以"五个一批"为脱贫途径的帮扶手段,此外,生态扶贫、资产收益扶贫、电商扶贫、光伏扶贫等扶贫新模式如雨后春笋般出现,为贫困地区脱贫致富提供了新路子。在党中央指导下,各地党委及政府针对不同原因导致的"贫根子",开出不同的"药方子",极大地提高了脱贫成效,这些实践锻造出"精准务实、开拓创新"的脱贫攻坚精神,并在这一精神的指引下创造出人类减贫的中国奇迹。

独龙族作为"直过民族",直到20世纪八九十年代还依然保持着刀耕火种的生产方式,这种生产方式不仅产量极低,也使独龙江地区的生态环境遭到严重破坏。在脱贫攻坚战开展之前,独龙族除了靠政府给钱给物的帮扶外,还主要依靠进山采集野生的草药和捕猎野生动物进行买卖,以砍伐林木为生。新时代脱贫攻坚战以精准扶贫、精准脱贫为基本方略,就是要打破直接给钱给物的帮扶方式,更加强调找准"贫根",对症下药,因地制宜探索出脱贫致富的路子,培育可持续发展的脱贫产业,让贫困群众具有可持续发展的内生动力。在党中央精准扶贫、精准脱贫基本方略的指导下,独龙江乡坚持"六个精准"的基本要求,从"五个一批"的脱贫途径中不断开拓创新,在脱贫攻坚的战场上下足了"绣花"功夫,走出了一条从烧山毁林到巡山护林、从刀耕火种到依林致富、从封闭隔绝到开门接客的生态脱贫发展新路,以独龙江生态脱贫的实践范本彰显出"精准务实、开拓创新"的脱贫攻坚精神。

(一)坚持巡山护林,保护好脱贫致富根基

2015年,习近平总书记在中央扶贫开发工作会议上对扶贫工作"怎

---

[1]《习近平谈治国理政》(第二卷),外文出版社2017年版,第92页。

么扶"作了具体部署,其中一项就是实施生态补偿脱贫。旨在围绕"加大贫困地区生态保护修复力度,增加重点生态功能区转移支付,扩大政策实施范围,让有劳动能力的贫困人口就地转成护林员等生态保护人员"[1]等方面,助推生态保护与脱贫攻坚在一个战场上实现两场战役的双赢。独龙江乡地处横断山脉的高山峡谷地带,地形呈峡谷地貌,最高海拔4969米,最低海拔1200米,动植物资源十分丰富。[2]据统计,独龙江乡约有2000多种植物,其中仅在当地特有的占比约10%。已发现104种兽类,其中大多部分都属于我国珍稀物种。毋庸置疑,独龙江乡良好的生态环境是动植物得以可持续发展的根本保证,也是独龙族群众造就金山银山的重要法宝。可以明确的是,独龙族长期以来刀耕火种、烧山毁林的传统生产方式,使山越来越秃、树越砍越少,是独龙族群众一直困在贫困圈层的根本原因。

根据党中央提出的"五个一批"脱贫路径,独龙江乡结合当地的致贫根源,以生态补偿脱贫为切入点,通过出台法规条例、实施退耕还林、选聘生态护林员以及以电代柴等措施精准发力,使独龙江乡的水更清、山更绿,脱贫致富的根基更加稳固。

第一,创新制度,用法规条例提供治理保障。2013年1月独龙江乡人代会审议通过了《独龙江乡规民约》。其中,对乱砍滥伐、偷捕盗猎、私挖野生药材等行为提出了具体处罚的办法,并作出了奖励、鼓励对相关行为进行举报的规定。[3]2016年5月,县人大审议通过《独龙江保护管理条例》,在对人民政府所属责任、独龙江流域的禁止行为以及惩处措施等方面作了明确的规定。此外,相关部门目前正继续着手编制《独龙江生态保护规划》,不断推进和完善独龙江生态保护与管理的法制化进程与制度。

---

[1]《习近平谈治国理政》(第二卷),外文出版社2017年版,第85页。
[2] 杨艳:《云南贡山独龙江乡的扶贫与发展研究》,中南民族大学博士学位论文,2018年。
[3] 中共中央组织部:《贯彻落实习近平新时代中国特色社会主义思想、在改革发展稳定中攻坚克难案例·生态文明建设》,党建读物出版社2019年版,第385页。

第二，退耕还林，以生态护林员助构护林机制。2017年独龙江乡开展建档立卡贫困人口生态护林员选聘工作，护林员的工作主要是对乱砍滥伐、采集野生药材、偷捕猎物等违法行为进行巡查，每人每年可以得到1万元的工资。设置生态护林员的岗位不仅推进了独龙江乡的生态环境保护，还给独龙族群众提供了就地就业的机会，从而实现"一人就业、全家脱贫"的带动效应，是在一个战场实现两场战役双赢的有力创新举措。截至2020年，全乡共有313名护林员。

第三，以电代柴，更新传统生活方式。长期以来，独龙族群众之所以砍伐林木是由于家家户户都通过烧木取火来取暖、做饭，没有其他能源的家用设施。针对这一情况，"2015年云南省原林业厅安排200万元资金实施独龙江整乡'以电代柴'项目，免费给全乡1136户农户发放电磁炉、电饭煲、多功能电炖锅、取暖器、电热水壶等电炊具。2018年继续开展'以电代柴'和'柴改电'项目，对全乡6个村委会26个安置点41个村民小组1232户免费发放11件套电器炊具，实现了全乡电器炊具发放全覆盖"。[1] 这些项目的落地使独龙族群众更换了生活能源，从根本上遏制住烧山毁林行为的发生。

经过施行一系列举措精准发力，独龙江乡的生态环境取得了质的飞跃。2019年，独龙江乡所在地云南省贡山独龙族怒族自治县被生态环境部命名"绿水青山就是金山银山"实践创新基地。

（二）精准选育产业，在林下拓宽致富途径

习近平总书记强调："要把发展生产扶贫作为主攻方向，努力做到户户有增收项目、人人有脱贫门路。"[2] 精准选取适合本地区的特色产业是生产脱贫取得实效的根本所在，依托于独龙江地区丰富的林业资

---

[1] 中共中央组织部：《贯彻落实习近平新时代中国特色社会主义思想、在改革发展稳定中攻坚克难案例·生态文明建设》，党建读物出版社2019年版，第387页。

[2]《习近平春节前夕赴河北张家口看望慰问基层干部群众——祝伟大祖国更加繁荣昌盛　祝各族人民更加幸福安康》，载《人民日报》，2017年1月25日第1版。

243

源，广大领导干部通过科学评估、小范围试点等方式为独龙江乡选育出以草果、重楼为代表的种植业，创新探索出"林+畜禽""林+蜂""林+羊肚菌"等独具特色的林下产业，真正走上了不砍林、不烧山就能增收的生态产业之路。

2012年，在小范围试点成功的基础上，草果在独龙江乡的种植价值被挖掘出来，相关部门通过免费送草果种子、免费予以技术培训号召独龙族群众加入草果种植中来，不断扩大草果种植规模。"截至2018年底，全乡6个村委会中有5个村的群众户户种草果、人人有收入，草果面积达6.8万亩，产量达1004吨，产值约743万元，草果种植户仅草果一项人均纯收入就达3000元以上。"[1]在独龙江最北边的迪政当村，由于海拔过高，不适合种植草果，广大干部带领群众在这里选育出种植重楼。重楼是云南白药的重要成分之一，具有很高的药用价值和市场价值。但草果四年才挂果，重楼六年才能采集，这使独龙族群众的短期内缺乏经济收入成了亟待解决的问题。当地党委和政府继续开拓思路，创新产业发展模式，逐步探索出多种"林+"的产业模式。

以"林+蜂"科学养殖模式为例。这一养殖模式已入选生态环境部"生物多样性保护重大工程"。它是指将野生的中蜂引入草果种植地，中蜂通过草果花得到蜜源的同时也间接地为草果花传粉，二者互利共生的关系使草果的挂果率得到极大的提升，也使独龙族群众不再需要额外为中蜂提供蜜源。在草果滋养下的中蜂也便形成了独龙族所特有的独龙蜂，且有着相当高的蜂蜜质量。为了推广这一科学的养殖模式，对于独龙族群众自己制作的蜂箱，乡政府给予每个蜂箱100元的补贴，如果蜂箱可以招进野生中蜂再额外奖励50元，这一做法极大地提高了独龙族群众参与科学养蜂的积极性。"截至2018年底，独龙江成功招养独龙蜂

---

[1] 中共中央组织部：《贯彻落实习近平新时代中国特色社会主义思想、在改革发展稳定中攻坚克难案例·生态文明建设》，党建读物出版社2019年版，第389页。

4625箱,产量5119.90市斤,按每市斤80元计算,产值约40.96万元。"[1]

(三)抓好生态红利,发展特色旅游促增收

在认真落实好习近平总书记强调的生态补偿脱贫的指示精神下,独龙江乡的原始生态环境得到了更好的保护,全乡森林覆盖率高达93%,拥有独龙江大峡谷、神田水景等优美壮丽的风景名胜以及独龙族卡雀哇节等国家级非物质文化遗产,原生态的自然环境和原生态的人文风情使独龙江乡被人们誉为"云南旅游最后的一片原始秘境"。

在独龙江乡路通、水清、山绿的背景下,各级党委及政府乘势而上,继续开拓创新独龙族群众的增收途径,巩固好脱贫攻坚成果,为衔接好独龙江乡的乡村振兴接续发力。自2017年起,独龙江乡暂停对外开放,开始着力改善发展旅游业所需要的基础设施。到2019年重新对外开放之时,独龙江乡已建成17家宾馆酒店(其中四星级酒店1家)、17家农家乐和36家餐饮店,游客接待能力得到大幅度提升,仅在这一年的国庆期间,刚刚登上旅游业舞台的独龙江乡接待的游客就高达2000余人次。刚一开放就有如此旺的人气,极大地鼓足了当地发展旅游业的信心。此外,2019年底,独龙江旅游景区获批为国家3A级旅游景区,成为怒江州第一个A级旅游景区,这让独龙江乡干部群众增加信心的同时看到了新的发展机遇,当地党委及政府正在为创建4A级景区努力,独龙族特色产品、特色美食、特色歌舞表演等旅游配套项目不断地得到开发与完善,依托原生态的自然环境和人文风情所造就的"秘境独龙江"的品牌形象已初见雏形。

总的来看,独龙江乡特色旅游业能够发展起来,离不开当地党委及政府带领独龙族群众在脱贫攻坚战场上坚持走生态保护与脱贫攻坚双赢的路子,坚持对"在保护中发展、在发展中脱贫"理念的践行。在党中

---

[1] 中共中央组织部:《贯彻落实习近平新时代中国特色社会主义思想、在改革发展稳定中攻坚克难案例·生态文明建设》,党建读物出版社2019年版,第390—391页。

央精准扶贫、精准脱贫基本方略的背景下，当地党委和政府求真务实地把好独龙族贫根、开对整族脱贫的处方，实实在在地使每一个独龙族群众受益。从巡山护林保护发展根基，到发展林下产业脱贫致富，再到利用生态红利发展特色旅游，一步一个脚印不断开拓创新，为独龙族群众增收和独龙江乡实现更好的明天扩宽新路径。

三 "攻坚克难、不负人民"——幸福不忘共产党，独龙族精神面貌焕然一新

习近平总书记强调："打赢脱贫攻坚战，不是轻轻松松一冲锋就能解决的。"[1]之所以叫"攻坚战"，是因为我们在战场上面对的是一块块最难啃的"硬骨头"；之所以强调"打赢"，是因为到2020年消除绝对贫困、在中华大地上全面建成小康社会，是中国共产党向人民作出的庄严承诺，是为中国人民谋幸福的初心所在，没有任何退路可言。

独龙江乡是我国三区三州深度贫困地区的典型缩影，这里汇集着生态环境脆弱、基础设施落后、大雪封山断路、群众观念落后等致贫难题，是脱贫攻坚战场上一块极难啃的"硬骨头"。面对这块极难啃的"硬骨头"，中国共产党人带领独龙江乡攻克了"大断层、裂隙多、强涌水、高纵坡"等世界性工程技术难题，成功修建出独龙江公路隧道，实现独龙族与外界互联互通；攻克了独龙族群众人畜共居、茅草屋建筑安全隐患大的住房难题，建成人畜分离的独龙新寨，让独龙族群众全部住进安全稳固的新房；攻克了无电无网的生活难题，实现了以电代柴和4G全覆盖、5G走在前的巨大转变；攻克了无产业支撑发展、无就业岗位可供增收的难题，打造出覆盖"林、农、牧、游"的特色产业体系；攻克了教育落后、人均受教育年限极低的难题，使每一个独龙族孩子都

---

[1] 中共中央党史和文献研究院：《十八大以来重要文献选编》（下），中央文献出版社2018年版，第33页。

可以享受14年义务教育，实现了小学、初中入学率均达到100%的转变；攻克了独龙族群众看病就医难的医疗难题，实现了卫生院、医疗设备一应俱全，独龙族群众人人都有医疗档案，医疗保险和养老保险参保率均达到100%的转变。一个又一个难题的攻克造就了独龙族整族脱贫的傲人成绩，实现了一步跨千年的历史性飞跃，在这背后是各级党委及政府以"不破楼兰终不还"的劲头迎难而上，以为人民谋幸福的初心不懈奋斗，使中国共产党人"攻坚克难、不负人民"的精神在独龙江乡闪耀出壮丽光芒。

"公路通到独龙江，公路弯弯绕雪山，汽车进来喜洋洋，独龙人民笑开颜，党的政策就是好，幸福不忘共产党"，这是独龙族原创歌曲《幸福不忘共产党》的一段歌词。这一歌曲在独龙族群众的传唱下响彻独龙江乡，以朴实的方式诠释出独龙族群众跟党走、知党恩、听党话的价值取向。如今的独龙江乡的景象焕然一新，公路、网络实现双贯通，山绿了、水清了、产业强了、群众生活更有保障了，在这样背景下，摆脱贫困后的独龙族群众的精神面貌也焕然一新。特别是在习近平总书记的回信勉励下，独龙族群众坚信总书记所说的"脱贫只是第一步，更好的日子还在后头"这一期许一定会实现，全族群众呈现出对当下生活有底气、对未来生活有信心的精神状态。这种精神状态细落在群众的平日生活中，"每周一扫"的村寨卫生活动、"每日一晒"的家庭内务整理活动以及"每周一场"的升旗仪式等活动在独龙江乡风风火火地开展起来。曾经"等靠要"的观念已不复存在，"我要脱贫、我更要致富"的观念在独龙江乡蔚然成风。

2018年，国家民委命名独龙江乡为"全国民族团结进步创建示范区"。2020年，在全国脱贫攻坚表彰大会上，独龙江乡荣获"全国脱贫攻坚组织创新奖"，独龙族"老县长"高德荣被授予"全国脱贫攻坚贡献奖"。2020年11月，在全国精神文明建设表彰大会上，独龙江乡荣获"全国文明村镇"荣誉称号。独龙江乡获得一项又一项的荣誉，使这个

"云南最后的秘境"以全新的面貌进入人们的视野。

纵观独龙族脱贫攻坚的整个历程，是在以习近平同志为核心的党中央的坚强领导下，各级党委及政府、社会各方力量上下一心、尽锐出战，动员精锐部队奔赴独龙江乡攻坚作战，将一个个致贫难题逐个攻破的光辉历程；是立足于精准务实、开拓创新，将精准扶贫落地独龙江乡，走出一条独具独龙江乡特色的生态脱贫发展新路的光辉历程；是全体共产党人以攻坚克难、不负人民的使命担当造就独龙族一步跨千年的伟大飞跃。

通过聚焦独龙族整族脱贫的微观镜头，中国共产党在精准扶贫中所锻造的"上下一心、尽锐出战、精准务实、开拓创新、攻坚克难、不负人民"的脱贫攻坚精神得到深刻彰显，并以实践证明出其强大的精神伟力。脱贫摘帽不是终点，在这一伟大的精神引领下，我们党也必将领导广大人民在实现中华民族伟大复兴的征程中造就更多的中国奇迹。

参考文献

[1]《马克思恩格斯全集》(第32卷),人民出版社1998年版。

[2]《马克思恩格斯文集》(第1—9卷),人民出版社2009年版。

[3]《马克思恩格斯选集》(第1卷),人民出版社1995年版。

[4]《毛泽东文集》(第六卷、第七卷),人民出版社1999年版。

[5]《毛泽东选集》(第二卷),人民出版社1991年版。

[6]《邓小平文选》(第三卷),人民出版社1993年版。

[7]《江泽民文选》(第一卷、第三卷),人民出版社2006年版。

[8]《胡锦涛文选》(第三卷),人民出版社2016年版。

[9]《习近平谈治国理政》,外文出版社2014年版。

[10]《习近平谈治国理政》(第一卷),外文出版社2014年版。

[11]《习近平谈治国理政》(第二卷),外文出版社2017年版。

[12]《习近平谈治国理政》(第三卷),外文出版社2020年版。

[13]《"十三五"脱贫攻坚规划》,人民出版社2016年版。

[14]《改革开放简史》,人民出版社、中国社会科学出版社2021年版。

[15] 中共中央文献研究室:《习近平关于全面建成小康社会论述摘编》,中央文献出版社2016年版。

[16] 中共中央文献研究室:《习近平关于社会主义经济建设论述摘编》,中央文献出版社2017年版。

[17] 中共中央文献研究室:《十七大以来重要文献选编》(上),中央文献出版社2009年版。

[18] 中共中央文献研究室:《十八大以来重要文献选编》(上),中央文献出版社2014年版。

[19] 中共中央文献研究室:《十八大以来重要文献选编》(中),中央文献出版社2016年版。

[20] 中共中央党史和文献研究院:《十八大以来重要文献选编》(下),中央文献出版社2018年版。

[21] 中共中央文献研究室、中央档案馆:《建党以来重要文献选编(1921~1949)》(第一册、第二册),中央文献出版社2011年版。

[22] 习近平:《决胜全面建成小康社会 夺取新时代中国特色社会主义伟大胜利——在中国共产党第十九次全国代表大会上的报告》,人民出版社2017年版。

[23] 习近平:《在深度贫困地区脱贫攻坚座谈会上的讲话》,人民出版社2017年版。

[24] 习近平:《在决战决胜脱贫攻坚座谈会上的讲话》,人民出版社2020版。

[25] 习近平:《在打好精准脱贫攻坚战座谈会上的讲话》,人民出版社2020年版。

[26] 习近平:《在庆祝中国共产党成立100周年大会上的讲话》,人民出版社2021年版。

[27] 习近平:《在全国脱贫攻坚总结表彰大会上的讲话》,人民出版社2021年版。

[28] 中华人民共和国国务院新闻办公室:《人类减贫的中国实践》,人民出版社2021年版。

[29] 习近平:《摆脱贫困》,福建人民出版社1992年版。

[30]《中共中央国务院关于打赢脱贫攻坚战的决定》,人民出版社2015年版。

[31] 国家行政学院编写组:《中国精准脱贫攻坚十讲》,人民出版社2016年版。

[32] 王海燕:《大国脱贫之路》,人民出版社2018年版。

[33]《脱贫攻坚:基层党组织怎么干》,人民出版社2017年版。

[34] 陈锡文、韩俊:《中国脱贫攻坚的实践与经验》,人民出版社2021年版。

[35] 黄承伟、燕连福:《新时代脱贫攻坚前沿问题研究》,人民出版社2021年版。

[36] 李春会:《在持续改进作风中决战决胜脱贫攻坚》,载《人民论坛》,2022年第15期。

[37] 牛胜强:《深度贫困地区巩固拓展脱贫攻坚成果的现实考量及实现路径》,

载《理论月刊》，2022年第2期。

[38] 白增博：《从贫穷到富裕：中国共产党消除绝对贫困百年辉煌实践》，载《南京农业大学学报》（社会科学版），2022年第1期。

[39] 汪青松、佘超：《全面建成小康社会与脱贫攻坚的辩证思考》，载《当代世界与社会主义》，2022年第1期。

[40] 习近平：《把握新发展阶段，贯彻新发展理念，构建新发展格局》，载《当代党员》，2021年第10期。

[41] 郑宝华、宋媛：《中国脱贫攻坚对人类反贫困理论的贡献》，载《云南社会科学》，2021年第5期。

[42] 宇文利：《脱贫攻坚为什么能》，载《红旗文稿》，2021年第5期。

[43] 张晖：《脱贫攻坚与乡村振兴有效衔接的内在意蕴与实践进路》，载《思想理论教育导刊》，2021年第7期。

[44] 杜鹰：《认真总结脱贫攻坚实践经验 切实巩固拓展脱贫攻坚成果》，载《宏观经济管理》，2021年第6期。

[45] 傅夏仙、黄祖辉：《中国脱贫彰显的制度优势及世界意义》，载《浙江大学学报》（人文社会科学版），2021年第2期

[46] 雷明、邹培：《全面建成小康社会：脱贫密码、制胜关键、价值与前瞻》，载《马克思主义与现实》，2021年第3期。

[47] 蒋和胜、田永、李小瑜：《"绝对贫困终结"后防止返贫的长效机制》，载《社会科学战线》，2020年第9期。

[48] 段炳德：《打赢脱贫攻坚战，补齐全面建成小康社会短板》，载《党的文献》，2020年第5期。

[49] 王琳：《我国脱贫攻坚的特征和经验》，载《北京大学学报》（哲学社会科学版），2020年第6期。

[50] 汪三贵、胡骏、徐伍达：《民族地区脱贫攻坚"志智双扶"问题研究》，载《华南师范大学学报》（社会科学版），2019年第6期。

[51] 黄承伟：《决胜脱贫攻坚的若干前沿问题》，载《甘肃社会科学》，2019年第6期。

[52] 丁士军:《深度贫困地区的贫困特征与脱贫道路思考》,载《人民论坛·学术前沿》,2019年第19期。

[53] 章文光:《"五个一批"助力脱贫攻坚》,载《人民论坛》,2019年第20期。

[54] 田来锁:《巩固脱贫攻坚成效关键要防止返贫》,载《中国党政干部论坛》,2019年第4期。

[55] 杨静:《实现高质量脱贫必须力戒形式主义》,载《人民论坛》,2018年第26期。

[56] 贾益民、张灯:《攻坚脱贫,决胜全面建成小康社会》,载《学术研究》,2018年第1期。

[57] 刘永富:《认真贯彻习近平扶贫思想 坚决打赢脱贫攻坚战》,载《行政管理改革》,2018年第7期。

[58] 许国斌:《谱写新时代脱贫奔康新篇章》,载《人民论坛》,2017年第36期。

[59] 魏玉栋:《脱贫攻坚须处理好三个关系》,载《人民论坛》,2017年第27期。

[60] 郑又贤:《脱贫致富的思想方法透视》,载《马克思主义研究》,2016年第4期。

后 记

作为"中国特色社会主义文化研究丛书"之一，本书启动于2021年4月初，时值我国脱贫攻坚战取得全面胜利。一系列宣传活动及在脱贫攻坚实践中涌现出的先进楷模为本书写作提供了良好契机。

2021年7月，正值中国共产党成立一百周年。一百年来，中国共产党铸就出一座座精神丰碑引领伟大事业的推进，这些精神丰碑承载主体丰富多样，共同织就出百年大党的精神谱系。脱贫攻坚精神是中国共产党精神在新时代的集中体现和崭新形态。以敢于攻坚、勇于担当的不懈奋斗精神为内涵的脱贫攻坚精神，使党的奋斗精神升华到一个新境界，不仅与其他伟大奋斗精神互融互通，而且丰富了中国共产党人的精神谱系，为新时代立党兴党强党提供丰厚滋养。

作为全面建成小康社会的底线任务和标志性指标，脱贫攻坚战的打赢使小康社会在中华大地上全面建成。然而，脱贫摘帽不是终点，而是新生活、新奋斗的起点。当前，我国已踏上全面建设社会主义现代化国家新征程。面对全面建设社会主义国家新征程中各种风险挑战，脱贫攻坚精神中"不破楼兰终不还"的攻坚劲头、"俯首甘为孺子牛"的奉献取向、"苟利国家生死以"的爱国情操等都是引领伟大事业的宝贵精神财富，为党和人民在新奋斗中行稳致远提供强大精神动能。

本书围绕脱贫攻坚精神这一主题，依据脱贫攻坚伟大历史实践活动取得的成就，特别是习近平总书记在全国脱贫攻坚总结表彰大会上的讲话，从历史、理论与实践三个层面对脱贫攻坚精神的生成、内涵、价值、践行的具体方略、凝聚的现实要求及当代启示进行了分析与探讨，力求全面、系统、深入地阐释脱贫攻坚精神。本书的写作和出版得到了重庆出版社、天津大学马克思主义学院的大力支持和热情推动,在此表示感谢!

本书的不足之处,恳请各位读者批评指正!

作者

2022年3月于天津

《中国特色社会主义文化研究丛书》书目

第一辑

1.《坚持中国特色社会主义文化》　　　　　　　　　　颜晓峰　主编
2.《中华优秀传统文化与马克思主义》　　　　　　　　朱康有　著
3.《坚守共产党人的信仰高地》　　　　　　　王玉周　祁一平　著
4.《弘扬革命文化 传承红色基因》　　　张海峰　刘焕峰　樊军娟　著
5.《强大的精神力量：新时代中国特色社会主义　　　　颜晓峰　著
  文化建设面面观》
6.《民族复兴视野下的中国文化现代化》　　　　　　　张光山　著

第二辑

7.《凝心聚力：新时代思想政治教育研究》　　李伟　栾淳钰　赵冶　著
8.《社会主义现代化的文化之维》　　　　　　　　　颜晓峰　等著
9.《赓续文脉：传承发展中华优秀传统文化》　　　赵坤　耿超　著
10.《强军之魂：人民军队的军事文化》　　　　　　　张海峰　著
11.《文化视域聊法治：中国特色社会主义法治　　王寿林　张美萍　著
  文化研究》

第三辑

12.《伟大五四精神》　　　　　　　　　　　　　　　于安龙　著
13.《伟大改革开放精神》　　　　　　　　　　　　　闫涛　著
14.《弘扬伟大的爱国主义精神》　　　　　　　　　　李丽　著
15.《成风化人：弘扬家国情怀》　　　　　　　　　栾淳钰　等著
16.《伟大民族精神：新时代民族之魂》　　　　　　　常培育　著

第四辑：

17.《增强忧患意识》　　　　　　　　　　　　　　颜晓峰　等　著
18.《坚定中国特色社会主义"四个自信"》　　　　　王军旗　等　著
19.《增强中华民族共同体意识》　　　　　　　　　　张凯峰　陈多旭　著
20.《弘扬伟大抗疫精神》　　　　　　　　　　　　　刘金增　等　著
21.《弘扬科学家精神》　　　　　　　　　　　　　　谭小琴　著

第五辑：

22.《中国共产党精神谱系》　　　　　　　　　　　　颜晓峰　齐彪　著
23.《脱贫攻坚精神》　　　　　　　　　　　　　　　颜晓峰　张媛媛　著